本书的出版得到"吉林大学哲学社会学院一流学科建设"项目资助

吉林大学哲学社会学院一流学科建设丛书

后单位时期
社会矛盾化解机制
转换与创新

TRANSFORMATION AND INNOVATION OF
SOCIAL CONFLICT RESOLUTION MECHANISM
IN POST DANWEI PERIOD

张帆 著

中国社会科学出版社

图书在版编目（CIP）数据

后单位时期社会矛盾化解机制转换与创新/张帆著 . —北京：中国社会科学出版社，2021.8

（吉林大学哲学社会学院一流学科建设丛书）

ISBN 978 - 7 - 5203 - 8949 - 5

Ⅰ.①后… Ⅱ.①张… Ⅲ.①社会主义社会—矛盾—研究—中国 Ⅳ.①D66

中国版本图书馆 CIP 数据核字（2021）第 227660 号

出 版 人	赵剑英
责任编辑	朱华彬
责任校对	谢　静
责任印制	张雪娇

出　　版	中国社会科学出版社
社　　址	北京鼓楼西大街甲 158 号
邮　　编	100720
网　　址	http：//www.csspw.cn
发 行 部	010 - 84083685
门 市 部	010 - 84029450
经　　销	新华书店及其他书店

印刷装订	北京市十月印刷有限公司
版　　次	2021 年 8 月第 1 版
印　　次	2021 年 8 月第 1 次印刷

开　　本	710×1000　1/16
印　　张	18.5
插　　页	2
字　　数	275 千字
定　　价	118.00 元

凡购买中国社会科学出版社图书，如有质量问题请与本社营销中心联系调换
电话：010 - 84083683
版权所有　侵权必究

序

20世纪90年代以来，将社会矛盾问题及其化解机制置于"单位社会"形成及变迁的宏观背景中加以考察，便会发现，单位时期稳定的社会秩序并非由单一的强制性"控制力"所塑造，而是在很大程度上得益于单位"矛盾分解"功能的发挥，但此功能的展开一般是以单位的封闭性和资源垄断性占有为前提的。伴随单位制走向消解，基层社会的"联结机制"和"利益平衡机制"逐步瓦解，长期以来单位所承载的"矛盾分解功能"走向式微。在社会走上松散化和原子化的态势下，寻找新的具有社会调节和服务功能的组织形态，便成为社会实现善治的难点和关键。在寻找新的社会治理主体的过程中，人们首先想到了社会组织。但多数研究者只是从一般性的社会组织概念出发，并未形成具有操作性的复杂的社会组织分类，从而使问题的研究和实践难以走向深化。正是在这一意义上，张帆博士撰写的《后单位时期社会矛盾化解机制转换与创新》实际上是为回应单位制变迁所引发的社会矛盾化解机制再建与创新问题所做出的努力。

该书在锁定单位制变迁研究视角的基础上，构建出一套"后单位时期"社会矛盾来源及样态特征的解释框架，认为伴随单位制走向消解，社会分化显著、公正失衡、相对剥夺感陡升，社会矛盾呈现出与传统单位时期不同的特点。与此同时，社会矛盾的回应机制也随之改变，单位的退场造成个人与国家直接面对，传统体制下主要作为辅助性信息反馈部门的"信访"，在后单位时期突显为连接"国家—民众"间利益表达与应责的核心制度平台，大量社会矛盾过度聚集于信访通道，依赖政府出面干预和化解。然而缺少"中介机制"和"缓冲区"的民众与信访部门所代表的国家之间，时常发生激烈的对抗与冲突，信访矛盾、官民矛盾加剧。作为调整国家与社会之间关系的总体性机制，信访制度面临失效的风险和全新的挑战。鉴于此，后单位时期，于国家与个人之间建立新的"社会联结机制"——引进专业性社会组织化解社会矛盾，调解"国家—公民"关系，成为社会矛盾化解机制创新的前沿问题。

该书选取的"J市信访法律事务服务中心"是由执业律师、法律工作者、司法系统退休人员等专业成员组成，协助地方党委、政府和各政法机关化解社会矛盾而成立的专为信访人提供义务法律服务的专业性社会组织。一方面，社会矛盾化解是一项相对敏感、特殊的工作，不同于简单的社会服务，政府的行政和司法资源运作、合法性注入、救助金提供等均是矛盾化解不可或缺的关键环节；另一方面，J中心依其特有社会资本，自下而上生成了具有专业性、民间性的"社会性治理技术"，有效回应着上访者的诉求，使社会矛盾从被悬置真正走向落地化解。据此，"政府"与"社会组织"同时在场并"嵌合协作"成为社会矛盾成功化解的重要条件。

我们需要深入分析"专业性社会组织"及其"社会性治理技术"在社会矛盾治理格局中的定位，努力发现社会矛盾化解的完整过程中政府与社会组织互动关系的表现与内涵，并在制度—角色—资源—程序等多重维度研讨社会组织协同政府化解社会矛盾的条件、优势、限度，努力发现两者更为深度嵌入的空间与可能。进一步探索建构后单位时期社会矛盾调处中政府与社会组织"双向赋能"的"互嵌共治性"社会矛盾化解创新机制，破解当前信访工作难解的问题，以此作为新时代我国社会主要矛盾转化的背景下，"完善正确处理新形势下人民内部矛盾有效机制"和"推进国家治理体系和治理能力现代化"的一种积极尝试。

张帆是2009年考入吉林大学哲学社会学院的辽南学子，本科期间学习成绩优秀，2013年通过保研直接攻读硕士，后又考取了我的博士生。张帆攻读学位期间，正是我承担国家社会科学基金重大项目"单位制度形成及变迁研究"的期间，他随我参加了在长春一汽、长春北车等国企的访谈调研，同时开始系统地搜集整理单位制的相关文献资料，在单位社区治理、社会组织发展等方面展开了初步的研究。此外，张帆还作为我的研究助手，参加了民政部多次社区试验区的验收工作，足迹遍布山东、厦门、成都、内蒙古、广东、重庆、兰州、新疆等多个省市，增长了见识，开阔了学术视野。在认识真实的中国社会的过程中，张帆的实证研究能力和学术理论思维都有了很大的提升。记得他的硕士论文题目是随我赴山东大学参加村落研究国际学术研讨会时在高铁上敲定的。他的博士论文，也是跟随我到吉林市参与社会组织参与社会治理学术研究项目的过程中选定的。当时，我们在吉林市的信访法律事务服务中心发现了大量有价值的案卷资料，并被社会组织参与社会矛盾化解的创新模式吸引。基于丰富的研究经验，张帆敏锐地发现了这一社会学研究的"宝地"，在横向课题结项后，他单兵作战在此中心"坐班"，以参与观察的方法展开了充分的调研工作，收获了丰富的田野资料，遂得以完成20万字有余的博士学位论文，以优异的成绩获得博士学位。在校期间曾担任吉林大学研究生会主席，被评为2018年度吉林大学的十佳研究生，留校任教。在学校举行的毕业典礼上代表毕业研究生致辞，书写了求学时代的辉煌。与一般的90后年轻人相比，张帆身上体现出比较突出的优点，他勤奋吃苦，踏实诚信，为了学业，经常从黑夜到清晨，俯读仰思，全力投入，这或许是其在吉大求学期间取得优秀成绩的重要原因。

毕业留校后，张帆于师资博士后在站期间，又将研究拓展到乡村振兴研究领域，收获颇丰。在教学科研之余，他将博士学位论文进一步修改加工，形成了其学术生涯中第一部学术专著，并列入吉林大学一流学科建设学术专著系列出版。在该书即将付梓之际，请我作序。作为导师，我由衷地为张帆在学术研究中所取得的成绩感到高兴。希望张帆能以此为契机，持续深耕学术，扎根田野，成为新时代国家的学术栋梁之材。

田毅鹏
2021年7月6日于吉林大学东荣大厦

目　录

绪　论 ……………………………………………………………… 1

第一节　本书的研究问题 ………………………………………… 2
　　一　问题的提出 ……………………………………………… 2
　　二　研究意义与理论拓展 …………………………………… 5
第二节　文献述评 ………………………………………………… 8
　　一　转型期社会矛盾相关研究述评 ………………………… 8
　　二　单位制相关研究考察与反思 ………………………… 27
　　三　社会组织参与社会治理回顾与评价 ………………… 35
第三节　本书核心概念及研究边界 …………………………… 40
　　一　后单位社会 …………………………………………… 41
　　二　社会矛盾 ……………………………………………… 44
　　三　专业服务型社会组织 ………………………………… 47
第四节　资料来源和研究方法 ………………………………… 50
　　一　资料来源 ……………………………………………… 50
　　二　研究方法 ……………………………………………… 50

第一章　"单位"对社会矛盾的结构性分解 ………………… 54

第一节　前提澄清：单位时期社会矛盾基本样态 …………… 55
　　一　"人民内部矛盾"：单位时期社会矛盾根本
　　　　性质的判定 …………………………………………… 55
　　二　矛盾过程在单位内部展开 …………………………… 57
　　三　矛盾强度与烈度有限 ………………………………… 57
第二节　单位对社会矛盾分解的结构性展开 ………………… 58

一　单位对矛盾边界的框定 …………………………………… 59
　　二　单位内部依赖结构的矛盾消解作用 ………………………… 61
　　三　单位内部的"私下解决" …………………………………… 65
第三节　单位结构性分解矛盾的局限性及其影响 ……………………… 68
　　一　分解功能不可持续 …………………………………………… 68
　　二　以"自损"换取"亚秩序" ………………………………… 69
　　三　对行政性和自治性"双向抑制" …………………………… 69

第二章　后单位社会矛盾样态与化解困境 ……………………………… 71
第一节　单位制变迁视角的锁定 ………………………………………… 72
第二节　性质更动：人民内部矛盾内涵新解 …………………………… 73
第三节　发生机制与样态转换：单位制变迁与社会
　　　　　矛盾间关联 ……………………………………………………… 75
　　一　从封闭单位到开放社会：社会矛盾空间的
　　　　变动 ……………………………………………………………… 75
　　二　社会分化：突破均等与异质增加 …………………………… 81
　　三　公正失衡：后单位社会关系建构中的矛盾
　　　　焦点 ……………………………………………………………… 88
　　四　心理机制：相对剥夺感 ……………………………………… 90
第四节　单位制变迁背景下的社会矛盾化解困局 ……………………… 92
　　一　中间环节"断裂"与政府全面介入 ………………………… 92
　　二　单位制变迁与信访制度变动 ………………………………… 94
　　三　信访制度的"三重困局" …………………………………… 97

第三章　"中间层"再建：J中心的生成及发展 ……………………… 103
第一节　"治理理论"勃兴与"新公共性"实践 …………………… 104
　　一　治理理论的西方起源与中国化 …………………………… 104
　　二　以社会组织为载体的新公共性重建 ……………………… 107
第二节　个案呈现：J市信访法律事务服务中心
　　　　　简况 …………………………………………………………… 112
　　一　中心性质与组织架构 ……………………………………… 112

二　中心制度建构……………………………………… 114
　　三　中心工作方法提炼……………………………… 116
　　四　中心公益活动与团队荣誉……………………… 118
第三节　中心发展轨迹梳理…………………………………… 120
　　一　组织领袖B主任其人与成立中心的构想
　　　　（2011年前）………………………………… 120
　　二　中心诞生与化解效果初现（2011至
　　　　2013年）……………………………………… 125
　　三　快速发展与模式推广（2013至2015年）…… 126
　　四　"中心—分中心"结构搭建（2015年至今）…… 127
第四节　地方性变量：个案展开的"典型单位
　　　　城市"……………………………………………… 129

第四章　中心化解上访案例及其"社会性治理技术"
　　　　分析……………………………………………… 133
第一节　中心化解上访案例过程叙事………………………… 134
　　一　案例1：L矿务局员工的医疗福利纷争………… 134
　　二　案例2：J市监狱转业军人的体制身份纠葛…… 143
　　三　案例3：Y有色金属加工厂职工的房屋归属
　　　　争夺……………………………………………… 149
　　四　案例4：F房地产公司农民工的死亡赔偿
　　　　争议……………………………………………… 152
第二节　上访案例的生成与升级机制………………………… 155
　　一　单位制变迁与利益剥夺：矛盾初始的来源…… 155
　　二　矛盾方力量对比悬殊：矛盾激烈的缘由……… 159
　　三　情感卷入中的"气"：矛盾升级的机制………… 164
第三节　弱者的武器：上访的策略选择……………………… 172
　　一　公开化与公共化矛盾…………………………… 174
　　二　钻研法条与主观曲解…………………………… 177
　　三　编造谣言并拓展攻击…………………………… 180
　　四　作为利器的弱者符号…………………………… 182

第四节 中心"社会性治理技术"的运作及功能 ……… 185
　一 强调与访民建立密切"互动关系" ……………… 188
　二 将"专家赋权"作为社会资本注入 ……………… 193
　三 以"组织化运作"拓展矛盾化解效能 …………… 198
　四 建构"多元联合机制"协同化解矛盾 …………… 204

第五章　政府与社会组织调处社会矛盾的"互嵌性"
　　　　及其展开……………………………………………… 211
　第一节 "政社互嵌"的机制：从波氏、格氏理论到本
　　　　土化建构………………………………………… 212
　　一 波氏、格氏嵌入理论回顾……………………… 212
　　二 "政社互嵌性"的提出 ………………………… 215
　第二节 社会矛盾化解过程中"互嵌性"的展开 ……… 220
　　一 制度互嵌………………………………………… 220
　　二 资源互嵌………………………………………… 225
　　三 身份互嵌………………………………………… 231
　　四 过程互嵌………………………………………… 235
　第三节 "互嵌性"的评价与反思 ……………………… 240
　　一 "限制介入性事务"的社会组织嵌入限度 …… 240
　　二 社会组织反嵌能力的条件……………………… 241
　　三 作为服务对象的政府…………………………… 242
　　四 互嵌力的不均衡………………………………… 244

第六章　结论与进一步讨论……………………………………… 246
　第一节 后单位时期社会矛盾样态的复杂性呈现………… 247
　第二节 "政社互嵌"的社会矛盾化解模式何以
　　　　可能与何以可为………………………………… 250
　　一 从"单位分解"到"政社互嵌"：社会矛盾化
　　　　解模式新探……………………………………… 251
　　二 社会矛盾调处新模式中的"重层结构"
　　　　及其超越………………………………………… 254

三　政社互嵌的权威特点：法理型与卡里斯玛
　　　　型并存 ················· 255
　第三节　"借壳"还是"协动"：再思社会组织
　　　　官民二重性 ··············· 258

参考文献 ······················· 264

后　　记 ······················· 281

绪　　论

2016年，笔者参与"律师参与化解社会矛盾纠纷机制建设——以J市信访法律事务服务中心为例"的课题项目研究（为表述简便，下文将"J市信访法律事务服务中心"简称为"中心"），此课题旨在探索由律师组建的社会组织参与化解社会矛盾的可能路径，并在现有实践成果基础上，探索其可深化之处，将其提升为一种机制，一种可复制的社会矛盾化解模式。这个看似更为偏重法学研究领域的课题实际上饱含着丰富的社会学意味。该课题敏锐地将视域框定在"社会组织参与社会治理"这一论域当中，将我国转型期社会矛盾研究、以单位制变迁为基础的社会转型研究、后单位时期社会组织参与社会治理研究三个"平行时空"中的研究对象汇集在本课题所凝聚的焦点之上。

在课题研究推进的过程中，笔者亲身接触到多年上访无果，整个生命历程几乎被上访填满，而充满悲情的上访群体；以公益性、中立性和专业性为基础，身处第三方，为上访人陈情、代表，力图协助政府部门破解矛盾纠纷的律师群体所成立的社会组织；在社会矛盾化解领域掌握权力，却角色尴尬并能力有限的政府部门；在当前社会矛盾化解领域地位极其重要，效果却不孚众望的信访制度……伴随相关理论的研读和实地调研的深入，笔者逐渐围绕社会矛盾和社会组织的相关问题展开了社会学的思考，并为此做出努力。笔者开始以中心厚重的案例卷宗为切入点，关注当前中国社会矛盾的来源、性质及特点；亲身经历中心化解社会矛盾的具体实践过程，思考社会组织介入社会矛盾化解何以可能、何以可为及其作用限度。通过一系列的思考与研究，笔者发现，沿着单位社会向后单位社会转型的历史轨迹，开展历时态的社会矛盾化解模式研究，可以将单位社会的组织结构特征与后单位时期社会组织的运作逻辑贯通起来。质言之，中国社会矛盾化解机制的变迁，从一个特定视角为我们呈现出社会转型所带来的国家与社会关系的具体变化。对连接国家与信访人的中介机构——作为社会组织的 J 市信访法律事务服务中心的运作逻辑、实践过程和功能限度展开考察与分析，有助于我们洞悉后单位时期国家与社会关系的新动向，社会矛盾的新样态，并在此基础之上为社会组织介入社会矛盾化解的模式建构提供理论参考。

第一节　本书的研究问题

一　问题的提出

迄今，学界往往采用诸如"转型社会""断裂社会""后单位社会"等概念描述当今中国社会的总体结构和组织形态。这些概念所表征的社会形态均具有暂时性、过渡性和不稳定性的特征。美国政治学家萨缪尔·亨廷顿在其著作《变革社会中的政治秩序》中曾言："传统性社会和现代性社会实际上都是相对稳定型的社会，而由传统向现代转型的现代化却滋生着动乱。"[①] 在"旧制渐破，新制待立"的弹性时空中，社会的基础秩序存在畸变与瓦解的可能。中国社会目前面临的是社会结构转型和经济体制转轨的双重制度转换，"巨量的事情被挤压在一个相对有限的时空当中"[②]。改革开放以来经济能量大幅释放的同时，社会建设的机制体制暂付阙如。从社会矛盾生成的背景及矛盾性质上看，当前中国的社会矛盾问题，一方面复制了国际性"变革社会"过程中社会矛盾凸显的一般性规律；另一方面又与改革开放以来中国社会"压缩式发展"所衍生的利益分化、阶层固化、制度结构不良、公正失衡等

---

① ［美］亨廷顿：《变革社会中的政治秩序》，生活·读书·新知三联书店 1989 年版，第 38 页。
② 吴忠民：《中国现阶段社会矛盾凸显的原因分析》，《马克思主义与现实》2013 年第 6 期。

社会问题紧密相关。

李培林将社会结构转型视为国家干预和市场调节之外的另一只看不见的手，认为"社会结构转型将以它特有的方式规定社会发展的趋势和资源配置的方向……在新旧两种体制的转换过程中，这种力量的作用日趋明显"①。可见，社会结构转型的质量和方向对社会运行产生重要影响。在学界众多颇具建树的研究中，当今的中国社会结构转型往往被演绎为伴随单位体制消解，"单位社会"逐步走向"后单位社会"的历史进程。揆诸历史，"单位不是简单的'经济空间'，也不是单纯的'政治空间'，而是19世纪中叶以来中国人理想社会的构建与选择"②。"单位"绝非仅为组织实体，而是整个中国社会的结构表征。"执政党系统以单位为轴心发展了一套完整的社会功能、社会结构、社会生产、分配和再分配体系，整个城市社会乃至于整个中国社会是一个单位制社会；国家与单位间的关系法则、单位之间的关系法则、人们与单位的关系及其行动法则，构成了中国城市社会的实际运行规则和特征。"③ 伴随社会转型，就宏观社会结构而言，"单位社会"中"国家—单位—个人"的单元纵向社会联结形态正在被"后单位社会"中治理理论所构造的多元横向治理格局所替代，国家与社会关系处在一个重塑的过程当中。

将单位制变迁和社会矛盾的论域重叠，我们可以发现，传统单位制时期，介于国家与社会成员之间的"单位"成为连接二者的唯一桥梁与纽带，单位组织内全面展开的依赖结构、制度结构、关系结构，既在源头上结构性地分解矛盾发生的动因，也成为化解矛盾的有效机制。改革开放后，伴随市场化进程的推进，昔日强盛、庞大的单位共同体不可避免地走向消解，单位社会终结成为一个真

---

① 李培林：《另一只看不见的手：社会结构转型》，社会科学文献出版社2016年版，第3页。
② 田毅鹏、吕方：《单位社会的终结及其社会风险》，《吉林大学社会科学学报》2009年第6期。
③ 毛丹：《村落变迁中的单位化——尝试村落研究的一种范式》，《浙江社会科学》2000年第4期。

实的命题。转型期单位所承载的矛盾分解功能伴随单位制的式微而极大减弱，加之当今中国社会矛盾的样态与传统状态不可同日而语，使得传统的社会矛盾化解机制面临着根本性转换和变革。在此背景下，信访作为既有国家制度，逐渐凸显为后单位时期一个非常重要的利益表达与诉求回应渠道。然而，现阶段政府部门信访工作的开展却遭遇到极大的挑战，制度运行面临内卷化困局。这一现状警醒我们，"单位社会走向终结背景下的中国社会的转型危机，其实质是'社会'的缺席"[1]。中间组织缺失造成的断裂导致国家与社会成员直接面对，政府刚性的、垄断性的管理无法真正与个人形成良性互动，自上而下的服务供给也难以与公众的真实需求有效对接。在社会矛盾调处领域，一系列社会矛盾问题涌向政府部门，依赖政府出面干预和化解，但政府的行政性化解方式损耗了大量的资源却收效甚微，甚至在此过程中激化了"官民矛盾"。社会矛盾的集中爆发与调处失效之间的张力，俨然成为当下经济发展和社会建设均无法回避的严峻挑战。因此，鉴于后单位时期国家与社会关系的特点以及社会矛盾化解的现实困局，建立起政府与个人之间的协调与缓冲机制成为必然选择，而社会组织和社会团体建设乃是单位社会终结过程中社会再组织化的核心和关键。[2]

从1998年《关于国务院机构改革方案的说明》到2013年《中共中央关于全面深化改革若干重大问题的决定》，中国经历了从"社会管理"到"社会治理"的重要变化。相对于传统的管理而言，治理是一种新型的社会调控、组织和动员形式。国家中心主义被弱化，更为强调国家、社会、市场、个人等要素组合成的多元化协同治理。本书所选取的案例：东北J市信访法律事务服务中心即是在此背景下，自下而上生成的带有民间性、专业性、中立性、公益性的社会组织。律师通过组建社会组织的方式，代理信访案件，运用"社会性治理技术"应对信访难题，并在运作中与政府

---

[1] 田毅鹏、吕方：《单位社会的终结及其社会风险》，《吉林大学社会科学学报》2009年第6期。

[2] 田毅鹏、吕方：《单位社会的终结及其社会风险》，《吉林大学社会科学学报》2009年第6期。

产生深度的"互嵌关系",协同化解了诸多社会矛盾难题。此种矛盾化解模式恰好弥合了后单位时期政府作为单元主体调处社会矛盾过程中所面临的困局。此种社会矛盾化解模式的重构过程正是后单位时期社会矛盾化解的机制转换与创新。

围绕上文所述,本书试图探讨如下问题:其一,单位对社会矛盾的分解功能是如何结构性展开并建构基层社会秩序的?其二,在中国从以单位社会走向后单位社会为基础的社会转型阶段,社会矛盾的样态发生了哪些变化?其三,从单位独担,到政府独揽,再到社会组织参与治理,社会矛盾化解模式经历了怎样的挑战与改革?其四,以本书案例为中心的社会组织参与社会矛盾化解模式的探索过程中,透露出国家与社会关系的何种变动?社会组织参与化解社会矛盾的社会功能及其限度边界何在?其五,我们应当如何理解社会矛盾化解领域的"政社互嵌"模式?如何评价中国本土性社会组织体制与西方经典社会组织体制之间的张力?

二 研究意义与理论拓展

第一,本研究是对单位制研究的丰富与延展。单位社会被理解为一个高度整合而低度分化的总体性社会。因此,在迄今为止的单位研究中,鉴于社会结构分化的低度性,与分化紧密相关的社会矛盾研究并未真正被纳入到单位研究范式之中。学界一般将单位时期社会秩序的稳定状态理解为由单位体制的"统治"和"控制"功能塑造而成。但实际上,这一判断恰恰忽视了单位体制中非常重要的"矛盾分解"功能。单位时期社会管理之所以效果显著,最重要的原因在于单位拥有一种集"柔性""温情""刚性"于一体的"内部调节"功能,而非单纯的强制性"控制"手段。在此种功能的作用下,单位人的诉求一般可以通过单位"体恤式"的帮助得到不同程度的解决,社会矛盾也得以在单位组织内部被吸纳和消解,社会运行很少面临矛盾持续和升级所带来的风险。在以往的单位研究中,我们对单位的此种消解功能有所忽视,没有充分认识到其在维系基层社会秩序领域的重要作用,本书将在这一命题上做出探索和努力。另外,需要特别注意的是,单位制消解并不意味学理与现实研究的终结,因为单位制作为总体性制度设计具有巨大的惯性，在消解的过程中具有长期性、曲折性和复杂性，并对转型期的中国社会产生不容忽视的影响。正如玛利亚·乔纳蒂教授曾对"转型"的复杂性所进行的概括："在令人眼花缭乱的转型进程中，构成体制根本特征的基本运行原则和连接原则以及在其基础之上建立起来的制度系统也消失了。但是，一个体制的基本连接原则的消失并不一定意味着体制运行过程中发展起来的所有经济和社会结构、传统、观念、行为方式和策略也随之消失"①。因此，欲深究中国社会形态的流变、寻找组织体系的变迁路径，就离不开对单位社会的研读与把握。本书试图通过历时态的研究，连接单位社会与后单位社会，拓展社会矛盾和社会组织相关研究的纵向视域。

第二，丰富社会组织参与社会治理的分析框架。目前社会组织治理与政府治理往往是"分而治之"，即政府治理与社会组织治理各有自身的领域，边界分明，中心性、政治性、行政性的事务依旧被政府全面掌管，社会组织无法涉足，社会组织所提供的公共服务一般均为民间的、不掺杂政治性的，集中涉及养老、教育、医疗、慈善等领域。政府与社会组织的关系常常表现为政府将其认为可以放手的社会公共服务的提供权让渡给社会组织，购买其服务，而政府自身除提供资源与监管之外，在实际的服务过程中发生角色退场。政社的互动仅发生在政府向社会组织发包项目时和社会组织向政府提交结项成果时，在社会治理的运作动态过程中鲜见政府与社会组织的"协动治理"。因此，所谓的政社协同治理并未能全面展开。然而，本书选取的案例与上述一般情况相左的是，一方面，J市信访法律服务中心的业务与政府的行政事务耦合性极高，带有行政性和敏感性的信访案件调解工作，本身具有"限制性介入性"特点，政府在这一领域允许社会元素介入的原理值得我们思考；另一方面，政府与社会组织以"政社互嵌"的形式全程、协同地化解社会矛盾，使得政府与社会组织同时置身于同一动态治理过程当中。以上两点可以为我们讨论社会组织参与社会治理以及社会组织

---

① ［匈］玛利亚·乔纳蒂：《转型：透视匈牙利政党—国家体制》，吉林人民出版社2002年版，第1—2页。

与国家关系提供一个崭新的视角。并且，当前学界对社会组织的研究主要集中于两种范式，其一是国家与社会关系范式，主要关注的是"不能与国家混淆或不能被国家淹没的社会生活领域"①。其二是功能主义视角，主要关注的是在"政府失灵"和"市场失灵"的背景下，社会组织作为第三部门对社会治理输入了何种补充。本书将两种范式综合起来，并在此基础之上，以"化解社会矛盾"这一具体服务内容为切入点，以"过程—事件分析"为方法论，将社会组织带回社会治理研究的中心，在动态中讨论社会组织在这一领域实现的功能、可涉足的深浅以及作用的限度，突破学界对社会组织提供社会产品的一般性静态描述。

第三，基于对以"政社互嵌"模式展开的社会矛盾化解工作的研究，提出对社会组织"官民二重性"的新见解。按照西方社会学对社会组织的经典定义和特征描述，社会组织是从第一域（国家）和第二域（市场）中离析出来的第三领域中的产物，其作用是应对政府失灵和市场失灵伴生的风险，"填补由市场与政府遗留下来的空白地带，使整个社会的多样化需求得到有效的满足，多元性的文化得到保留和发展"②。西方的社会组织强调其非政府性、非营利性、组织性、自治性、志愿性。③ 社会组织在西方社会一般又被称为非政府组织、公民社会组织等，旨在突出社会与国家的二元分化，社会要素与国家要素的泾渭分明。无论在法团主义还是在多元主义的话语中，社会组织与政府之间的关系都倾向于分离、争夺，而非互动、调适。虽然中国的社会组织在总体的建构逻辑上与西方社会组织存在诸多共同点，但基于我国的政治文化传统和改革进程中的过渡性社会结构，国家要素以各种形式嵌入中国社会组织的运作场域内（甚至存在一种直接由政府设立的社会组织形态，

---

① 邓正来、[美]亚历山大：《国家与市民社会：一种社会理论研究路径》，中央编译出版社1999年版，第3页。

② 李培林、徐崇温、李林：《当代西方社会的非营利组织——美国、加拿大非营利组织考察报告》，《河北学刊》2006年第2期。

③ [美]托马斯·沃尔夫：《管理21世纪的非营利组织》，胡春艳、董文琪译，商务印书馆2016年版，第8页。

我们将其称之为"官办NGO"），使得中国社会组织呈现出"官民二重性"的特点，中国的社会组织在官民二重性的支配下，所呈现出的状态广遭学界诟病。但笔者认为，照看中国的社会现实，社会组织官民二重性也有其存在的合理性，我们不应简单地以西方的理论框架和评价体系来全盘批判社会组织本土化过程中的"偏离"，而应当以足够的"制度自信"展开中国本土性社会组织建构的社会学想象。诚然，我们亦不能任由社会组织的行政化无限蔓延，回归社会组织的社会基础性至关重要。我们现在需要做出的努力是以一种崭新的视角去看待社会组织的官民二重性问题，并在这种国家力量与社会力量交互的空间内，探索出政社互动的平衡点和嵌合点。

第二节　文献述评

本书的研究问题涉及转型期社会矛盾问题、以单位制变迁为基础的中国社会转型问题和后单位时期的社会组织参与社会治理问题。这三者之间是具有紧密关联的，并且单位制变迁是串联三者的枢纽型元素。第一，单位制变迁构成了转型期社会矛盾的重要来源，也促使其样态发生了重要变化；第二，单位制变迁使得原本奏效的矛盾调处机制面临挑战，呼唤变革；第三，单位制变迁为社会组织介入社会矛盾化解的模式探索提供了背景环境与运作空间。通过对以上问题的综合，实际上呈现在我们面前的是更为宏观的国家与社会关系问题。因此，本节首先对转型期社会矛盾的相关研究做出述评，为社会矛盾研究打开视域。其次展开国家与社会关系研究的回顾，主要涉及两个方面内容，即单位制变迁相关研究和社会组织参与社会治理相关研究，为本书的研究议题搭建分析框架。

一　转型期社会矛盾相关研究述评

转型期社会矛盾问题俨然成为当下经济发展和社会建设均无法回避的严峻挑战。学界对社会矛盾的研究主要集中在以下几个方面：（1）社会矛盾的来源问题，挖掘转型期社会矛盾生发的社会背景及现实因素。(2)社会矛盾的性质、特征问题,研究新时期社会矛盾的性质、特点、类型和趋势。(3)社会矛盾的化解问题,寻找社会矛盾调处机制的重构路径,以应对社会矛盾治理的困局。

(一)社会矛盾来源研究

伴随改革步伐的紧凑迈进,诸多形式的社会矛盾涌入到转型期的社会体系之中。数量如此巨大,程度如此剧烈的社会矛盾给学界抛出了一个待解的疑问,即在传统的中国社会中,社会基础秩序较为稳定,社会矛盾与冲突带有偶然性、边缘性的特点,并未引起人们的广泛关注,然而,转型期社会矛盾为何集中呈现出来,转型期社会矛盾的来源究竟为何?围绕这一问题铺展开来的思考构成了社会矛盾研究最为集中的领域。

从国际社会的发展经验来看,一方面,随着人均GDP达到1000—3000美元,各国社会都会进入不协调因素的活跃期和社会矛盾的多发期,进入社会结构深刻变动、社会矛盾最易激化的高风险期。[①] 20世纪80年代以来的"拉美陷阱"即是我们国家发展过程中的警示标。另一方面,当基尼系数突破0.4的国际警戒线,社会运行极有可能呈现失序状态,当前中国社会的基尼系数经常性地在0.46—0.48之间徘徊,这也成为中国当前社会矛盾问题凸显的一种国际经验性解释。国际普遍经验显然并不足以解释转型期中国社会矛盾的本土性来源。因此,我国众多研究者以"中国视角"对社会矛盾问题来源展开了广泛的研究,并取得了丰富的研究成果。笔者将其整理为三种取向:结构紧张、公平机制失衡、制度缺陷。

1. 结构紧张

无论是齐美尔、马克思还是科塞、达伦多夫,西方社会学家们在阐释社会冲突和社会矛盾的概念时,均将其视为一种紧张关系,其中包含着对立、博弈、争夺等紧张性态度或行为。我国学界普遍将"结构紧张"视为社会矛盾的重要来源。李强以美国社会学家

---

① 郑杭生:《当前我国社会矛盾的新特点及其正确处理》,《中国特色社会主义研究》2006年第4期。

默顿提出的"结构紧张"概念为框架，通过分析第五次人口普查数据，得出中国社会呈现出"丁字型"结构的结论。此种结构造成了持续性的"社会结构紧张"，即"由于社会结构的不协调，而使得社会群体之间的关系处在一种对立的、矛盾的或冲突的状态下，或者说，社会关系处于一种很强的张力之中"①。而这一切的来源在于城乡的分隔而造成的社会结构扭曲。"丁字型"结构并不是转型期生成的，改革开放以前的"政治分层"结构将"丁字型"的结构暂时掩盖起来，随着"经济分层"逐渐成为社会分层的核心要素，"丁字型"结构所造成的结构紧张也越发暴露出来，构成社会矛盾集中爆发的基础原因。李汉林等进一步界定了结构紧张的本土化概念，"在中国当下的情境中，'结构紧张'表现为因社会的结构分化速度快于制度规范的整合速度而形成的结构要素之间的紧张与脱节，使不同利益群体之间由于政策与制度安排的变化而产生不满，因而引发矛盾与冲突的状态"②。

虽然诸多论者并未直接提出结构紧张的概念，但他们的观点也可以归纳为以"结构紧张"为基础框架的泛化理论。其中最具代表性的是以陆学艺、李培林、李路路等为代表的社会学家从阶层的分化与固化，利益的分化与对立等角度对此展开的研究。在改革开放以前，中国的社会阶层划分非常简单，即从宏观上划分为"两个阶级一个阶层"，即工人阶级、农民阶级和知识分子阶层。社会结构是极为扁平的，在政治地位分层占主导因素的背景下，社会各层级之间的差异性十分有限。但改革开放以来，伴随市场经济体制逐步确立，中国社会形成了诸多利益集团，在此基础上形成了鲜明的社会阶层，社会结构发生了分化。孙立平指出，"结构分化是指在发展过程中结构要素产生新的差异的过程，它有两种基本形式，一是社会异质性增加；另一种是社会不平等程度的变化"③。李春

---

① 李强：《"丁字型"社会结构与"结构紧张"》，《社会学研究》2005年第2期。
② 李汉林、魏钦恭、张彦：《社会变迁过程中的结构紧张》，《中国社会科学》2010年第2期。
③ 孙立平等：《改革以来中国社会结构的变迁》，《中国社会科学》1994年第2期。

玲提出了改革后中国阶层划分的四个基本机制,即"劳动分工、权威等级、生产资料占有与否、制度分割"①。陆学艺以组织(权力)资源、经济资源、文化(技术)资源,此三种资源的持有量为标准划分出当代中国的十大阶层,其中最高为国家与社会管理阶层,最低为城乡无业、失业、半失业者阶层。正是基于社会分层机制的根本性改变,各层级、各群体之间的利益关系也发生了重大变迁。孙立平用"断裂"这种带有极端性的概念描述中国社会结构中的利益分化,并指出,"经济体制改革的过程,在一定意义上说就是利益分化的过程……不但利益分化成为一种现实,而且这种分化的利益已经开始定型化为一种相对稳定的社会结构,一种相对分明的社会力量的分野"②。王春光(2007)也认为,"当前我国出现的社会矛盾和冲突在很大程度上是强势阶层和利益群体对其他阶层和群体进行利益掠夺的反应和结果"③。利益分化带来的显著后果是阶层的固化,"当前中国社会阶层之间的利益分化呈现出两极化特点:中上层不但在利益增量上远远快于下层和底层,而且在利益增益的渠道上远多于后者"④。强势利益群体间的资源交换活跃,而弱势利益群体的资源交换阻滞,纵向阶层流动呈现出板结化的状态。

以上论者的观点可以简要概括为:受包含了阶层分化与固化、利益分化等为主要表现形式的紧张型社会结构的影响,我国改革开放以来的社会关系发生了根本性的变化。单位制时期具有同质性、整体性的社会群体被分割为利益相互对立,界限愈加明晰,资源争夺越发激烈的异质化、排他性群体。社会群体之间的互动呈现出非互惠互利(零和博弈)的状态,转型期社会矛盾的生发正是利益

---

① 李春玲:《断裂与碎片:当代中国社会阶层分化实证分析》,社会科学文献出版社2005年版,第102—113页。
② 孙立平:《博弈:断裂社会的利益冲突与和谐》,社会科学文献出版社2006年版,第139页。
③ 王春光:《快速转型时期的利益分化与社会矛盾》,《江苏社会科学》2007年第2期。
④ 王春光:《快速转型时期的利益分化与社会矛盾》,《江苏社会科学》2007年第2期。

对立与冲突的结果。

２. 公平机制失衡

如果说"结构紧张"是社会矛盾的结构性来源，那么改革开放以来，中国社会结构形成过程中公平机制的失衡则被诸多论者视为社会矛盾的直接来源。杨建华批判了中国社会分化研究的几种误区：一是将社会分化等同于社会分层；二是将社会分化视为现代化的不良后果之一；三是将社会分化视为社会不平等的焦点。① 纵观西方社会学界对于社会分化的研究，法国社会学家迪尔凯姆的社会分工论、马克斯·韦伯的社会分层论和尼克拉斯·卢曼的社会系统理论，共同形成了一条社会分化研究的基本脉系。事实上，社会分工、社会分层与社会系统功能分化的过程正是人类社会从机械团结走向有机团结，从禁锢走向流动，从分离走向依赖的进步和发展过程。社会分化水平也是衡量社会发达程度的重要标准。这也意味着，涉及社会结构问题的社会分化并非社会秩序建构的制约性条件，真正激发社会矛盾的原因在于社会结构形成过程中公平机制的失衡和倾斜性制度的庇护。

吴忠民尤为重视利益结构中公平公正的失衡对社会矛盾的催生作用，他指出，"社会矛盾数量的多少及强度的大小，在很大程度上直接取决于利益结构的公正与否，或者说在很大程度上直接取决于利益结构不公正程度的高低"②。孙立平用"掠夺"描述中国社会公平机制失衡的状态，并认为，"掠夺行为已经在诸多领域展开，并且'掠夺'开始成为形塑今天中国利益格局和社会结构的最重要机制之一"③。掠夺展开的过程实际上就是社会公平机制的失衡过程，也就是利益结构倾向于向掠夺者提供掠夺机会的过程。"因为制度具有分配效应，自然而然就会涌现出矛盾。一套制度会使某些人受益，另一套制度则会使其他的人群受益。因此，对于人们来说，掌握权力来塑造并保持有利于自己的制度，同时避免或者

---

① 杨建华：《论社会分化的三个维度》，《浙江学刊》2010年第1期。
② 吴忠民：《社会矛盾的主要成因分析》，《教学与研究》2015年第4期。
③ 孙立平：《博弈：断裂社会的利益冲突与和谐》，社会科学文献出版社2006年版，第75页。

削弱制度对他们的消极影响，总是乐此不疲的"①。在这个过程中，权力的掌有者和制度的塑造者往往通过构造多项非公平机制，并运用一系列非公平手段对资源和利益形成垄断。由于对受益群体的资源与利益来源存在抗议与质疑，利益受损群体往往展开抗争行动予以回应，这构成了社会矛盾的直接来源。陆学艺等人通过调查研究指出，"在改革和利益分化过程中，一些阶层由于拥有种种便利和优势条件而能获得较多的好处，另一些阶层则难以获得多少好处。1980年代中期以后的农业劳动者阶层和1990年代中期以后的产业工人阶层，各有相当一部分成员的利益在不同程度上受到损害"②。重点在于，这种利益分化所引发的利益争夺和制度塑造过程掺杂入大量的非公平因素。郑功成从社会权益失衡、经济权益失衡和政治权益失衡的角度展开分析，揭示了公平机制失衡对社会矛盾的催生作用，他认为，"经济增长不能自动地解决社会公平问题，权益失衡是导致社会公平感弱化的根本原因"③。唐亚林等承袭李强的观点，认为，"中国社会的分化并非西方社会的功能分化，而是利益分化，并且，中国市场经济体制的形成是靠外力作用而植入社会发展进程的，人为性较强，不可避免地会产生寻租、权钱交易等市场经济的畸形发展，造成利益失衡，继而诱发社会失序"④。针对公平机制失衡的来源问题，王小章指出，"目前我国社会中的竞争还远远没有达到真正机会均等的公平竞争。就社会公正而言，改革的一个重要问题是，摆脱旧体制的束缚与失去旧体制的保护应是同步的，不能允许有的人摆脱了束缚却仍享受着保护，有的人失去了保护却仍受到束缚，前者垄断机会而后者承担风险，前者享受成果而后者付出代价。这是我国改革过程最需要反思之处，也是我国社会

---

① 世界银行：《2006年世界发展报告》，清华大学出版社2006年版，第108页。
② 陆学艺：《当代中国社会阶层研究报告》，社会科学文献出版社2002年版，第88页。
③ 郑功成：《中国社会公平状况分析——价值判断、权益失衡与制度保障》，《中国人民大学学报》2009年第2期。
④ 唐亚林等：《社会多元、社会矛盾与公共治理》，上海人民出版社2015年版，第146—147页。

当前的社会分层机制最根本的不公正之处"①。

以此视角审视社会矛盾的来源，所得出的结论是社会转型过程中的群体分层、利益分化未必直接引发社会矛盾，社会矛盾的导火索在于社会群体分层与主体利益分化的过程中公平机制的失衡。

3. 制度缺陷

与从结构紧张、阶层固化、利益分化的研究视角对社会矛盾的来源展开研究不同，刘少杰将转型期社会矛盾的本质与根源归为制度矛盾。刘少杰通过对迪尔凯姆"社会事实"概念的剖解，得出社会矛盾本质上均是制度矛盾的结论。他认为，"由于中国改革开放以来开展了大规模的制度调整、制度替代和制度创新，其对社会生活的触及深度和影响广度都是历史上空前的……很多经过精心策划的在个别领域是合理的新制度，一旦它们发生相互联系时，却表现出不合理的矛盾冲突"②。诚然，在社会各个子系统交往如此紧密的现代社会中，制度之间的碰撞和交锋不可避免。并且，刘少杰关注到新时期"理性制度"独行其道是造成制度矛盾的一个重要原因。他强调，具有传统中国特色的注重亲情伦理、仪式化、象征性的感性制度无法与理性制度衔接是造成矛盾与冲突的重要原因。科斯就曾指出，"我们必须要关注那些非正式约束，行为习惯、习俗和行为模式对一个社会的运转起到关键的作用"③。社会矛盾被以刘少杰为代表的制度学派演绎为制度矛盾的表现形式，社会矛盾被界定为制度调整、创新、替代过程中所产生的社会问题。

刘少杰主要将社会矛盾归因为不同领域制度碰撞、理性制度对感性制度的全面替代所造成的制度矛盾。张静则偏重于从"制度化连接"的角度对社会矛盾的产生问题展开研究，并注重历史传统的沿革性。她通过比较单位时期和新时期个体与公共机构连接的机制和状态，认为，单位时期社会矛盾问题并不十分显著的原因在

---

① 王小章：《社会分层与社会秩序——对当代中国现实的考察》，《中共宁波市委党校学报》2001 年第 5 期。
② 刘少杰：《社会矛盾的制度协调》，《天津社会科学》2007 年第 3 期。
③ [美] 科斯等：《制度、契约与组织》，刘刚等译，经济科学出版社 2003 年版，第 16 页。

于单位作为个人与国家的中间机构,具有代表和应责机制,此种机制的运行消弭了大部分的社会矛盾,国家整合能力实际上是在单位结构中实现的。但随着"单位社会的衰落,意味着原来覆盖多数人、活跃在基层社会的'连接机制'和'利益平衡机制'瓦解,越来越多的人面临问题的时候,找不到责任组织,更难以通过组织通道解决自己的问题。而适应新的公共社会的应责机制未立,无法通过替代性的社会平衡机制协调矛盾"①。"公共制度和个体之间,缺乏作用关键的机制——连接、协调、应责——发挥利益传输、平衡,并负责兑现的作用,结果是人们难以利用公共机制伸张并保护权益。这可以解释社会矛盾急剧发生并容易政治化的现象……哪里个体和公共的制度化连接中断严重,哪里的社会不满就更容易转化成对公共组织的不满,因为个体无法利用制度化途径引起公共制度的应责和反应"②。张静以上的观点可以归纳总结为:造成新时期社会矛盾的原因在于社会利益的结构通达性断裂和利益协调机制阻塞。孙立平也表示,"弱势群体在追逐自己的利益上,显然处于无力的状态。这首先表现在,弱势群体在我们的政治架构中缺少利益代表。更重要的是,在我国,弱势群体实际上缺少国际上通行的弱势群体表达自己利益的制度化方式"③。这更被认为是一种权利失衡。武中哲则从社会转型的视角看待制度冲突,他认为,"在一个社会转型的时期,作为制度实践者的社会成员难以割裂与传统的联系,因而新的制度规范与人们的行为之间会存在着偏差,这种制度实践中呈现的偏差则引发个人与制度之间的冲突、适应和博弈"④。

众所周知,信访制度是现有的利益表达和化解社会矛盾的重要制度,但信访制度本身的天然缺陷也是构成社会矛盾问题悬而难解的重要原因。一项制度能否有效发挥作用,主要受到以下因素制

---

① 张静:《社会治理为何失效》,载《复旦政治学评论第十六辑》,上海人民出版社 2016 年版,第 244 页。
② 张静:《通道变迁:个体与公共组织的关联》,《学海》2015 年第 1 期。
③ 孙立平:《博弈:断裂社会的利益冲突与和谐》,社会科学文献出版社 2006 年版,第 8 页。
④ 武中哲:《住房保障中的福利政治与政府行为——以"后单位社会"为背景》,《社会科学》2014 年第 10 期。

约:"一是制度的定位是否准确;二是制度内部各要素的耦合;三是制度与外部相关制度的耦合"①。学界对信访制度作用限度的研究基本在这个框架内展开。首先是压力体制问题,信访制度实际上是为民众提供一个利益表达和应责的通道。黄建军认为,"维稳"始终被各级政府视为各项工作中的重中之重,被提高到一个无以复加的高度,并实行"零指标"与"一票否决制"。② 在这种压力体制下,形成了一个悖论,即为解决社会矛盾而设置的信访制度的运转被各级政府曲解为社会不稳定的表现形式,政府治理的对象从社会矛盾本身转向信访过程。其次是信访部门角色问题,信访部门缺乏相对独立性,是挂靠在政府机构中的"弱势部门",对信访问题没有处理权,问题的解决需要依赖相关涉事部门。公众的信访对象往往直指政府部门,国家机关带有被访和接访的角色二重性,在具有亲缘性的公共机构内部,信访问题的解决逻辑难保公正。张海波认为,"信访体制本身权责不对等,地方信访部门很难将督查、协调、办理的职能落到实处。一些信访矛盾久拖不决,必然导致'越级上访''进京上访'"③。最后是调处能力问题,政府信访部门欠缺在法理层面处理信访问题的专业性,催生了公众对信访部门的不信任感。并且由于利益的分化与多元化,政府解决信访案件的法理化刚性制度很难满足民众的全部需求。

除了以上三种社会矛盾来源的归因,学界对此问题仍持有其他维度的解释,主要分为宏观层面与微观层面。在宏观层面上,有论者将社会矛盾的来源归因为生产力的欠发达,将社会主义初级阶段的主要矛盾,视为当前社会矛盾丛生的根源。在微观层面上,一方面,政府及公务人员的主观行为,如政府介入经济活动发生与民争利的不当行为,公务人员腐败行为与官僚主义等,被归结为引发社

---

① 黄建军:《官民矛盾、信访制度与社会管理创新》,《理论月刊》2014年第6期。
② 黄建军:《官民矛盾、信访制度与社会管理创新》,《理论月刊》2014年第6期。
③ 张海波:《当前我国社会矛盾的总体特征、生成逻辑与化解之道》,《学海》2012年第1期。

会矛盾的关键因素；另一方面，个体主观的相对剥夺感、社会挫折感、阶层认同偏差、弱势群体心态失衡等心理性因素，也在既有的社会矛盾来源研究中被屡次提及。

4. 社会矛盾来源研究的评价

伴随转型期社会矛盾问题的凸显，我国的社会矛盾来源研究掀起了一波高潮，特别是针对转型期这一特殊的社会背景，学界关于社会矛盾来源的相关讨论均与此紧密相连。将社会转型视为社会矛盾来源的重要背景展开研究，具有以下几点优势：一是框定了研究的时空，便于把握社会矛盾的特殊性；二是利于深入社会矛盾表皮之下，追本溯源，发掘社会矛盾生发的基础性因素；三是以制度和机制不足解释社会矛盾的来源，避免研究沉迷于问题取向。总体而言，以结构紧张、公平机制失衡和制度缺陷入手，对转型期社会矛盾的来源问题进行归因，具有一定的解释力和深刻性。

但是，学界对社会矛盾来源问题的研究仍存不足，主要体现在：其一，社会矛盾并不是中国转型期特有的新鲜事物，过分将研究视角限定在中国本土和转型期这一阶段性时期，对社会矛盾研究的体系化、理论化产生制约。着重强调社会转型期社会矛盾的来源问题，对传统元素之于转型期社会矛盾产生的影响有所忽略。其二，以经济指标判断社会矛盾来源问题，陷入了经济决定论的陷阱。一方面，一些研究者将人均 GDP 达到 1000—3000 美元，视为中国当前社会矛盾凸显的重要背景，此种论断忽视了中国社会矛盾的本土属性；另一方面，将社会矛盾归因为生产力欠发达的判断陷入了"发展主义"思维。其三，个体性的主观心态和行为确实对社会矛盾产生重要影响，但简单地将社会矛盾来源归因为主观因素有失偏颇。实际上，引发社会矛盾的主观因素很有可能与社会结构、社会关系、社会制度等基础性问题相关。其四，社会结构紧张、公平机制失衡、制度缺陷等问题的成因没有得到进一步厘清。学界虽然关注到以上几种因素构成了社会矛盾的重要来源，但对社会转型过程中制度结构层面出现问题的原因尚未展开深入追问。

（二）社会矛盾性质与特征研究

基于对社会矛盾来源的研究，学界开始专注于研究社会矛盾的本体性问题，研究热点集中于社会矛盾的性质界定与特点归纳。

1. 对社会矛盾性质的界定

中国共产党武装夺取政权后，毛泽东在最高国务会议第十一次（扩大）会议上发表重要讲话，将社会矛盾分为"敌我矛盾"和"人民内部矛盾"，敌我矛盾是在利益根本对立基础上的矛盾，带有极强的对抗性，以阶级矛盾为主要内容。人民内部矛盾是人民利益根本一致的基础上产生的矛盾，它是发生在劳动人民之间的非对抗性矛盾。学界普遍认为，改革后的社会矛盾性质并未发生根本性的改变，人民内部矛盾仍旧是社会矛盾的基本性质。金伟认为，"当前我国正处在社会主义初级阶段，人民的根本利益是一致的，建立在根本利益一致基础之上的人民内部矛盾与社会主义社会基本矛盾、主要矛盾的性质是一致的，都是非对抗性的"①。王邹强也认为，"虽然由于种种原因，转型期人们也会围绕根本利益问题产生分歧，但它与敌我矛盾有着根本不同，是可以通过非对抗性方法加以解决的"②。明确表述此种观点的学者还有张海波、吴忠民等。"人民内部矛盾论"也成为学界对转型期社会矛盾性质的共识性界定。

2. 对社会矛盾特征的基本判断

在论及具体的社会矛盾特征问题时，各研究虽然自成体系，但也达成了一些基本共识。第一，以物质利益诉求为主。郑杭生强调，"矛盾的主体越来越以利益群体的面目出现，具有利益群体冲突博弈的性质"③。吴忠民认为，"从社会矛盾形成部位的角度看，中国现阶段社会矛盾的形成多集中在与基础民生或民众切身物质利益直接相关的部位"④。虽然有一些学者认为新时期社会矛盾已经出现了政治化的倾向。但物质利益和民生性需求突出被学界普遍认

---

① 金伟：《当前我国社会矛盾的性质、特点与调处思路》，《汉江论坛》2011年第10期。

② 王邹强：《转型期中国社会矛盾的基本形态与性质分析》，《学习与探索》2012年第7期。

③ 郑杭生：《当前我国社会矛盾的新特点及其正确处理》，《中国特色社会主义研究》2006年第4期。

④ 吴忠民：《中国现阶段社会矛盾特征分析》，《教学与研究》2010年第3期。

为是当前社会矛盾的主要形式,政治化仅作为实现物质利益和民生性需求的一种手段呈现出来,而非冲突的真实目的。于建嵘表示,"在目前中国威权体制结构具有相对稳定性的前提下,群体性事件只是一种表达民众利益诉求或情绪的方式,不是针对政权的政治性活动"①。孙立平持同样的观点,即"目前的社会冲突和群体性事件主要源于利益分化和分化了的利益之间的矛盾,政治化和意识形态化程度很低"②。姚亮判断,"社会矛盾的利益根源性和非对抗性表明了社会矛盾演化成大的社会危机可能性较小"③。还有论者认为,社会矛盾的发生主要是由于触及了生存的底线,满足这些底线类需求,社会矛盾将出现大范围收缩。

第二,群体性事件增多。群体性事件是学界针对转型期社会矛盾发生过程中的集体行动而界定的本土性概念。冯仕政通过对"群体性事件"概念的历史追溯发现,"一方面,随着社会经济发展,集体抗争的形态不断出新;另一方面,为了应对集体抗争,国家不得不不断刷新自己的观念、行为和组织。正是得力于这两个方面的循环递推,群体性事件概念遂能从无到有,并从治安概念发展为政治概念"④。朱力等对群体性事件的界定是,"当利益受损群体在博弈中屡屡受挫,发现单凭个体力量难以在制度化渠道内解决问题时,具有相同利益诉求的人便会集聚起来采取群体性事件的方式进行诉求表达"⑤。并指出这种诉求方式在利益表达中所占的比重大幅增加。胡联合等通过10年间数据的对比,揭示出群体性事件增多的总体趋势:"1994—2004年,全国非法群体性事件的数量指

---

① 于建嵘:《从刚性稳定到韧性稳定——关于中国社会秩序的一个分析框架》,《学习与探索》2009年第5期。

② 孙立平:《博弈:断裂社会的利益冲突与和谐》,社会科学文献出版社2006年版,第281页。

③ 姚亮:《重视构建中国现阶段的社会矛盾吸纳机制》,《教学与研究》2011年第10期。

④ 冯仕政:《社会冲突、国家治理与"群体性事件"概念的演生》,《社会学研究》2015年第5期。

⑤ 朱力、纪军令:《当前我国重大社会矛盾冲突的新型特征》,《中共中央党校学报》2015年第5期。

数从100上升到740，增加了6.4倍；全国群体性事件人员规模指数从100上升到515，增加了4.2倍。"① 诸多学者指出，由于群体性事件的增多，导致社会矛盾的冲突程度加剧，社会矛盾的展开形式趋向非制度化。针对群体性事件的非制度化倾向，肖唐镖通过对1189起群体性事件案例的分析，发现"群体性事件中的组织程度与其暴力程度呈高度负相关"②。可见，社会群体性事件的凸显呼唤着社会的再组织化。

第三，矛盾主体多元化。朱力等认为，"每一个矛盾源，都会形成矛盾的双方，形成冲突的获益者与利益受损者。大量的矛盾累积了不同的矛盾受损群体，如被征地拆迁的农民和居民、失业的工人、受到环境污染的人群，等等，矛盾主体趋于多元化"③。邓少君依据"单位人"转换为"社会人"过程中人口流动频繁的趋势，指出，"传统封闭社会里民间冲突主体以个人居多，但转型期的社会开放已经使社会冲突的主体表现为个人、群体、单位、行业、家庭、社区、城乡、区域等之间的利益差距和矛盾纠纷"④。

第四，官民矛盾突出。学界普遍认为，无论何种领域的社会矛盾，政府都难以抽身其外，各种类型的社会矛盾均具有发展或演变成官民矛盾的风险。吴忠民提出，"官民矛盾问题在各种社会矛盾问题中居重要位置，具有由上到下逐层递增，有固化的迹象，缺乏制度化吸纳消解机制，激化或缓解两者间的弹性空间较大，部分官民纠纷冲突属于迁怒型的社会矛盾问题等特点"⑤。常健等提出"二阶冲突"的概念，认为，"产生二阶冲突的直接动因包括通过政府向对方施压，出于失望而认为干预不足，失去信任而认为干预

---

① 胡联合等：《影响社会稳定的社会矛盾变化态势的实证分析》，《社会科学战线》2006年第4期。

② 肖唐镖：《群体性事件中的暴力何以发生——对1189起群体性事件的初步分析》，《江苏行政学院学报》2014年第1期。

③ 朱力、纪军令：《当前我国重大社会矛盾冲突的新型特征》，《中共中央党校学报》2015年第5期。

④ 邓少君：《论转型期社会矛盾形态与归因》，《暨南学报》2015年第4期。

⑤ 吴忠民：《当代中国社会"官民矛盾"问题特征分析》，《教学与研究》2012年第3期。

不公，出于恐惧而引发关注，出于无能的转移性攻击等"①。由此可见，既有的官民矛盾研究将此类矛盾分为两个类型，其一是官民直接对立而形成的利益争夺；其二是原本与事无涉的政府被"绑架"到社会矛盾的过程当中。

第五，无直接利益冲突比例上升。以2006年记者钟玉明、郭奔胜在《瞭望新闻周刊》发表的调查报告《我国出现无直接利益冲突现象》为起点，"无直接利益冲突"正式进入社会矛盾研究视野。近年来，学界对"无直接利益冲突"展开了大量的研究。顾绍梅提出，"无直接利益冲突就是社会冲突的众多参与者与事件本身无关，而只是表达、发泄一种情绪"②。刘孝云等归纳了无直接利益冲突产生的五点主要原因，即"一些政府及其官员的失当作为；政府构造方面的缺陷；社会不公和贫富分化超过了人们的心理预期和社会心理承受力的阈限；不信任的政治心理；非政府组织的功能缺位"③。

第六，网络时代加剧社会矛盾。正如卡斯特在《信息时代三部曲》中对网络社会形态正在快速形成的判断，在我国，伴随改革开放而生的网络社会已经崛起为现代社会的重要单元。网络社会正在以前所未有的广度、深度和力度对我国社会发展与走向产生重要影响。社会矛盾的新特征也与网络社会的影响密切相关。杨雪冬等认为，"信息流量和流速爆炸性的增长，在增强了个人的认知能力的同时，也加大了不同认同之间的互动，动摇了某些本来就不稳固的认同"④。吴忠民认为，网络社会中匿名化的交往属性和网络工具对传播的高效性对社会矛盾具有助推作用，并且对社会矛盾产

---

① 常健、韦长伟：《当代中国社会二阶冲突的特点、原因及应对策略》，《河北学刊》2011年第3期。
② 顾绍梅：《我国"无直接利益冲突"成因研究综述》，《兰州学刊》2007年第11期。
③ 刘孝云、郝宇青：《论当前我国"无直接利益冲突"现象产生的原因》，《社会科学》2008年第6期。
④ 杨雪冬等：《风险社会与秩序重建》，社会科学文献出版社2006年版，第249页。

生了明显的放大效应。① 刘建明等指出,"在虚拟的空间中,暗含着非理性、随意性与感性化烙印其至是情绪宣泄式的网络民意,在客观上起到激化社会矛盾与撕裂社会和谐的副作用"②。社会心理学家勒庞在其著作《乌合之众》中说,"群体的某些特点,如冲动、急躁、缺乏理性、没有判断力和批判精神、夸大感情等等,几乎总是可以在低级进化形态生命中看到"③。因为网络形成群体的能力极为强大,并且社会矛盾在网络社会中总能聚合起规模庞大的群体,因此有许多论者借用"乌合之众"式的群体感情特征,强调网络群体非理性的集体心态对个体理性心态和行为产生了湮没作用。

3. 社会矛盾性质与特征研究的不足

针对转型期社会矛盾的特征问题,学界进行了多维度的归纳工作,并进行了类型化的研究。但此项工作也存在待提升之处。第一,论者专注于研究各类矛盾独特的生成发展逻辑,很少探讨彼此的内在关联,割裂了社会矛盾研究的整体性,尚未形成成熟的研究体系。缺少一个宏观的分析视角将社会矛盾的传统与现代、延续与转换、主观表象与客观逻辑贯穿联结起来。第二,学界着重关注社会矛盾中的群体事件,而忽视个体事件。实际上,许多利益诉求都是个体为单位展开的。对群体事件的关注容易沉迷于钻研集体行动的逻辑,而忽视对矛盾问题本身的拆解。对个体事件的关注更利于回归矛盾问题本身,并以点及面铺展研究。第三,"无直接利益冲突"被视为一种新形态的矛盾类型,学界对其的研究基本上围绕主观心态展开。实际上,"无直接利益冲突"的前提是一种不满情绪的酝酿和累积,而学界对造成这种不满情绪的客观原因挖掘不够。第四,学界普遍将网络社会视为社会矛盾爆发、加剧和难以化

---

① 吴忠民:《治道之要:社会矛盾十二讲》,山东人民出版社 2017 年版,第 143—150 页。
② 刘建明、史献之:《当代中国社会矛盾化解机制研究》,人民出版社 2014 年版,第 156 页。
③ [法]古斯塔夫·勒庞:《乌合之众:大众心理研究》,冯克利译,中央编译出版社 2005 年版,第 12 页。

解的助推器，网络社会作为现代社会形态中的重要单元，其对社会矛盾的影响并非仅存在负面性，如国家信访局正在积极推进网络信访事务的办理，这正是利用网络信息手段对矛盾化解的积极尝试，而学界对此的关注还不到位。

（三）社会矛盾吸纳和化解研究

针对转型期社会矛盾的来源、性质及特点，学界也在积极讨论社会矛盾的化解之道，此方面的研究基本上围绕两个问题展开，第一，如何从源头入手，阻断社会矛盾发生的通路；第二，如何构建社会矛盾的消解吸纳机制，打开社会矛盾治理的有效通路。

1. 阻滞社会矛盾的生发源头

在源头上实现对社会矛盾的消弭，研究者们的主要观点有：

第一，以生产力发展，解决民生问题，破解社会矛盾。如金伟认为，"解决民生问题，就要发展生产力。当社会生产力发展，物质财富和精神财富增加，国家富强和人民富裕时，很多矛盾就可以迎刃而解"①。刘会中指出，"必须把改善民生作为化解矛盾的重要源头性工作予以加强，要下大力气解决教育、就业、住房、收入分配、医疗卫生、社会保障等突出的民生问题"②。总而言之，这是一种以人为本的冲突化解策略和核心价值取向。

第二，改造社会结构，维护公平正义。针对社会矛盾来源中结构紧张的问题，众多学者提出通过社会结构的合理化改造和社会公平正义的重建，消弭社会矛盾。李强指出，"中国社会要想最终从'紧张'走入'宽松'，需要等待丁字型社会结构的根本转变"③。郑杭生认为，"无论是构建和谐社会，还是正确处理新形势下的社会矛盾，都是一个系统工程，至少涉及四个方面：深层理念的更新，社会结构的调整，社会功能的转换，社会信任的重建"④。张

---

① 金伟：《当前我国社会矛盾的性质、特点与调处思路》，《汉江论坛》2011年第10期。
② 刘会中：《论预防和化解社会矛盾的重要意义与途径》，《湖南警察学院学报》2011年第3期。
③ 李强：《"丁字型"社会结构与"结构紧张"》，《社会学研究》2005年第2期。
④ 郑杭生：《当前我国社会矛盾的新特点及其正确处理》，《中国特色社会主义研究》2006年第4期。

海波认为,"社会矛盾源头治理,必须从收入分配入手,缩小收入差距,加强社会建设,壮大中等收入阶层,加强社会流动"①。姚亮指出,"欲解决当代中国社会矛盾问题,一方面,要大力发育中产阶层,形成一个以中间阶层为主的橄榄型社会阶层结构。另一方面,必须消除有碍于社会流动的一切负面因素,以最大限度地保障社会流动的畅通,特别是向上的社会流动"②。孙国华等注重社会公平正义对社会矛盾消解的作用,指出,"实现社会主义初级阶段的公平正义是预防和化解现阶段我国的社会矛盾的根本原则,完善社会主义法制、厉行法治是实现社会公平正义、预防和化解社会矛盾的根本原则和基本条件"③。胡沫也指出,"公平正义是衡量一个国家或社会文明发展的标准,也是我国构建社会主义和谐社会的重要特征之一。坚持公平正义是处理现阶段社会矛盾的根本保证,也是重要方法"④。

第三,提升行政与司法效率,缓解官民矛盾。面对新时期官民矛盾突出的问题,学界也尝试提出一些消解官民矛盾的具体方法。吴忠民提出了解决我国官民矛盾的思路,即"防止公权力无限制地扩张、明确政府的公共服务者角色、运用司法力量而非行政力量解决各类纠纷、加强社会管理以缓冲行政管理者与群众的对立、建立健全干部选拔任用和监督机制"⑤。于建嵘(2010)也认为,"缓解官民矛盾对缓解中国社会矛盾而言至关重要。具体需要改写不合理的社会规则和重建普遍的社会信任"⑥。陈世瑞等认为,"官民矛盾解决之道在于改革干部用人制度,改善官员政治生态,不断提升

---

① 张海波:《当前我国社会矛盾的总体特征、生成逻辑与化解之道》,《学海》2012 年第 1 期。

② 姚亮:《重视构建中国现阶段的社会矛盾吸纳机制》,《教学与研究》2011 年第 10 期。

③ 孙国华、方林:《公平正义是化解社会矛盾的根本原则》,《法学杂志》2012 年第 3 期。

④ 胡沫:《和谐社会矛盾化解机制的构建》,《中南民族大学学报》2007 年第 6 期。

⑤ 吴忠民:《中国改革进程中的重大社会矛盾问题》,中共中央党校出版社 2011 年版,第 66—71 页。

⑥ 于建嵘:《群体性事件症结在于官民矛盾》,《中国报道》2010 年第 1 期。

官员的能力与素质,通过制度落实公民的知情权、参与权、表达权、监督权"①。可以看出,学界认为官民矛盾的解决一方面需要宏观制度的改革;另一方面需要官员微观行为的改善。

2. 以制度改革和机制建设化解社会矛盾

针对已经生成的社会矛盾问题,研究者所开出的药方可以归纳为:第一,构建多元化解社会矛盾机制。社会矛盾多元化解机制建构的动力来源于政府单元调处能力的不足和对非政府部门参与社会矛盾治理的需求。刘中起等所提出构建多元化解社会矛盾的新型机制具体包括,"健全社会矛盾化解的政府公共机制,创新社会利益的整合机制和利益诉求表达机制,完善政府对社会矛盾化解的调处机制与权益保障机制,推动和完善社会组织的发展,充分发挥社会力量参与调节作用"②。王强认为,"我国应通过构建多元化的社会矛盾纠纷解决机制,厘清人民调解、仲裁等民间纠纷解决方式与诉讼方式之间的功能划分和作用方式,维护社会安定和谐"③。

第二,注重法治化化解的重要性。万高隆等指出,"要从源头上减少和化解社会矛盾,就必须立足顶层制度设计,形成一种法治化、规范化的新范式"④。彭中礼认为,"降低维稳成本,有序化解矛盾的基本方法是法治。要在现有法律框架范围内,全面考虑各种法律的适用关系,整体把握法律的运行,从而化解矛盾"⑤。

第三,推进信访制度改革。杨小军针对信访制度中存在的问题,提出信访改革的具体思路,即"调整信访的功能定位,限制信访事项的受理范围,更加注重是非标准,程序契合司法最终原

---

① 陈世瑞、曾学龙:《官民矛盾、群体性事件与化解之道》,《晋阳学刊》2015年第1期。
② 刘中起、张广利:《新形势下多元化解社会矛盾的新型机制研究》,《学术探索》2009年第4期。
③ 王强:《社会矛盾纠纷多元化解决机制的构建与完善》,《人民论坛》2013年第14期。
④ 万高隆、罗志坚:《我国基层政府化解社会矛盾的范式困境与出路》,《陕西行政学院学报》2012年第3期。
⑤ 彭中礼:《论社会矛盾化解的法治方式》,《中南大学学报》2014年第1期。

则，完善信访法律依据"①。李贺楼等提出了信访制度改革的方向性思考，"一方面，信访制度改革包含但不能被简化为法治化，反映在改革目标上便要兼顾规则之治与对现实复杂性的充分回应。另一方面，信访制度改革应有所为有所不为，为此要合理认识对信访制度功能的现实需求并对该制度有更为明确的功能定位"②。

第四，社会组织介入社会矛盾化解。在构建多元化解社会矛盾机制的研究中，论者已经注意到社会组织介入对社会矛盾化解的作用和影响。随着转型期中国社会组织的快速发展，社会组织参与社会矛盾调控的研究已经开始自成体系。范铁中认为，"许多社会矛盾的发生，大多是因为缺乏制度性的对话机制，使民众的合理诉求得不到有效的表达，而只能采取一种极端的非制度性表达。而社会组织是公民有序参与和合理表达利益诉求的重要载体"③。戴桂斌从社会组织的特征出发，指出，"现代社会广泛兴起的介于政府和市场之间的第三部门，具有正规性、民间性、非营利性、自治性、志愿性和公益性等特性，在消除社会矛盾和冲突中具有预防、整合、沟通、协调等功能"④。赵伯艳从社会组织在公共冲突治理中的定位入手，界定了其治理角色，即"促进者、调解者，弱势方辩护者，辅助者，监督者"⑤。张仲涛等更为关注社会组织介入社会矛盾调处过程的优势所在，他认为社会组织在政府受角色困境、高昂的化解成本、烦琐的化解过程影响，陷入社会矛盾治理失灵的情况下，以第三方身份调处社会矛盾，具有以下优势："其一，涉足的领域广、覆盖面强；其二，贴近民众，易于预警与防范；其三，可调用社会资本丰富；其四，弹性灵活，具有创新性；其五，

---

① 杨小军：《信访法治化改革与完善研究》，《中国法学》2013年第5期。
② 李贺楼、王郅强：《信访制度的现实处境与改革方向：制度传统和现实需求视角下的分析》，《中国行政管理》2017年第1期。
③ 范铁中：《社会组织参与社会矛盾化解的作用探析》，《青海社会科学》2013年第1期。
④ 戴桂斌：《第三部门对社会矛盾冲突的调控作用探析》，《江西社会科学》2007年第11期。
⑤ 赵伯艳：《社会组织在公共冲突治理中的角色定位》，《理论探索》2013年第1期。

组织目标明确,服务专业"①。

3. 社会矛盾吸纳和化解对策研究的不敷

虽然学界对吸纳和化解社会矛盾提出了一些对策,但总体看来,此方面的研究还不到位,主要表现在:(1)学界目前在社会矛盾研究领域所做的工作重于提出问题,而针对问题的解决,论者所开出的药方往往过于宏观,针对性不强,悬置于社会矛盾的真实土壤,形成社会矛盾的消解需要社会结构完全合理、社会运行全面通畅的论调,而这种社会形态是中国社会短时间难以实现的。(2)迄今的对策研究仍处于一种静态状态,即仅限于提出一些修正制度、健全机制的建议,做出一些优化社会结构、改善社会公平的倡导,这一切尚未涉及吸纳和化解社会矛盾的真实过程。针对此问题动态的、操作化的研究与实践仍然较为不足。(3)对策研究过分重视理论建构,缺乏对案例来源、展开、化解的深入式全过程研究,这一工作的重要性在于,它是总结与凝练适用的社会矛盾吸纳与化解方法的现实基础。(4)在治理理念的框架下,社会组织参与社会矛盾调处成为一种趋势,学界也重点探讨了社会组织介入的可能性及其优势。但基于社会矛盾调处工作的特殊性,社会组织参与社会矛盾治理是一个极为复杂的实践过程,迄今对在政社共建的社会矛盾调处过程中,角色分配、资源互嵌、互动模式、作用限度等研究尚显不足。

二 单位制相关研究考察与反思

20世纪中叶,"中国的社会体制和社会结构格局是在实现社会主义工业化的思想指导下形成的"②。其中最为显著的社会结构特点便是"单位制"。中国社会的"单位"自发端始,便与体系、制度、整合等概念表现出极强的亲和性。凭借"全方位贯通"的具有极强资源垄断、政治动员、控制力量的单位体制,中国社会形成了以"单位整合""单位调控""单位动员"为突出特点的总体性

---

① 张仲涛、徐韩君:《试论社会中介组织化解社会矛盾的优势与路径》,《苏州大学学报》2013年第2期。

② 孙立平等:《改革以来中国社会结构的变迁》,《中国社会科学》1994年第2期。

社会。

中国的社会学界对单位制的研究沿着不同的路径展开，并取得了丰富的学术成果。正如毛丹所言，"单位制既是城市社会的微观社会组织体制，同时也相当程度地体现出整个中国社会的宏观社会结构及其运转过程的主要特点"①。目前，学界对于单位制的研究取向主要集中表现为宏观的单位组织制度结构和微观的单位组织内部权力关系两大维度。本书所展开的后单位时期社会矛盾样态及其治理方式的变迁研究，与单位的调控与整合功能、单位制变迁、单位对社会矛盾的影响等单位制研究范式紧密相关。主要原因在于：其一，单位的社会调控与整合功能在单位制时期对社会矛盾的生成和发展产生了极为重要的影响；其二，单位制的变迁过程实际上就是中国社会结构转换的过程，而后者成为转型期社会矛盾的重要来源已然成为学界共识；其三，学界虽然鲜有将社会矛盾与单位制研究直接勾连起来，但相关的颇有洞见的研究成果也可以为我们把握二者关系提供理论视角。

（一）调控与整合功能研究

路风的单位体制起源与形成研究认为："一方面，由于建国后国家对宗法和家族的破坏，家族原有的功能已经丧失，单位于是承担了此类功能，其单位内部的角色扮演也类似于家族组织。另一方面，由于苏联的经验和共产党在根据地的实践，供给制在全国的推广，随着党组织的向下延伸，'支部建在连上'的模式被推广，单位也就最终被确立。因而，单位制实际上是一种政治理想和制度惯例的结合。"②他进一步认为："单位是控制和调节整个社会运转的中枢系统，由与组织系统密切相结合的行政组织构成。"③李路路等曾尝试界定单位的含义，"所谓单位，是改革开放前在城镇地区，基于中国社会主义政治制度和计划经济体制所形成的一种特殊组织，是国家进行社会控制、资源分配和社会整合的组织化形式，

---

① 毛丹：《村落变迁中的单位化——尝试村落研究的一种范式》，《浙江社会科学》2000年第4期。
② 路风：《单位：一种特殊的社会组织形式》，《中国社会科学》1989年第1期。
③ 路风：《中国单位体制的形成和起源》，《中国社会科学季刊》1993年第4期。

承担着包括政治控制、专业分工和生活保障等多种功能;其典型形态是城市社会中的党和政府机构(行政单位)、国有管理及服务机构(事业单位)和国有企业单位"①。李汉林也认为:"在城市社区中,国家的对人的控制是通过单位来实现的。中国城市社区中没有独立的单位,它总隶属于一定的上级单位,因此决定了单位的双重角色,即对下扮演着父母的角色,对上则扮演着子女的角色。"②他认为国家对单位、单位对个人的绝对领导与支配作用编织成了单位体制得以发挥社会调控与整合功能的重要前提,"国家全面占有和控制各种社会资源,处于一种绝对的优势地位,进而形成对单位的绝对领导和支配;单位全面占有和控制单位成员发展的机会以及他们在社会、政治、经济及文化生活中所必需的资源,处于一种绝对的优势地位,进而形成对单位成员的绝对领导和支配"③。持同样观点的还有李路路等,他们从单位资源、权力角度展开研究,认为"单位是国家分配社会资源和实现社会控制的方式"④,并指出:"单位制不仅仅是组织化的政治控制手段,也不仅是分配社会资源的制度,其本身就是整个社会控制结构的一个组成部分。"⑤ 李路路进一步强调:"因为国家控制着绝大部分的资源和机会,所以单位组织必须依附于国家,由于国家是通过单位组织将资源分配到个人,所以个人必须依附于单位,这样就形成了一个国家—单位—个人之间强制性的依附关系结构。"⑥ 刘建军则是从社会整合角度加以分析,认为"单位制就是新社会资源总量不足和新调控形式交

---

① 李路路、苗大雷、王修晓:《市场转型与"单位"变迁:再论"单位"研究》,《社会》2009 年第 4 期。

② 李汉林:《中国单位现象与城市社区的整合机制》,《社会学研究》1993 年第 5 期。

③ 李汉林:《转型社会中的整合与控制——关于中国单位制度变迁的思考》,《吉林大学社会科学学报》2007 年第 4 期。

④ 李路路、李汉林:《中国的单位组织——资源、权力与交换》,浙江人民出版社 2000 年版,第 126 页。

⑤ 李路路、李汉林、王奋宇:《中国单位现象与体制改革》,《中国社会科学季刊》1993 年第 1 期。

⑥ 李路路:《"单位制"的变迁与研究》,《吉林大学社会科学学报》2013 年第 1 期。

互作用的产物，为社会管理机构对各种社会力量的调节和控制提供了新的制度架构。国家通过这一架构，满足对资源的强制性提取和再分配"①。可见，我国学界沿承华尔德的"新传统主义"理论，认同单位作为连接国家与个人的"中层组织"，在社会治理中发挥了非常关键作用，并且做出了单位对基层社会的整合与调控效果极为显著的判断。

在单位发挥调控与整合功能的过程中，学界也对其制度弊端展开了批判，如揭爱花认为，"单位作为一种特殊的生活空间的特征是封闭性，它形成了'保护—束缚'机制，使建国后人们的生活方式千篇一律，人格的依附性扭曲，社会的创造力窒息。社会成为一潭死水，人们丧失了自己的独立性和自主意志，单位用这样的方式换来国家权力对个人的基本生活进行保障，提供给人们社会地位、声望等等"②。同样持有批判态度的还有李汉林，他从依附性角度提出"党政不分、政社不分、社企不分的单位组织的主要特征是半封闭性，集合了对政府的全盘依赖和功能的多元化"③，并进一步从资源、满意度与依附关系论证这一观点，"个人在单位中获得资源的多少将影响和制约着人们对单位的依赖性行为和对单位的满意度；同时，人们对获取资源的满意度，也会影响和制约人们的依赖性行为"④。总而言之，就像田毅鹏所总结的那样，"单位社会是一种被'制度锁定的社会''丧失活力的社会''平均主义的社会'，而缺乏可持续性，据此，单位社会的终结具有一定的必然性"⑤。

---

① 刘建军：《单位中国：社会调控体系重构中的个人、组织与国家》，天津人民出版社2000年版，第46页。

② 揭爱花：《单位：一种特殊的生活空间》，《浙江大学学报》（人文社会科学版）2000年第5期。

③ 李路路、李汉林、王奋宇：《中国单位现象与体制改革》，《中国社会科学季刊》1993年第1期。

④ 李路路、李汉林：《中国的单位组织——资源、权力与交换》，浙江人民出版社2000年版，第56页。

⑤ 田毅鹏、吕方：《单位社会的终结及其社会风险》，《吉林大学社会科学学报》2009年第6期。

(二) 单位制变迁研究

本书所关注的单位制变迁主要是指改革开放以来,伴随市场经济的发展,与计划经济相配套的单位体制走向消解的变迁过程。李汉林认为,伴随国家统一占有、运营和分配资源的格局出现松动、走向瓦解,单位之外释放出多元化的利益实现途径,因此,个人对单位的依赖程度弱化,自由度增强,国家对单位、单位对个人的整合与控制能力随之弱化。他强调,这并不代表个人对单位依赖的全面瓦解,弱化的主要原因是依赖的多元化。并在此基础之上解读了单位与非单位组织中法律控制、伦理控制、政治控制、资源控制的不同强度。① 刘平等提出"限制介入性大型国企"的概念,围绕此概念展开讨论,提出伴随单位制变迁,新单位制生成而出现的体制内分化现象,并认为"体制内分化成为阶层一体化的重要制约"②。田毅鹏关注单位制变迁过程中的社会风险,他认为:"昔日强盛、庞大的单位共同体不可避免地走向消解。由单位作为中坚力量的纵向控制体系被打破,中间环节发生了断裂。"③ 受此影响,社会中的不稳定性因素增多,社会运行的风险增加,主要表现为:"社会原子化动向、社会公共性不可避免地发生严重萎缩、社会转向趋利的物质主义"④。他进一步从单位变迁对单位人集体认同影响的视角入手,提出"单位制度变迁过程中单位人社会联结状态发生变化的过程,表现为个人之间联系的弱化、个人与公共世界的疏离以及由此而衍生的个人与国家距离变远等情形"⑤。李汉林对单位组织变迁进程中单位人"失范"行为进行研究,研究显示"就失范所涉及的各个层面来说,单位成员的强度都高于非单位成员,而

---

① 李汉林:《转型社会中的整合与控制——关于中国单位制度变迁的思考》,《吉林大学社会科学学报》2007年第4期。
② 刘平、王汉生、张笑会:《变动的单位制与体制内的分化——以限制介入性大型国有企业为例》,《社会学研究》2008年第3期。
③ 田毅鹏、吕方:《"单位共同体"的变迁与城市社区重建》,中央编译出版社2014年版,第103页。
④ 田毅鹏、吕方:《单位社会的终结及其社会风险》,《吉林大学社会科学学报》2009年第6期。
⑤ 田毅鹏:《单位制度变迁与集体认同的重构》,《江海学刊》2007年第1期。

且，改革相对滞后的事业单位中的成员，与其他类型的单位中的成员相比也表现出了更强的失范倾向，表现出带有反常性质的去道德化特征"①。

面对诸多形式的社会风险，学界也在积极探索一条后单位时期的社会治理新路。李友梅提出："'公共性'是促成当代'社会团结'的重要机制，对于抵御市场经济背景下个体工具主义的快速扩张有着实质性意义；是使个体得以超越狭隘的自我而关注公共生活的立基所在；还是形塑现代国家与民众间良性相倚、互为监督新格局的重要条件。"② 田毅鹏则提出了"新公共性"理论，认为："如何重建社会的中间环节，将分散、无序的个体联结起来，成为当前社会建设和管理的重点和难点。这使得新公共性的概念与政府提出的'社会建设'的概念紧密联系在一起，公共性由'垄断'走向'扩散'。"③ 吕方在城市治理的研究中提出了一种观点和分析角度，即借助"单位共同体"形成社会团结的"中间地带"，进而通过社会自组织的培育，重塑城市社会团结，进而结束社会原子化的局面。④ 这些研究均是学者们为抵御单位制变迁产生的社会风险而做出的积极尝试。

（三）单位制对社会矛盾的影响研究

华尔德通过对"组织化依附"和"有原则的特殊主义"两种相辅相成的控制机制的解读，认为："这样一种制度的实施是如此之有效，以致具有阻止组织化政治活动——哪怕是达到集体行动水平——的惊人能力"⑤。冯仕政通过对华尔德相关研究的分析，认为："华尔德的理论中有一个隐而未发的理论假设：国家对集体抗

---

① 李汉林、渠敬东：《中国单位组织变迁过程中的失范效应》，上海人民出版社2005年版，第207页。
② 李友梅等：《当代中国社会建设的公共性困境及其超越》，《中国社会科学》2012年第4期。
③ 田毅鹏：《东亚"新公共性"的构建及其限制——以中日两国为中心》，《吉林大学社会科学学报》2005年第6期。
④ 吕方、田毅鹏：《"后单位时代"的城市社会治理》，《新视野》2015年第1期。
⑤ [美]华尔德：《共产党社会的新传统主义：中国工业中的工作环境和权力结构》，龚小夏译，牛津大学出版社1996年版，第19页。

争的控制之所以有效，是因为单位从结构上把社会成员分成了不同的群体并分而治之，自然更容易控制。"① 而周雪光却持相反的意见："在国家集中体制下，国家能够从社会地理上将社会成员分而治之，但国家对私人领域的高度介入，以及国家政治本身的不稳定性，却使同一种制度同样具有引发大规模集体行动的潜能。"② 冯仕政从单位组织的政治性视角出发，发现了单位对于冲突和抗争的抑制作用，即"国家以单位为基础实现了对整个社会的垄断，个人没有单位之外的自由活动空间。甚至，个人在单位之外的活动都被视为对国家的不服从或挑衅，从而被严格禁止和防范"③。李汉林从依赖关系的角度认识到伴随单位消解，矛盾冲突发生的变化，指出，"在改革以前，不同的利益矛盾和冲突必须、也只能通过单位组织来表达、综合和实现，国家对利益冲突的协调和整合也是在单位制度的框架内进行的；而在改革以后的单位组织中，由于依赖的基础发生了根本的变化，使得这种在单位制度框架内的表达和综合得到了很大程度上的弱化"④。常健和张春颜区分了社会冲突管理中的两种不同管理机制，即冲突控制和冲突化解，并认为改革开放前的冲突管理是以冲突控制为主导的。在改革开放前由单位制编织成的总体性社会结构中，通过各种方面的控制达到了对冲突的抑制，并主要体现在以下几点："一是通过对意识形态的严格控制，使得人们在发生冲突时能够有判断是非的统一标准；二是对信息的严格控制，限制了各种负面信息的传播渠道，防止了由负面信息产生的冲突或冲突升级；三是对经济资源的严格控制，使得冲突各方无法获得维持公开冲突所需的必要经济资源；四是单位体制使社会成员都属于某一行政单位。社会成员间的冲突，社会成员与行政、

---

① 冯仕政：《单位分割与集体抗争》，《社会学研究》2006 年第 3 期。
② Zhou Xueguang, Unorganized Interests and Collective Action in Communist China, *American Sociological Review*, Feb 1993, p. 58.
③ 冯仕政：《单位分割与集体抗争》，《社会学研究》2006 年第 3 期。
④ 李汉林：《转型社会中的整合与控制——关于中国单位制度变迁的思考》，《吉林大学社会科学学报》2007 年第 4 期。

社会组织间的冲突，都由其所属的单位来负责解决。"① 冯仕政（2006）力图揭示单位制变迁与集体抗争兴起的关联，他认为："第一，单位制变革打破了原来经过长期磨合而相对稳定的社会分层格局，在单位之间和单位内部制造了新的不平等。一些社会群体感受到严重的相对剥夺，郁积了强烈的不满情绪。这成为引发集体抗争的一个重要因素；第二，国家政治结构和过程的改变为集体抗争的兴起提供了新的环境和条件；第三，市场的出现为利益的组织化，从而为集体抗争提供了新的基础。"② 何艳玲对后单位时期的集体抗争做了案例性的实证分析，将集体抗争的发生放置于后单位时期这一特殊的历史阶段考察，并指出了后单位制时期街区集体抗争所包含的三层逻辑，与乡村集体抗争做了比较。③

（四）对单位制相关研究的评价

以上对单位制研究的回顾，旨在提炼既有单位制研究在单位发源、变迁、走向消解过程中与社会矛盾关系问题上所取得的进展，分析研究的得失。单位的整合与调控功能研究、变迁研究均取得了丰富的理论成果，为本书的研究铺设了深厚的理论背景。当前学界对单位制的研究，大多沿着"国家—单位—个人"的结构展开，关注到全面性控制与极强依附性构造出的稳定秩序与派生的诸多弊端，亦关注了单位体制对社会矛盾的控制或催生作用。同时也注意到，正是受此总体性体制变迁的影响，社会结构需要重组，单位人向社会人转变极为复杂，转型社会的运行面临风险。学者们也对单位制变迁过程中的集体抗争行为展开了研究，集体抗争与单位制的捆绑式研究将社会矛盾问题与单位制变迁直接联系起来。然而学界对单位制变迁与社会矛盾关系的研究仍存在以下几点缺陷：其一，随着单位社会向后单位社会转型的发生，学界对"后单位时期"派生的诸多形式的社会矛盾研究成果比较丰富，但对"单位时期"

---

① 常健、张春颜：《社会冲突管理中的冲突控制与冲突化解》，《南开学报》2012年第6期。
② 冯仕政：《单位分割与集体抗争》，《社会学研究》2006年第3期。
③ 何艳玲：《后单位时期街区集体抗争的产生及其逻辑——对一次街区集体抗争事件的实证分析》，《公共管理学报》2005年第3期。

的社会矛盾研究不足，缺乏对单位时期社会矛盾性质、特征的描述，将单位时期的社会矛盾与当前社会矛盾一概而论未免有失偏颇。其二，单纯在宏观层面研究体制性因素对矛盾产生和抑制的影响，虽然也有研究关注到"依赖关系"构成了单位消弭矛盾的重要因素，但其均将单位的"统治"与"控制"功能视为消弭矛盾的关键，此种判断没有关注到单位制建构的基本原则和基本前提。单位制的建构是以推翻旧有的压迫与剥削制度，赋予工人阶级主体性为中心的，并且具有鲜明社会主义性质。归根结底，它不是控制工人阶级的牢笼，而是一个提升工人地位、维护工人权益、实现人民解放的温床。单位时期社会管理之所以效果显著，最重要的原因在于单位具有一种"柔性""温情"且带有"刚性"的"内部调节"功能，学界既往的研究并未关注到单位的矛盾分解功能。其三，学界对单位制变迁背景下的社会矛盾研究集中于"集体抗争"行为，研究源于对"集体抗争"何以可能的追问，重点关注"集体抗争"的具体过程及行动策略，然而却并未重点关注单位制变迁对社会矛盾的作用机理，研究视角对矛盾本身的聚焦还不够。

三 社会组织参与社会治理回顾与评价

（一）社会组织参与社会治理研究

李友梅提到，"国内外对于社会组织发展的研究，从理论源头上看，都是来自于国家——社会关系的分析范式。"[①] 在西方社会里，社会组织的发展起源于自由主义市场经济遭遇的"市场失灵"和凯恩斯主义福利国家遭遇的"政府失灵"。其发育的过程是西方社会自觉形成第三部门，填补政府与市场功能缺陷的过程。在这个过程中形成了以美国为中心的市民社会理论，以欧洲为中心的法团主义理论。托克维尔式的市民社会理论最基本的命题是国家与社会的分离和对立，这种对立基于他对美国社会结社文化及其作用的基本判断。[②] 戈登·怀特认为，"市民社会"将国家与社会视为分离

---

① 李友梅：《新时期加强社会组织建设研究》，经济科学出版社2017年版，第41页。

② [美]托克维尔：《论美国的民主》（下卷），董果良译，商务印书馆2006年版，第649页。

的、差别明显的"公域"和"私域","市民社会"是一种结社领域,社会成员可以凭借市民社会权力,免受国家权力的侵害并且能够对国家权力产生影响。① 法团主义的理论奠基人施密特认为,法团主义可以被定义为"一种利益代表的系统。这个系统的组成单位被组织到数量有限的,具有单一的、强制的、非竞争性关系的、等级制的、功能分化等特征的各个部门之中。这些部门得到国家的承认或者授权成立,并被授予其在各自领域中垄断利益代表的地位。作为交换条件,国家对于这些部门的领袖选择和需求表达享有一定程度的控制权。"②

西方的理论框架非常深刻地影响着我国学者对这一基本问题的思路。鉴于新时期国家与社会关系的新变化,许多学者试图直接借鉴西方的社会学理论展开中国国家与社会关系的研究,形成了市民社会视角、法团主义视角两大阵营。在市民社会范式中,内维特运用市民社会的范式对天津的工商联、经济协会展开研究,将其视为市民社会语境下的表达和维护有组织的支持者的利益,并且独立于国家。③ 持此观点的研究者们判断,中国的市民社会与国家可能会发展成为相互制约的紧张关系。在法团主义范式中,学者们着重关注政府对社会的控制作用,认为依此理论得以解释中国当前的国家与社会关系,具有代表性的观点有:裴松梅通过对中国外商投资企业协会的研究发现,"商会承担着国家控制与社会自主的双重角色,具有体制维系的功能"④。安戈和陈佩华通过对工会和商会的研究,认为国家法团主义是国家与社会关系的制度化联结的新型表

---

① Gordon White, Prospects for Civil Society in China: A Case Study from Xiaoshan City, *The Australian Journal of Chinese Affairs*, Jan 1993, pp. 63 – 87.

② Schmitter, Still the Century of Corporatism? *The Review of Politics*, Jan 1974, pp. 93 – 94.

③ Nevitt, Christopher E, Private Business Associations in China: Evidence of Civil Society or Local State Power? *The China Journal*, Jul 1996, pp. 25 – 43.

④ Margaret Pearson, The Janus Face of Business Associations in China: Socialist Corporatism in Foreign Enterprises, *Australian Journal of Chinese Affairs*, Jan 1994, pp. 25 – 46.

现形式。① 顾昕将《社会团体登记管理条例》中的规定与法团主义概念进行比较分析，认为中国社会组织呈现出强烈的国家法团主义特征。②

伴随市民社会范式和法团主义范式的推进，本土学界逐渐注意到，中国的社会组织发育并不是社会与国家抗衡中的胜利果实，而是伴随单位制消解，国家主动收缩权力边界，自上而下放宽社会运作空间的过程。在这个过程中，国家与社会并未形成激烈的交锋和争夺，而是国家主动让步，社会随之跟进。这个特点也决定了中国社会组织与西方社会组织在基因上的根本差异。市民社会范式与法团主义范式也在这个意义上面临着解释力不足的挑战。为了符合中国本土特征，超越二元对立说，中国社会学界尝试着突破西方理论框架，以社会组织为载体，建构对描述中国当前国家与社会关系更具解释力的本土理论。

伴随改革开放以来市场化进程的展开，中国社会结构与制度发生了深度转换，国家主导社会模式的弊病逐渐显露，政府行为的扩张也引发了一系列的问题，陈华认为，从"'政府包办一切'所产生的问题看来，传统意义上的'全能型政府'并非无所不能，这也就意味着政府存在着社会治理的死角，政府无法成为社会问题和公共事务的唯一治理担当者，需要其他主体的介入，这一点已被越来越多的人认可"③。渠敬东、周飞舟、应星也认为，"改革以来中国社会结构的一个重大变化，即是不再像前30年那样沿循着某种总体性支配的方式，或者通过群众性的规训、动员和运动来调动政治和社会经济诸领域的各种力量，而是为诸领域赋予一定程度的自主权，来释放基层社会的活力"④。

---

① 安戈、陈佩华：《中国、组合主义及东亚模式》，《战略与管理》2001年第1期。
② 顾昕、王旭：《从国家主义到法团主义——中国市场转型过程中国家与专业团体关系的演变》，《社会学研究》2005年第2期。
③ 陈华：《吸纳与合作——非政府组织与中国社会管理》，社会科学文献出版社2011年版，第2页。
④ 渠敬东、周飞舟、应星：《从总体支配到技术治理——基于中国30年改革经验的社会学分析》，《中国社会科学》2009年第6期。

目前，政府与社会组织之间最为显著的关系即为社会组织参与社会治理过程中的"政府购买服务"，这也引发了学界对此的研究热潮。学界对其内涵的研究众多，但基本上都持有相似的观点，如王浦劬、萨拉蒙的界定："购买是指政府将原来直接提供的公共服务事项，通过直接拨款或公开招标的方式，交给有资质的社会服务机构来完成，最后根据择定者或者中标者所提供的公共服务的数量和质量，来支付服务费用。"① 王名和乐园对政府购买公共服务的模式进行了类型划分，他们通过对六个案例的具体分析，总结出三个模式：依赖关系非竞争性购买、独立关系非竞争性购买和独立关系竞争性购买，并对各种模式的特点、效果和存在的问题做出了讨论。② 王向民将政府购买服务界定为"国家对社会组织的项目制治理模式"③。在政府对社会组织的管控层面上，康晓光和韩恒认为，政府衡量社会组织的挑战能力和提供的公共物品，针对不同社会组织而采取"分类控制"的策略，说明了国家与社会组织关系的多样性。他们又进一步根据结构特征、行为特征和功能特征三个角度总结出政府对社会组织的分类控制模式：延续模式、新建模式、收编模式、合作模式、无支持模式。④ 随着政府职能转变和社会组织的发展，刘鹏则认为："2004年以来，中国地方政府在对社会组织的管理方面发生了一些新的变化……当代中国政府在社会组织管理体制方面正逐步从分类控制转向嵌入型监管，地方政府在对社会组织的吸纳能力、对社会组织管理重点的分化、对社会组织管理制度化水平、对社会组织管理手段多元化四个方面的监管水平有了明显

---

① 王浦劬、[美]萨拉蒙：《政府向社会组织购买公共服务研究》，北京大学出版社2010年版，第3页。
② 王名、乐园：《中国民间组织参与公共服务购买的模式分析》，《中共浙江省委党校学报》2008年第4期。
③ 王向民：《中国社会组织的项目制治理》，《经济社会体制比较》2014年第5期。
④ 康晓光、韩恒：《分类控制——当前大陆国家与社会关系研究》，《社会学研究》2005年第6期。

提升。"① 他还在此基础上总结出了嵌入型监管相对于游离型监管的多维度优势。与此同时，社会组织的自主性问题也成为学界讨论的重要议题，如黄晓春，嵇欣认为，在社会组织与政府关系的结构中，其自主性尤为重要，具体表现在三个维度：其一是在多大程度上可以自主决定提供产品的范围；其二是在多大程度上可以自主决定组织活动的地域范围；其三是在多大程度上可以自主决定组织内部运作过程。他们根据此维度的划定，分别考察了"条""块""党群部门"对社会组织治理的不同逻辑，构建了"非协同治理——策略性应对"理论解释框架。② 文军得出了社会组织的角色期待及其实际存在"理想化程度过高而现实行动不足的问题"的结论，他认为，政府对社会组织的角色期待有减肥剂和黏合剂两种形式，而其实践中却呈现出行动力的不足，其中非常重要的一点就是："社会组织与政府的关系尴尬，社会组织的发展离不开政府的推动和影响。因此，中国的社会组织'先天'就与政府不是'平等关系'，而是一种'依附关系'。在某种程度上，社会组织必须顺从政府的'指示'，否则便无法'生存'"。③

（二）对社会组织相关研究的评价

目前学界对社会组织参与社会治理的研究一般在国家与社会关系的分析框架中展开，市民社会和法团主义，虽然都建构在国家与社会分离的基本前提下，但二者重要分歧在于双方对社会组织的自主性空间认知存在差异，宏观上讲，就是社会与国家互动的图景中，对二者权能对比的不同理解。虽然两种西方分析范式并不能完美地契合中国的社会情境，但它们对我们理解此问题所提供的理论背景是不可轻视的。正是基于对两种分析框架解释力的质疑，学界兴起了对我国社会组织参与社会治理问题研究的本土化诠释。学界

---

① 刘鹏：《从分类控制走向嵌入型监管：地方政府社会组织管理政策创新》，《中国人民大学学报》2011年第5期。
② 黄晓春、嵇欣：《非协同治理与策略性应对——社会组织自主性研究的一个理论框架》，《社会学研究》2014年第6期。
③ 文军：《中国社会组织发展的角色困境及其出路》，《江苏行政学院学报》2012年第1期。

尤其注重政府在社会组织运作过程中的重要角色和作用，并在这个前提下充分展开了对社会组织功能界限问题的讨论。然而，在大量研究繁荣的背后，研究在纵与横两个向度上，仍存在以下几点不足：第一，社会组织发挥功能的过程，从发展的视角看，是对以往责任部门功能的承接和替代，在这个过程中，治理的手段、方式、目标等均发生了重要的变化。然而当前的研究很少关注替代与变化的具体表现，这需要纵向追溯传统的状态，以此作为当下研究的重要背景。第二，社会组织的类型划分体系还不够清晰，一些研究对社会组织不同维度的解释很大程度上来源于研究对象的差异。社会组织研究缺少横向类型比较，学界对社会组织的界定与类型化研究需加强。第三，目前学界对社会组织参与社会治理的研究视角多过于宏观，仅在一般性上展开讨论，很少以社会组织所提供的具体服务为切入点展开讨论。实际上，以服务内容为线索展开研究可以更加具体地透视国家与社会权力边界的变动。比如国家放开社会组织参与纯社会事务的治理与参与涉及政治性事务的治理相比，其中所包含的意义是不同的。第四，既有研究认识到国家对社会组织自主性的挤压，并在此基础上讨论社会组织参与社会治理的限度，而对社会组织在参与社会治理过程中对政府逆向输入的产品及产生的效益关注不够。现实中，这对力量的互动是双向的，"依赖关系"不仅表现为社会组织对政府的依赖，政府也在一定程度上依赖于社会组织的功能实现。

第三节　本书核心概念及研究边界

理论研究的展开极其重要的前提便是界定研究问题的概念，只有充分澄清概念才能够真正确定研究视角和论域。针对本书的研究问题，笔者在此对本书涉及的概念："后单位社会""社会矛盾""专业服务型社会组织"做出界定，并在此基础之上锁定研究边界。

一 后单位社会

当我们理解一种社会形态之时,社会结构及其组织方式是最为重要的切入点。人类学家拉德克利夫·布朗是第一个给出社会结构定义的学者,他认为社会结构就是"社会关系的网络",社会结构不仅包含国家、族群之间的关系网络,也包含微观的个人与个人之间的社会关系。① 社会学家涂尔干在继承孔德和斯宾塞社会有机论的观点基础之上,将社会结构划分为机械团结和有机团结,并将后者视为在社会分工基础上对前者的根本性超越。他认为,"前一种团结之所以能够存在,是因为集体人格完全吸纳了个人人格,后一种团结之所以能够存在,是因为每个人都拥有自己的行动范围,都能够至臻其境,都有自己的人格"②。结构功能主义的主要代表人物帕森斯将社会结构视为一种整体性社会系统,并认为社会结构即是社会秩序的构成,社会结构既是社会关系的互动模式又是一种社会规范。③ 彼得·布劳提出了宏观结构理论,认为社会结构就是一定的人口按照异质性与不平等性的类别和等级而形成的分布与分化程度。④ 从中我们可以发现,社会结构决定着社会的具体形态,而社会联结方式正是社会结构的基础。后单位社会概念的澄清必然与单位社会具有密切的关联,原因在于它是对后者的变革与超越,其主要表征形式就是社会联结方式的变化及社会结构的变迁。

作为中国社会发展的独特阶段,后单位社会是与单位社会相对应的概念,学界已经普遍承认后单位社会的来临,也尝试着对其进行理论上的界定。何艳玲提出过渡论:"后单位社会所指的大致都是 1978 年后至今单位制对城市社会的影响趋于弱化但又尚未完全

---

① Radcliffe - Brown, *A Natural Science of Society*, New York: Free Press, 1957.
② [法]涂尔干:《社会分工论》,渠敬东译,生活·读书·新知三联书店 2017 年版,第 91 页。
③ Parsons, *Societies: Evolutionary and Comparative Perspectives*, Englewood Cliffs, New Jersey: Prentice - Hall, 1966, p. 18 - 29.
④ Blau, *Inequality and Heterogeneity: A Primitive Theory of Social Structure*, New York: Free Press, 1977, p. 65.

消失的这一段过渡时期。"① 武中哲在结构层面和体制、制度层面对后单位社会的含义做出了界定:"'后单位社会'表达了两个方面的含义。在现有的社会结构成分中,既有传统结构成分的遗存,又有新的结构因素的发育,社会组织结构呈现出多元化的状态;传统单位制度在城市社会中并没有随着改革的推进而消失,而是表现为一种制度的惯性,这种惯性可以具体到社会心理层面,表现为对人们行为的潜在影响作用。"② 崔月琴通过对西方社会重建理论的核心议题——"中间社会"的剖析,认为中国单位社会向后单位社会转变的过程,就是传统单位所释放的社会空间被中间社会组织取代的过程,中间社会成为了后单位社会联结国家和个人的基础纽带。③ 田毅鹏则给出了更为具体的后单位社会的解读,他认为,"后单位社会主要是指 20 世纪 90 年代全面市场化改革以来,中国社会表现出来的一种特殊的社会结构及其运行状态……在后单位社会中,旧的社会运行机制开始逐渐消解,而新的社会运行机制尚未成型,因此,它不是一个完整的社会结构形态的概括,而是一种对原有社会体制消解过程中复杂蜕变过程的描述及概括"④。更进一步,田毅鹏还发现了后单位时期社会治理的显著特点,即"后单位社会中诸社会职能从单位中剥离,但这并未导致国家对基层社会控制力的实质性减弱,只是在控制方式上由单位社会中的总体性支配逐渐转变为科层化的技术治理……多元化的社会管理主体遵循着不同的运作逻辑且相互交织,共同构成了后单位社会管理运作机制最为纷繁复杂的一面"⑤。

---

① 何艳玲:《后单位时期街区集体抗争的产生及其逻辑——对一次街区集体抗争事件的实证分析》,《公共管理学报》2005 年第 3 期。
② 武中哲:《住房保障中的福利政治与政府行为——以"后单位社会"为背景》,《社会科学》2014 年第 10 期。
③ 崔月琴:《后单位时代社会管理组织基础的重构——以"中间社会"的构建为视角》,《学习与探索》2010 年第 4 期。
④ 田毅鹏、薛文龙:《"后单位社会"基层社会治理及运行机制研究》,《学术研究》2015 年第 2 期。
⑤ 田毅鹏、薛文龙:《"后单位社会"基层社会治理及运行机制研究》,《学术研究》2015 年第 2 期。

从社会学的视角出发,揆诸中国社会结构的历史与现状,综合学界既有界定,笔者认为,"后单位社会"的内涵与特点应当包括以下几个方面:

其一,借用田毅鹏单位社会终结的命题,"后单位社会"并不是指具体的作为职场的"单位组织"的终结,而是说传统的单位组织所赖以存在的那个宏观社会管理体制发生了巨大的变化,已逐渐被一种新的社会管理体制所替代。① 其二,它是当今中国社会结构转型、经济体制转轨过程中的一个过渡性社会形态,是处于传统单位社会与将来一种稳定且完整社会形态之间的一种"中间型社会"。其三,后单位社会是处于高度整合而低度分化的社会向系统功能全面分化的社会转换过程中的社会形态,相较于国家吞没社会的单位社会而言,后单位社会伴随单位制的消解,政治、经济、文化等社会子系统发生了互相的分离,呈现出多元化的结构特征。但受到制度惯性的影响,单位社会的终结需要一个长期、复杂的过程。单位元素虽发生弱化,但依旧在结构层面、制度层面、心理层面等维度上于后单位社会发挥作用。在社会运行中,单位社会的传统元素和后单位社会元素杂糅,错综复杂。其四,后单位社会的社会联结机制发生了基础性变化,单位的退场致使个人与国家之间的中间环节断裂,呈现出一个真空区域,造成了个人与国家直接见面。在此背景下,社会联结机制正面临更新与重建的任务。"国家—单位—个人"的链条逐渐转换为"国家—中间社会—个人"的结构。其五,伴随单位社会向后单位社会的转换,政府一元性的垄断式管理体制正在被多元化的社会治理体系所取代。国家权威的合法性在一定程度上需要社会的赋予和承认。在后单位社会的社会治理结构中,行政力量与社会力量具有共存性、互动性、非对抗性、不均衡性等特点。国家与社会的力量对比上,仍然呈现出国家实力强于社会实力的基本状态。其六,后单位社会也是一定意义上的风险社会,伴随极具"确定性"的单位社会的瓦解,社会流动、

---

① 田毅鹏、吕方:《单位社会的终结及其社会风险》,《吉林大学社会科学学报》2009 年第 6 期。

社会分层与社会分化逐渐启动，多元利益主体间的竞争、博弈具有引发社会矛盾与冲突的可能。

二 社会矛盾

社会矛盾与社会冲突一直是社会学的重要研究领域，马克思的阶级冲突理论、齐美尔的形式冲突理论、韦伯的多元分层冲突理论共同构成了古典西方社会学的社会冲突理论起源，在此影响之下，科塞批判继承齐美尔的观点，提炼出冲突功能主义，他对社会冲突概念进行了界定："社会冲突是对立双方对价值及稀缺权力、地位和资源的争斗。"[①] 科塞进一步提出了"安全阀"机制，认为安全阀的排解、转移和替代功能维护了社会稳定，突出强调社会冲突的正功能。[②] 达仁道夫在对功能主义批判的基础上，提出辩证冲突论，认为社会冲突是"有明显抵触的社会力量之间的争夺、竞争、争执和紧张状态，在这一意义上，涉及不兼容目标的——最为一般的形式是双方竞争只能为一方所得或部分所得的愿望——个人或其组合的所有关系都是社会冲突关系"[③]，并在其著作《现代社会冲突》中指出，"供给派和应得权利派——对应着经济增长政策和一种公民权利政策——处于相互斗争之中。"[④] 可见，他将"应得权利"与"供给"的辩证关系视为构成社会矛盾与冲突的重要来源。柯林斯的社会冲突根源论认为："社会冲突根源于控制他人的主观愿望、占有资源的不平等和强制力量的威胁"[⑤]。他以根源性因素解释了社会冲突的发生缘由。

通过上述对西方主要社会冲突理论的概括性回顾，我们发现，学界所界定的社会矛盾与冲突均具有极强的"社会性"，阶级、阶

---

① 宋林飞：《西方社会学理论》，南京大学出版社1997年版，第324页。
② ［美］科塞：《社会冲突的功能》，孙立平等译，华夏出版社1989年版，第24页。
③ Dahrendorf Ralf, *Class and Class Conflict in industrial Society*, Stanford: Stanford University Press, 1959, p. 135.
④ ［英］拉尔夫·达仁道夫：《现代社会冲突》，林荣远译，中国社会科学出版社2003年版，第17页。
⑤ 杨建华等：《冲突与弥合——社会群体冲突调节机制的实证研究》，社会科学文献出版社2013年版，第15—16页。

层、系统、辩证关系、资源占有和权力控制等概念均涉及多元主体之间的社会关系。因此,社会学的社会矛盾与冲突研究应该拥有自己的特定对象和空间,即研究的对象与研究的开展过程应具有真实的"社会性"。社会矛盾论域展开于宏观、中观和微观三个层次。首先,宏观层面上的社会矛盾主要是指生产力与生产关系之间的矛盾、经济基础与上层建筑之间的矛盾,是社会发展的基本动力及时代中心主题。易言之,"宏观社会矛盾是社会哲学、社会发展理论及历史哲学中一个概念工具"①。其次,微观层面上的社会矛盾主要是指在具体的社会群体、组织内部以及具体人际关系中的矛盾。但处于此两种视域对社会矛盾的研究又有显而易见的局限性:针对前者而言,对以生产力和生产关系之间的矛盾,经济基础与上层建筑之间的矛盾等为对象,展开宏观社会矛盾研究,极易掉入结构功能主义旋涡,原因在于过于宏观的社会矛盾研究往往忽视了社会多元主体之间的复杂结构关系,而将社会矛盾研究悬置于真实的社会关系之外。针对后者而言,以家庭矛盾、邻里矛盾等碎片化、随机性的社会矛盾为对象的微观矛盾研究,很难分析归纳出具有规律性、理论性的结论,也难以提炼可循的社会学研究范式,不利于展开系统性的社会学思考。笔者认为,社会学视野所关注的社会矛盾应以介于宏观社会矛盾与微观社会矛盾之间的中观社会矛盾为主要研究对象,即其应当具有默顿提出的"中层"特征,"中层理论既非日常研究中大批涌现的微观而且必要的操作性假设,也不是一个包罗一切、用以解释所有我们可观察到的社会行为、社会组织和社会变迁的一致性的自成体系的统一理论,而是指介于两者之间的理论……系统的一般理论远离特定的社会行为、社会组织和社会变迁,已不能解释我们观察到的现象;而对于特定事件的详尽而系统的描述又缺乏整体的概括性,中层理论则介于两者之间"②。"如果没有理论和经验研究的相互影响,理论框架仍然只是具有启发意义

---

① 吴忠民:《治道之要:社会矛盾十二讲》,山东人民出版社2017年版,第3页。
② [美]罗伯特·金·默顿:《论理论社会学》,何凡兴译,华夏出版社1990年版,第54—55页。

且不能反驳的概念堆积物；另一方面，如果经验研究不成系统，对扩展社会学知识体系的意义就不大"①。

基于以上，本书所限定的社会矛盾研究边界，主要在以下四个层面展开：

其一，在理论层次上，本书重点研究中层性社会矛盾。在当今中国社会发生深度转型的特殊背景下，本书将社会矛盾研究视角聚焦于伴随单位制变迁，在社会阶层之间、多元利益主体之间，在互动过程中形成的结构性矛盾。在矛盾过程中，有社会制度、结构的作用呈现，也有作为个体的社会人的真实参与。中观性社会矛盾的展开具有一般性，并不是基于偶然性、个人心理因素和极端性行为而引发的，社会形态和社会结构因素在矛盾的发生、发展过程中扮演重要角色，此类社会矛盾涉及群体广泛，具有社会共性。既以宏观社会矛盾作为重要背景，又以真实的微观矛盾作为现实基础的"中层"社会矛盾研究视域，更有利于厘清当今中国社会的矛盾与纠纷问题的结构性来源，有助于在此基础上探寻社会矛盾调处的有效路径。

其二，在横向研究视域上，本书所述的社会矛盾主要是指"社会利益矛盾"，即在一定的社会经济关系中，利益的诉求者之间，在不兼容的利益关系中展开的利益争夺。社会利益矛盾也是当前中国社会矛盾最主要的类型，因为伴随社会转型催化而生的利益分化、阶层固化、制度结构不良、公正失衡等社会问题所构成的社会矛盾一般均集中在经济领域，鲜有涉及政治与文化领域。在利益矛盾展开的过程中，矛盾双方可能从直接利益相关者转化成诉求者和政府部门，出现了政治化的倾向，即"迁怒型矛盾"或"二阶矛盾"，但这仅是利益表达的一种方式，并非真正的政治矛盾。

其三，在纵向研究视域上，本书对社会矛盾做了历时态切割，将新中国成立到改革开放之前，单位制时期的社会矛盾形态和改革开放之后，伴随单位制变迁而生成和发展的社会矛盾视为两种不同

---

① ［美］乔纳森·特纳：《社会学理论的结构》（上），邱泽奇译，华夏出版社2001年版，第23页。

时空背景下社会矛盾,并对其生成归因、发生场域、化解机制等方面进行比较分析。将单位制时期的社会矛盾样态作为本书理论与经验的回顾资料,为本书的展开提供历史基础;将后单位时期社会矛盾样态作为本书社会矛盾化解模式研究展开的经验基础。

其四,本书所关注的后单位时期社会矛盾的展开超越了个人之间的利益纷争,具有公共特质。"公共矛盾"是指,一方面,矛盾本身就围绕公共利益而产生;另一方面,可能矛盾一开始并未指向公共利益,但在矛盾的发展过程中,影响到了公共秩序、公共安全、公共福利等。在这个层面展开的社会矛盾,政府难以脱离其外。因此,在本书所界定的社会矛盾中,政府的角色至关重要。

三 专业服务型社会组织

组织是人类社会的基础形式,组织形态的变迁是社会转型的重要议题。四十余年的政治经济体制改革,使得中国的总体性社会结构和计划经济体制逐步淡出,全能政府理念也逐渐淡化,社会组织获得了相对开阔的发展空间。学界对社会组织的研究也伴随着其种类与数量的陡升,迅速积累了一定厚度。伴随国家管理机构和学界对"社会组织"一词的高频次使用,"社会组织"概念逐渐取代了过去常用的"非政府组织""非营利组织""第三部门""志愿者组织""民间组织""公民社会组织"等不同称谓,被政府接受且初步实现了中国化,成为中国特殊语境和制度环境中的概念。① 在具体的研究层面,学界基本上采用了结构性视角和能动性视角两种分析工具,从社会组织的动力机制、社会功能、同国家和市场关系、组织的内部结构等问题切入,取得了丰富的理论成果和实践经验。但笔者发现,在社会组织研究上,存在一个概念泛化的现象,即学界几乎将所有国家与市场部门之外的部门均简单地称之为"社会组织",而缺乏类型学的研究。研究者从不同角度研究了不同类型的社会组织,各自的话语体系可证实部分社会组织的性质、特点和运作逻辑,但不具有普适性。也有学者注意到这一点,并尝

---

① 王向民:《分类治理与体制扩容:当前中国的社会组织治理》,《华东师范大学学报》2014年第5期。

试对社会组织进行细化分类，为相关问题的深入研究提供理论基础并建构框架。

社会组织分类思想和实践的源头可以追溯到1997年莱斯特·萨拉蒙和赫尔穆特·安海尔研究团队做的工作，他们在比较研究了13个国家的社会组织基础上，构建了"非营利组织国际分类体系"，将世界上的社会组织划分为12个大类，并进一步细分为27个小类。12个大类包括文化与娱乐、教育与研究、卫生、社会服务、环境、发展与住房、法律与政治、慈善与志愿行为、国际性活动、宗教、企业与专业协会/学会及其他类型。在中国国内，清华大学NGO研究所以会员制和非会员制为区分，将社会组织分为两大类，会员制组织包括互益组织和公益组织，非会员制组织包括运作型组织和实体型社会服务组织。在互益组织中，有经济性团体和社会性团体，公益组织分为团体会员组织和个人会员组织，运作型组织包括运作型基金会和资助型基金会。实体型社会服务组织则包括民办非企业单位和国有事业单位。① 康晓光、韩恒按照结构、功能和行为三种指标，将中国社会组织分为包括人民团体、居（村）委会、事业单位等在内的15种类型，并将其整合为准政府部门、事业单位、民办非企业组织、草根维权组织4种模式。② 王向民根据社会组织的性质功能和影响力将社会组织分为三类：第一，国家财政供给的人民团体与事业单位；第二，提供有效公共服务的营利性、服务性社会组织；第三，草根性、多元化、维权性的利益表达性社会组织。③ 李友梅将社会组织与现有体制的关系作为首要分类

---

① 王名：《非营利组织管理概论》，中国人民大学出版社2002年版，第8—9页。
② 康晓光、卢宪英、韩恒：《改革时代的国家与社会关系：行政吸纳社会》，载王名主编《中国民间组织30年：走向公民社会》，社会科学文献出版社2008年版，第290—298页；Kang Xiaoguang and Han Heng, Administrative Absorption of Society: A Further Probe into the State – Society Relationship in Chinese Mainland, *social sciences in china*, Summer 2007, pp. 116 – 128.
③ 王向民：《分类治理与体制扩容：当前中国的社会组织治理》，《华东师范大学学报》2014年第5期。

标准,将社会组织划分为体制内、准体制内和体制外三种形式。①

综上所述,笔者认为,社会组织类型的锁定可以为研究的展开设定边界,这一工作有助于避免盲人摸象而造成的认识片面,在特定类型框架下深度研究,有利于厘清社会组织的运作逻辑。受到以上分类标准及体系的启发,结合组织与体制关系,组织成员的社会角色,提供服务性质、类型、对象,组织资源来源,本书将案例组织:J市信访法律服务中心界定为"专业服务型社会组织",并在此框架内展开研究。笔者认为,"专业服务型社会组织"的内涵及特点可以进行以下归纳:一是在服务功能上,组织成员一般为某个领域的专业人士,掌握专业技术。因此,组织所提供的社会服务具有较强的专业性,服务功能的横向覆盖面有限,但纵向深入性较强。专业性服务的供给成为社会组织运作的基础性资源,它一方面匡扶政府在服务供给中专业不足的缺陷;另一方面也成为政府实现有效治理的依赖对象。二是在服务对象上,组织的服务对象往往指向特定群体。社会组织的服务项目聚焦于组织成员所掌握的专业技能的领域,并针对性地给予需求者回应性服务。三是在与体制关系上,专业服务型社会组织一般由民间自下而上生成,具有较强的体制外色彩,虽然组织的专业性运作可以在一定程度上拓展出组织活动的自主性,但在组织业务开展的过程中,常常伴有行政或政治元素的嵌入。四是在资源来源上,组织的运转资源主要来源于政府相关部门,资源的配给形式多以政府购买服务的"项目发包制"展开,社会和市场资源注入相对较少。在新时期的多元治理格局中,专业服务型社会组织一般与政府构成"协同治理"关系,双方治理方向和目标具有耦合性和同向性。

---

① 李友梅:《新时期加强社会组织建设研究》,经济科学出版社2017年版,第71页。

第四节　资料来源和研究方法

一　资料来源

笔者于 2016 年 9 月首次接触到 J 市信访法律事务服务中心，在项目的依托下，笔者对其进行了较为深入的了解和调研。2017 年 2 月虽然项目已结项，但笔者仍保持了和中心的紧密联系，并多次赴中心展开调研工作，为本书的撰写收集丰富的资料。在项目推进期间，笔者主要以项目研究者的身份收集资料，在后期的调研中，笔者以工作人员的身份到中心"坐班"，参与了中心一系列日常工作。在长期的调研过程中，笔者所收集的资料主要来源于以下几个方面：第一，各级政府相关政策文件、规章等文本资料。第二，社会组织建设与运作资料，包括中心章程、工作流程、规则与制度、历年总结等文字资料，中心调处社会矛盾运作过程的影像资料。第三，中心介入调处社会矛盾的档案卷宗。第四，深度访谈资料，访谈对象包括相关政府部门领导、中心工作人员、上访者等。第五，对中心的参与式观察形成的田野日志与分析。

二　研究方法

肯尼思·D. 贝利认为，"社会研究（Social Research）就是收集那些有助于我们回答社会各个方面的问题，从而使我们得以了解社会的资料。"① 在具体的社会研究范式中形成了定量研究（Quantitative Research）和定性研究（Qualitative Research）的范式二元性的分野。"定量研究侧重于且较多地依赖于对事物的测量和计算，其主要目标是确定变量之间的关系、相互影响和因果联系；定性研究则侧重于和依赖于对事物的含义、特征、隐喻、象征的描述和理解，其更注重现象与背景之间的关系，更加注重现象的变化过程，注重现象和行为对于行为主体所具有的意义，更为深入地理解社会

---

①　［美］肯尼思·D. 贝利：《现代社会研究方法》，许真译，上海人民出版社 1986 年版，第 3 页。

现象。"① 艾尔·巴比将定量与定性资料的区别用数据化和非数据化加以区分。② 风笑天为质性研究做出的界定是："以研究者本人作为研究工具，在自然情境下采用访谈、观察、实物分析等多种收集资料的方法，对自然发生的事件中各种行为的变化、发展进行描述和归纳，通过与研究对象的互动，理解其行为和意义的一种活动。"③ 基于本书研究问题的特点，本研究以质性研究为总体研究范式，研究过程通过具体的观察法、无结构访谈法、文献法、案例分析法展开。

从局外观察到参与观察："局外观察（Non-participant Observation）是观察者处于被观察的群体或现象之外，完全不参与其活动，尽可能地不对群体或环境产生影响。最理想的状态是隐蔽观察，参与观察（Participant Observation）是研究者深入到所研究对象的生活背景中，在实际参与研究对象日常社会生活的过程中所进行的观察是一种非结构性的观察。"④ 笔者在前期参与项目的过程中，并未介入中心的工作场域，仅作为局外研究人员对中心展开研究，在项目结束，笔者以工作人员的身份介入到中心的真实工作过程当中，在参与中对中心的运作展开研究。笔者的身份从局外观察者转换为作为观察者的参与者。笔者在参与观察的过程中，收集了包括政府部门颁布的与中心相关政策文件、中心章程、工作流程、规则与制度、历年总结等文字资料，中心调处社会矛盾运作过程的影像资料，中心所化解社会矛盾的档案卷宗。在参与观察的过程中，笔者接触的研究对象并非仅限于中心，还包括相关政府部门工作人员、上访者等群体，通过对参与过程中事实的记录、体验的分析与加工，笔者获得了直接和真实的研究资料。

无结构访谈法："无结构访谈（Unstructured Interview）又称深

---

① 风笑天：《社会学研究方法》，中国人民大学出版社2004年版，第12页。
② ［美］艾尔·巴比：《社会研究方法基础》，邱泽奇译，华夏出版社2002年版，第25页。
③ 陈向明：《质的研究方法与社会科学研究》，教育科学出版社2000年版，第12页。
④ 风笑天：《社会学研究方法》，中国人民大学出版社2004年版，第251页。

度访谈，访谈员与被访者围绕一个主题或范围展开比较自由的交谈，通过细致入微的访谈，获得丰富生动的定性资料。"① 笔者数次前往信访法律事务服务中心实地调研，并亲身参与中心工作，对其进行了较为深入的考察研究。在调研过程中，笔者与中心建立了良好的信任关系，并多次运用了座谈会法，一对多访谈法以及一对一访谈法展开研究，收集一手访谈资料。对上访人、信访中心主任、副主任、党支部书记、调解委员会主任、咨询接待部主任、行政部主任、诉讼代理部主任、各执业律师、相关政府部门工作人员等进行了多次深度访谈与座谈，充分了解上访人的利益诉求以及工作人员的工作方法与技巧，对理解问题与把握问题起到了重要作用。在调研中心的同时，笔者也对区、县级的分中心进行走访调研，开展座谈、访谈工作，了解分中心的实际工作情况与面临的困难，为本书的撰写收集了宝贵的一手资料。

文献法："文献回顾（Literature Review）是指对到目前为止的、对某一问题领域相关的各种文献进行系统查阅和分析，以了解该领域研究状况的过程。"② 本书虽然以 J 市信访法律服务中心为案例，展开实证性研究，但本书的论域并非仅限于改革后的时空范围。对单位时期社会矛盾来源、性质、特征、化解机制等问题的研究均需要采取文献的回顾与加工。转型期社会矛盾问题的研究，其化解之道的探索，社会组织发展现状等研究也是本书文献回顾的重点。

案例分析法：本书是以 J 市信访法律事务服务中心为案例展开研究的，但此处所讲的案例并非此研究对象，而是被收纳进中心档案室保存的案件卷宗和正在如火如荼化解中的社会矛盾案件。在实地调研的过程中，笔者接触了大量后单位社会矛盾的典型案例。这些案例对本书的价值在于：其一，这些案例本身所呈现出的社会矛盾帮助笔者深入了解后单位社会矛盾的特点和具体表现形态，并将其与单位制变迁勾连起来，探索转型期社会矛盾的根源性问题。其

---

① 风笑天：《社会学研究方法》，中国人民大学出版社 2004 年版，第 254 页。
② 风笑天：《社会学研究方法》，中国人民大学出版社 2004 年版，第 49 页。

二,通过对案件的还原和分析,笔者归纳总结出上访者的一系列上访策略,对上访加深了认识。其三,通过中心对这些社会矛盾的化解过程的解读,笔者明显增强了对中心业务与工作流程、工作方法的了解,也有助于剖析社会组织介入社会矛盾化解的机理,对于总结归纳社会组织的实践模式具有重要意义。

第一章 "单位"对社会矛盾的结构性分解

20世纪四五十年代,为应对近代以来中国社会面对西方列强挑战所表现出来的涣散性及社会总体性危机,中国共产党试图通过"单位制"将"整个国家按照统一计划、集中管理、总体动员的原则组织起来"①。由此而建构起别具特色的单位社会,概括起来说,其结构体系具有以下几个重要的特征:一是形成了"国家—单位—个人"纵向社会联结结构,国家通过单位组织实现对个人的调控,单位组织作为基层社会管理的中间组织,被国家赋予政治引领、社会管理、经济生产等多项权力和复合性职能。二是通过对"单位人"身份的赋予,社会中绝大多数成员被整合到共同体式的"熟人社会"之中,生产与生活高度一体化,人们的思想观念和行为习惯具有较高的一致性。三是单位社会具有一定程度上的闭锁性,一方面,通过城乡二元的制度设置,城乡之间的流动被切断;另一方面,城市中单位组织之间的横向连接也受到极大限制。四是按照社会主义原则构建的单位组织强调平均主义的分配逻辑,并且"包下来"的单位福利制度为单位人提供了"从摇篮到坟墓"的高覆盖性生活保障,组织内部的矛盾和冲突不明显,组织内部呈现出较为稳定的秩序状态,基于以上特征,单位社会被理解为一个高度整合而低度分化的总体性社会。因此,在迄今的单位研究中,鉴于社会结构分化的低度性,与社会分化紧密相关的社会矛盾研究并未真正被纳入到单位研究范式之中。在20世纪中叶以来中国社会矛盾发展的轨迹中,有一个值得关注的现象,单位时期的社会秩序相

---

① 孙立平等:《改革以来中国社会结构的变迁》,《中国社会科学》1994年第2期。

对稳定，社会矛盾仅作为稳定秩序中掺杂的零星的社会现象呈现；而伴随单位制走向消解，国家对基层社会的调控机制发生了根本性变动，社会秩序在制度变迁的裂缝中面临挑战，社会矛盾问题较为集中地爆发出来。对此，我们需要反思的是，在单位时期，是何种制度和结构消弭了社会矛盾？其作用机理及其限度何在？本书认为，单位的矛盾分解功能结构性地消弭着单位时期的矛盾问题，建构起单位社会的稳定秩序。

第一节 前提澄清：单位时期社会矛盾基本样态

将社会矛盾问题及其消解机制置于"单位社会"形成及变迁的宏观背景中，社会矛盾的性质必然受到特定的所有制结构、社会组织结构和意识形态文化等因素的影响。正因如此，笔者认为对单位时期社会矛盾性质及特点的澄清尤为重要。这项工作：第一，有助于我们理解单位分解矛盾功能的原理；第二，有助于我们总结单位分解矛盾方式的特征；第三，有助于我们认清这种功能的局限；第四，有助于通过比较，归纳后单位社会矛盾特征，并在此基础上调配化解方式。本书将单位时期社会矛盾的基本样态总结为以下几点：

一 "人民内部矛盾"：单位时期社会矛盾根本性质的判定

中华人民共和国成立后，中国共产党通过推行"单位"这一中国社会的特殊组织形式，以高度组织化的方式整合和动员社会力量推动社会主义工业化建设，时代主题也开始从武装革命转向经济、社会建设，从革命政治转向发展政治。伴随社会主义三大改造的基本完成，面对由生产关系和社会阶级结构的根本性变动所引发的一系列社会矛盾问题，毛泽东否定了斯大林的"社会主义无矛盾论"，认为社会主义社会同样充满着矛盾，但矛盾的性质、特点与封建社会和资本主义社会截然不同。

基于以上判断，毛泽东在总结国际共产主义运动和中国处理社会矛盾经验的基础上，于 1957 年 2 月在最高国务会议第十一次（扩大）会议上发表《关于正确处理人民内部矛盾的问题》的重要讲话，系统提出了"社会主义社会人民内部矛盾"学说，指出："在现阶段，在建设社会主义的时期，一切赞成、拥护和参加社会主义建设事业的阶级、阶层和社会集团，都属于人民的范围；一切反抗社会主义革命和敌视、破坏社会主义建设的社会势力和社会集团，都是人民的敌人。"[1] 基于对"人民"和"敌人"两大阵营的划分，毛泽东将社会矛盾划分为"敌我矛盾"和"人民内部矛盾"两大类别。敌我矛盾是在根本利益对立基础上的产生矛盾，带有极强的对抗性，以阶级矛盾为主要内容；人民内部矛盾是在人民根本利益一致的基础上产生的矛盾，劳动人民之间的矛盾具有典型的非对抗性。单位制的构建秉持社会主义原则，单位的制度结构倡导消灭社会分化，维护社会主义的公正和平等，最大限度地动员各种社会力量投入社会主义工业化建设上来。在这一根本原则的统摄下，单位时期的个人、单位、国家之间利益高度一致，思想意识高度统一，人民内部所发生的矛盾和冲突不涉及根本利益，天然地具有非对抗性。对于处理"人民内部矛盾"的方略选择，毛泽东认为，人民内部矛盾"只能用讨论的方法、批评的方法、说服教育的方法去解决，而不能用强制的、压服的方法去解决"[2]。此种应对方法与剥削制度和资本主义彻底划清界限，是对社会主义原则的遵循，对工人阶级主人翁地位的维护，对其先进性和优越性的承认。因此，当我们论及人民内部矛盾的非对抗性时，其实也已表达出双重含义，即矛盾性质的非对抗性和矛盾化解方式的非对抗性。可见，人民内部矛盾学说成为认识和处理我国社会矛盾问题的逻辑前提、理论基础和行动指南。

总之，社会矛盾的"非对抗性"是单位分解矛盾功能实现的基本前提，以"非对抗性"展开的人民内部矛盾，其表现形式相对温和，强度和烈度均在可控范围之内，而且其矛盾主要集中在微

---

[1] 《毛泽东文集》第 7 卷，人民出版社 1999 年版，第 205 页。
[2] 《毛泽东文集》第 7 卷，人民出版社 1999 年版，第 209 页。

观的经济利益领域，只要利益需求得到适度满足，矛盾便可得到化解。正因如此，单位组织才有能力和资源给社会矛盾以积极的回应，利用单位的制度结构、依赖结构和关系结构将其分解，维护基层社会秩序。

二 矛盾过程在单位内部展开

宏观的单位体制被理解为"两级结构"，"一极是权力高度集中的国家和政府，另一极则是大量相对分散和相对封闭的一个个的单位组织。"[①] 此种结构也被界定为"蜂巢结构"。鉴于单位社会的闭锁性，单位空间取代了公共空间，成为单位成员全部社会生活的集中空间。因此，矛盾的生发与回应均在单位组织内部展开，故单位时期的矛盾不具有真正的社会性，是以单位为边界的独立空间之内的矛盾，这主要是因为：第一，单位体制分割了城乡二元结构，城乡间彼此互不流通，城市元素与乡村元素隔界相望，以距离消弭了城乡矛盾。第二，全国上下一盘棋，单位之间和地方之间没有形成竞争关系，以"块"为单位的地方保护主义并未形成，全社会具有较强的一致性，地区之间，单位组织之间很少出现矛盾。第三，各个单位之间的联通链条并不发达，单位之间的连接仅通过国家的生产计划发生，因此，矛盾没有在单位之间流通，集中性大规模的冲突不具备爆发的条件，社会矛盾被框定在各个独立单位内部。第四，在单位体制中，政府通过责任委托，将基层社会管理的权力赋予各个单位，政府本身并不直接涉入基层社会的管理当中，政府"只对单位，不对个人"。因此，在矛盾的发生和化解过程中，单位成为唯一的责任主体，政府在一定程度上是缺席的。

三 矛盾强度与烈度有限

单位时期并非没有社会矛盾问题的呈现，而单位社会的秩序持续稳定在很大程度上得益于单位时期社会矛盾的强度与烈度不足。此特点由以下因素构成：第一，单位制的构建原则是社会主义化的，其特质是力图压缩社会分化，依靠社会主义平等和去等级化的

---

① 李汉林、王奋宇、李路路：《中国城市社区的整合机制与单位现象》，《管理世界》1994年第2期。

意识形态，最大限度地动员社会力量投入社会主义工业化建设。平均主义的分配逻辑符合大多数人的既得利益，此时的社会矛盾多以个体或小群体为单位，矛盾规模较小，难以形成强烈的对抗，带有特殊性而缺乏普遍性。第二，单位空间塑造了熟人社会的形态，人们的思想观念和行为习惯具有较高的一致性，社会互动与交往密切，人际关系和谐稳定，矛盾多聚焦于经济利益领域，几乎不涉及政治和文化问题，经济利益纠纷的强度和烈度天然不足，只要利益需求得到满足，矛盾将自然迎刃而解。第三，学界将矛盾时间的持续视为矛盾升级的重要因素，而单位作为直接与工人发生联系的责任方，能够第一时间介入矛盾的化解工作当中，矛盾可以及时得到回应和解决，消解了矛盾升级的动因。

第二节 单位对社会矛盾分解的结构性展开

在以往的单位研究中，国外研究者往往可以凭借其"只缘身外"的优势，获得一些重要的发现。其中被称为单位研究嚆矢的成果当首推华尔德1996年出版的著作《共产党社会的新传统主义：中国工业中的工作环境和权力结构》。华尔德绕开"极权主义"理论和"集团—多元主义"理论，将"新传统主义"理论建立在他对中国单位企业的组织结构和社会行为的经验研究中。华氏试图通过对此概念的步步推演，揭示中国单位企业特殊的组织类型和权威关系。通过对"组织化依附"和"有原则的特殊主义"两种相辅相成的控制机制的解读，指出："这样一种制度的实施是如此之有效，以致具有阻止组织化政治活动——哪怕是达到集体行动水平——的惊人能力。"[①] 可见，在华尔德的概念图式里，正是依托具有全面覆盖性的依附关系，中国共产党和国家得以实现对社会成员的全面控制。"中国本土很多有关'单位'的研究，无论将'单

---

① ［美］华尔德：《共产党社会的新传统主义：中国工业中的工作环境和权力结构》，龚小夏译，牛津大学出版社1996年版，第19页。

位'视为一种独特的体制类型,还是将单位视为一种特殊的组织结构,都试图与这一理论模式展开对话。"① 可见"新传统主义"统摄了一种单位研究的基本范式,其对单位研究乃至中国研究而言具有较为突出的贡献。以"新传统主义"为参考,学界普遍认为,单位体制是中国共产党和国家对社会结构进行重组的一种高效体制,对社会和个人具有极强的控制、整合、动员功能,相关内容在本书的绪论中的文献综述部分既已详尽阐述,在此不做赘述。

综上所述,学界此前的研究一般多将单位时期社会秩序的稳定状态理解为由单位体制的"统治"和"控制"功能塑造而成。但实际上,这一判断恰恰忽视了单位体制和组织中非常重要的另一面,即"矛盾分解"的功能。单位时期社会管理之所以效果显著,最重要的原因在于单位拥有一种集"柔性""温情""刚性"于一体的"内部调节"功能,而非单纯的强制性"控制"手段。在此种功能的作用下,单位人的诉求一般可以通过单位"体恤式"的帮助得到回应,社会矛盾也得以在单位组织内部被吸纳和消解,社会运行很少面临矛盾持续和升级所带来的风险。单纯地将社会秩序的稳定视为单位严密控制的结果,实际上忽视了单位制建构的基本原则和基本前提。伴随民族解放和新中国成立,在"解放"与"重建"的逻辑下,工人阶级成为国家的主人,具有天然的先进性和优越性,因此单位制的建构是以推翻旧有的压迫与剥削制度,赋予工人阶级主体性为中心的,具有鲜明的社会主义性质。

为论证上述基本命题,我们必须深入观察和审视单位体制的内部结构,对其社会矛盾的消解功能展开分析,努力发现:中国共产党具体是如何通过单位的矛盾分解功能构建基层社会秩序的?在单位体制的宏观框架中,哪些结构(包括正式和非正式)带有矛盾分解的功能?单位特有的矛盾分解功能限度何在?

一 单位对矛盾边界的框定

(一)矛盾在单位内部生发和回应

在单位社会的"蜂巢结构"中,单位人的一切社会活动均在

---

① 王庆明:《单位化治理的转型与变异:重访新传统主义理论》,《社会学科辑刊》2016年第2期。

其所在的单位组织内部展开，单位成员很少与单位外部元素发生直接联系，这从根本上消解了跨单位利益纷争出现的可能性。因此，单位时期的社会矛盾几乎等同于单位组织内部矛盾，由单位人在单位空间框架内的利益分配所构成，这也成为矛盾得以在单位内部解决的重要条件。

华尔德强调，"中国的国营企业，首先是社会政治结构，其次才是经济实体"①。在具有复合性功能的单位组织中，党和国家将诸多社会事务下沉到单位，单位成为社会事务实际的执行者和责任人。在"国家—单位—个人"的纵向关系体系中，"直接接触大众的公共机构，实际上不是政府机构或公务人员，而是它的'代理'机构——人们所属的单位。这些单位本身虽然不是政府机构，但却担负着诸多政府职能"②。而国家与单位直接联络，政府只对组织不对个人。因此，任何越过单位边界，进入公共系统中的社会矛盾问题，一般均会被"遣返"回责任单位。在这一意义上，单位替代了国家机构，成为社会矛盾的应责主体，由此生成了单位矛盾单位内部解决的机制。

（二）熟人共同体的关系锁定及其对矛盾的分解

虽然从总体上看，宏观体制上的单位存在着沟通调解的可能性，但就具体意义上的单位组织而言，还是带有极强的封闭性。基于单位组织的自我封闭性而形成的带有浓厚伦理色彩的"熟人共同体"，被视为高度组织化的结构体系得以形成的重要因素。③ 长期甚至是代际相传的共同生产和生活使得单位成为一个成员间彼此熟识的共同体，单位人之间的互动与交往密切，甚至存在大量的血缘关系。中国传统家族所负担的社会功能被单位以另一种团体本位的形式所吸收。④

---

① ［美］华尔德：《共产党社会的新传统主义：中国工业中的工作环境和权力结构》，龚小夏译，牛津大学出版社1996年版，第35页。
② 张静：《通道变迁：个体与公共组织的关联》，《学海》2015年第1期。
③ 田毅鹏：《后单位时期社会的原子化动向及其对基层协商的影响》，《南京社会科学》2015年第6期。
④ 路风：《单位：一种特殊的社会组织形式》，《中国社会科学》1989年第1期。

从此角度观之,我们会发现,熟人社会对矛盾的分解作用主要体现在:其一,在单位内部同质性较强的成员结构中,人们的观念、思维、行为习惯具有高度的一致性,社会关系天然地少有对立与紧张。其二,在相对闭锁的空间中,中国传统的"家文化"与"单位制度"碰撞出具有伦理色彩的"单位文化","国有企业逐渐形成了'一损俱损,一荣俱荣'的'家族化'利益群体"①。个人利益与集体利益休戚相关,在"小公共性"极强的熟人社会中,对集体利益的共同追求有助于分解私人性矛盾。其三,熟人社会的信息透明且传递畅通,在强烈追求社会主义道德和规范的单位时期,单位成员总是主动地避免"不良表现"给自身声誉和形象带来负面影响。对面子和声望的私人性追求,使得单位组织实际上处于一种"关系锁定"的状态。

二 单位内部依赖结构的矛盾消解作用

当我们将目光投向单位组织的内部,便会发现,单位作为中华人民共和国成立后支撑起中国社会重组和推动社会主义工业化建设的总体性结构,其最为主要的功能便是把松散的国民整合、组织、动员起来。在此过程中,单位通过"企业办社会""党政合一""干群一体化"等机制形塑了社会成员对其的依赖性。这里需要特别提出的是,这里所说的依赖结构充满了温情,而不是捆绑式的强制依附。而且,这种全方位的、层层展开的依赖性,对于社会矛盾的化解往往具有奇效。

(一)身份及资源依赖

在单位时期的城市社会,置身单位组织内成为个人身份制度化的重要途径,因为只要获得"单位人"的标签便可享受到单位身份及其所附属的丰富资源和机会。华尔德通过调查和分析认为,中国社会中的依附关系生成了"单位机会的唯一性与外部选择机会的缺位"。的确,当不存在就业市场和其他可替代方式时,个人对单位组织的依附便越发紧密。因此在"算计"后,工人们总是避

---

① 田毅鹏:《典型单位制的起源和形成》,《吉林大学社会科学学报》2007年第4期。

免与企业产生直接性的剧烈冲突，用归顺换取职位（单位人身份）的稳定和资源的获得，国家和单位正是利用身份的授予权和资源的处置权，全面地掌握和制约着个人的社会行动。

但华尔德对此做出的判断未能完全契合中国特殊的社会结构和文化传统。笔者认为，以身份和资源依赖的角度观之，真正维持社会稳定，分解社会矛盾的关键在于单位将工人从平面的"工作人"转换为立体复合的"单位人"，这一身份转变是伴随单位的社会功能——福利制度的推行而实现的。单位是社会福利分配的真实场域，单位福利的提供以一种"恩惠"的方式满足单位人的需求，其中包括住房、教育、医疗等，几乎覆盖人们生活的全部方面，单位肩负起关照其成员的无限责任。伴随"企业办社会"这一体制性功能的发挥，单位不仅是工人就业和生产的领域，更成为集生产和生活为一体的场所。作为"单位人"，工人们的利益得以在单位内部实现，从而对单位产生身份及资源方面的依赖。我们需要注意的是，进入单位是社会成员积极主动的选择结果，而非被强制性纳入。对单位人的福利覆盖亦不是通过强制性"规训"推行的，而是单位体制本身的天然结构，具有"慈母式"的温情。并且，这种依赖不仅单向发生的，单位也依赖于单位人的认同和忠诚，并以此作为单位动员和发展的重要群众基础。

（二）思想政治动员

单位组织不仅仅是一个生产性组织，同时更是思想动员的重要载体，"1956年党委领导下厂长负责制正式取代一长制成为单位正式的领导制度，实现了党对企业单位的全权领导，此时国有企业不仅仅是个生产组织，还是一个基本政治单位和社会生活单位"[1]。也正是这一特质使得中国单位制与苏联的工业建设体系产生了根本性的分野。长期实施"一长制"的苏联在企业结构的设置中，将党组织定位为配合企业生产和行政业务的角色，弱化了党在企业的领导作用。在借鉴苏联社会主义革命成果的过程中，"一长制"的

---

[1] 田毅鹏、苗延义：《单位制形成过程中的"苏联元素"——以建国初期国企"一长制"为中心》，《吉林大学社会科学学报》2016年第3期。

单一性与中国单位组织的复合性和总体性特点之间存在较大的张力，因为"一长制"难以弥合中国单位组织所承担的生产、行政、政治和社会生活的复合性功能。为破解此问题，中国共产党开创式地利用"党委"将上述复合性功能统合起来，集中力量推进工业化进程和社会主义建设。党委领导下的厂长负责制将党政合一化，"控制和调节整个社会运转的中枢系统由与党的组织系统密切结合的行政组织构成"①。

"党政合一"最重要的作用表现为，便于对工人展开思想教育和政治动员。"政治动员是指党和政府以某种系统的价值观或信仰，引导、说服公民得以认同和支持，从而促使公民政治参与，以实现特定目标的行为过程"②。单位政治动员与单位政治控制是两个相反向度的力量，单位政治动员所强调的是通过单位的一系列政治功能激发工人积极主动地产生主人翁意识、集体认同、投身生产，而非强制性顺从。单位的政治动员在以下几个层面展开，并起到了分解矛盾的作用：其一，以革命时期支部建在连上为蓝本，中国共产党在单位内部各个层级设立党支部和党小组，通过政治理论学习和召开组织会议等形式增强党的思想引领，发挥党组织的凝聚力和向心力，促进工人对社会主义意识形态的坚守，培养工人的集体认同，使得工人能够以正确、主流的思想意识看待矛盾问题，并自觉形成判断是非的统一标准。其二，单位中的党政干部通过设置在单位组织内部的党组织体系了解工人的思想动态，以组织谈话的方式对工人的思想政治问题予以积极回应。党政干部的工作范围又不局限于思想政治工作，对于工人在生产和生活中遇到的现实问题，党政干部同样极为重视并设法帮助解决。其三，企业内部设置了保卫部门，单位保卫部门是国家公安机关的分支，干部一般由退伍军人担当，保卫部门的制度化和组织化使得单位内部形成共产党领导下的军事主义与工业主义嵌合。以华尔德为代表的部分学者将

---

① 路风：《单位：一种特殊的社会组织形式》，《中国社会科学》1989年第1期。
② 蔡文成、徐雯君：《动员与整合：群众路线实践的政治过程》，《甘肃理论学刊》2014年第4期。

单位内部的保卫部门视为监控和处罚工人的严密机关,但实际上,单位内部保卫部门的设置正是给予了工人一些失范行为提供了回转的空间。保卫部门调查和处罚的结果往往不及外部公安机关那般严厉,而是照顾到内部员工的身份特征,采取内部问题内部解决的处理方式,最大限度地降低对工人的惩处力度。

(三) 干群关系调和

单位制的建构是以最大限度地实现组织动员和维护劳动者利益为主旨的,因此,在单位实施的早期,干群差异被高度压缩,较为严格地遵循平均主义原则,以分配制度为例,工资制度的调整和福利分配的设置均有意识地协调干群关系,如高级技术工人的工资超过领导干部,对特殊工种发放特殊津贴,福利分房以工龄和家庭人数为考核因素,干群采取统一标准。这种平均主义的分配逻辑与实践使得在单位组织内部没有生成利益尖锐对立的干群关系,基本不具备酝酿激烈矛盾的动因。正如1956年11月23日《中共中央批准〈中央劳动部党组关于企业领导增加工资问题的报告〉的批示》中所提到的,限制干部和群众的工资差距是为了在政治上爱护干部,使他们在政治上处于主动地位,便于对广大职工群众进行团结教育工作。①

需要特殊注意的是,此时期的领导干部并非只对工人起管理作用,鉴于单位功能的复合性,领导干部对工人是管理与服务并行的,在工人生产和生活也负有不可推卸的责任,如单位领导会经常访问和帮助困难职工,利用人脉资源为职工解决生活难题,化解职工邻里纠纷等。单位时期的领导干部更像一个"大家长",协调多方关系,维系单位共同体的稳定与和谐。与工人同甘共苦又积极为工人争取利益的领导具有生成"卡里斯玛"权威的可能,而这种权威类型具有整合单位成员自觉主动地实现共同目标的功能。"在大型的组织体系中,情感的感召其实与潜在的威权紧密相关。在特定情境中,如果适当,这种情感工作模式可能比实际的权力行使要

---

① 湖北省劳动局:《劳动工资文件选编》(上),湖北省劳动局1981年版,第166页。

有效得多"①。当然，单位领导在工资提级、奖金发放、分配工种、审查住房申请、案件移交等诸多事务上拥有很大权力。在行使这些权力之时，领导干部以满足工人需求为中心，秉持平均主义的分配原则，消弭了由不均衡、不平等而带来利益争夺，以"家长式"的权威营造了一个单位共同体同甘苦共患难的氛围。工人们对于单位领导的依赖不仅建立在个人关系层面上，工人们对直接领导的依赖源于深层次上对党和国家权威的承认和对单位体制的认同。当然，进入"文革"时期后，随着极"左"思潮及政治运动对单位组织的破坏，以及包括"干部特权化""走后门"在内的社会风气的败坏，也使得干群关系趋于紧张。

三　单位内部的"私下解决"

（一）资源分配的内部协调与变通

如前所述，由于中华人民共和国成立初期的所有制改造和阶级结构的变动，使得那种关涉全局性的社会矛盾得到根本性的缓解，使得单位时期社会矛盾的来源主要局限于单位组织内部的利益纷争，此类矛盾化解的关键之处在于诉求者利益得到一定程度的满足。在计划经济体制下，单位作为联结国家和个人的中间节点，成为各类资源的"集散地"，即国家按照一定的配额将一系列资源划归由单位管理，单位在面对其成员时，具有资源分配的决定权。正因掌握了单位内部资源的调配权，单位得以灵活应对单位人的一系列诉求，并给予积极回应。对于一些情况属实并且较为急迫的资源需求，如住房和子女上学问题，单位领导往往通过一些变通的手段给予诉求者一些"隐性优待"，这一方面解决了单位下属的燃眉之急；另一方面也化解了单位内部的经济利益矛盾。"在微观基础上，虽然国家控制着单位的资源配置，但单位却构成了一个自给自足的微型社会，单位人可以从单位中获取自己所需要的资源。单位人工作、生活于单位之中，形成较多共同话语，当单位人向单位表达自己意见、建议与利益要求时，单位会充分运用自己的资源予以

---

① 张晓溪：《转型期单位认同的情感化探究》，《社会科学战线》2016 年第 6 期。

满足与解决。"① 单位内部对单位人需求的回应一方面从根本上消解了矛盾持续和升级的可能性；另一方面也使单位人对单位组织在感情上产生更为浓重的集体认同。

（二）组织帮扶与单位人互助

在平均主义的统摄下，单位内部部分困难群体自然成为单位兜底式帮扶的重点对象，单位组织会主动协调一部分资源向此部分群体倾斜，以保证其生活得以维系。社会矛盾的相关研究认为，底层社会群体对生存底线的维持是引发社会矛盾的重要动因，而在单位时期，单位将单位人高度整合起来，并分配以相对平均的工资和福利保障，因此，只要进入单位体系，个人几乎不必对生活底线问题担心。即使单位人的生活遭遇变故，单位组织也总是主动承担照料组织成员的责任，通过额外资源的配给助其渡过难关。可见，对困难职工的帮扶是单位温情的流露。

在展开纵向组织帮扶的同时，单位人之间也生成了一种横向的互助关系。笔者此前通过对单位时期单位人"住房策略"的研究，发现计划经济时期，虽然资源匮乏，住房困难普遍存在，但在单位共同体内部却保持了单位人之间的一定程度的互惠、互助。并认为，互惠行动不仅增强了单位内部的凝聚力，还制造出"单位大院"的互惠氛围，增强了单位的认同感和归属感。② 在中国传统家族本位的伦理文化中，以血缘和亲情为根脉的伦常关系是中国社会的重要基底。在具有熟人社会属性的单位中，单位成员生于斯，长于斯，并且生成了"以厂为家"的朴素情怀，"单位"与"家"产生了同构性，同宗同族的亲缘性在单位塑造的单位成员关系中渗透和扩展，单位人彼此间形成了拟亲缘性的关系，成为差序格局中最中心的一环，互助便自然成为此种私人关系的积极表达方式。

（三）以批评教育替代严厉惩戒

单位体制下，工人在企业劳动生产过程中违反劳动纪律，或引

---

① 汤兆武：《单位制利益表达模式的嬗变及其社会风险》，《江西社会科学》2014年第1期。
② 田毅鹏、陈卓：《单位人"住房策略"及其对单位共同体的影响——以 Y 厂为例》，《学习与探索》2014年第6期。

发生产事故，甚至构成轻微犯罪时，单位总是最大限度地保护工人，将对其过失的处罚降到最低。其一，"对于违反劳动纪律的职工，实行领导私下谈话或内部公开教育的方式，让违纪者接受批判和指正，深刻检讨并改正错误，这种'教育为主'的劳动纪律教育形式成为主导"①。其二，对于引发生产事故的职工，一般采取工人可承受范围内的经济处罚，如《中南区国营、地方国营企业计件工资制度暂行办法》中规定，如"由于工人本身过失造成设备损坏，从工资中赔偿，但是保证工人该月收入不低于其本人基本工资或平均工资的75%。由于本人造成的废品，不付计件工资，并赔偿原料损失，但是保证该工人收入不得低于实际基本工资的75%"②。可见，在追求工业建设效率的同时，工人的基本权益仍居于效率之上。单位对经济处罚的额度做出了极大的压缩，以保证工人的生活得以维持，而不必因赔偿工厂损失而负债累累。其三，在典型单位制的大型企业中，企业拥有公安、司法机构，对于犯事的职工总是可以在"内部处理"的模式下给予一定的庇护。对于轻微的犯罪行为，单位作为连接国家政法部门和个人的中间组织，往往采取内部处理的方式，比如在单位报纸刊登信息，予以警告和处罚；在内部职工大会上公开通报批评；领导重点谈话，对其进行思想政治教育。但处罚始终存在一个底线，即虽然单位可以采取开除这般严厉的惩罚手段，但鉴于单位对职工约定俗成的终身雇佣制，一般的处罚不会突破这个限度。

综上，单位对职工采取了积极的内部保护策略，这一策略是以工人阶级的先进性和优越性的理论预设为基本前提的，同时也暗含了人民内部矛盾学说中以"民主""教育""协商"等非对抗性方式解决人民内部矛盾的思想。可见，单位并不是如华尔德所界定的那种阴森冰冷的控制体系，而是一个以工人阶级为中心，最大限度保护劳动者利益的共同体。在纵向结构上，单位予以单位人诉求以

---

① 田毅鹏、余敏：《单位制形成早期国企的劳动纪律问题》，《江海学刊》2015年第4期。

② 湖北省劳动局：《劳动工资文件选编》（下），湖北省劳动局1981年版，第1225—1226页。

积极回应，并主动调集资源满足其需要，承担着全面照料单位成员的责任。对于违纪的职工，单位也极力在内部采用柔性的手段处理。将科尔内所界定的发生在国家与企业之间的"父爱主义"移植到单位与个人关系当中，我们会发现，单位组织内部，笼罩着浓郁的"父爱主义"味道。在横向结构上，单位人之间生成了密切的互助关系，此种以社会交往和情感感召为基础的私人关系结构开通了单位人获得资源和机会的制度外渠道，消弭了诸多潜在的社会矛盾，对于维持基层社会稳定发挥了非常重要的作用。

第三节 单位结构性分解矛盾的局限性及其影响

如前所述，通过对单位组织所具有的社会矛盾结构性拆解功能的分析，我们可以发现，单位时期尤其是单位起源形成的早期，稳定的社会秩序并非由单一的强制性"控制力"所塑造，而是在很大程度上得益于单位矛盾分解功能的发挥。但单位组织所具有的矛盾分解机制和功能在实际运作过程中仍存在一些不可避免的局限，表现在：在单位社会背景下，单位组织社会矛盾消解功能的展开一般是以单位组织的封闭性和资源垄断性占有为前提的。如果上述这些条件发生改变，其功能便难以延续。此外，单位分解矛盾的过程展开往往对单位组织的制度规则存在一定的破坏性。在社会转型期，单位所承载的矛盾分解功能伴随单位制的式微而大幅度地减弱，面对当下社会矛盾化解的困局，我们亟须重建一种新型的社会矛盾化解机制予以承接和应对。

一 分解功能不可持续

受体制与结构性因素的制约，单位组织对社会矛盾结构性分解功能作用的发挥具有不可持续性。主要表现在：其一，就单位制度形成发展和演进的过程看，不同阶段单位组织的不同状态对于其矛盾消解也会产生极大影响。如在20世纪60年代中期之前，单位组织基本上可以比较完整和充分地发挥矛盾分解作用。而到"文革"

时期，在极"左"思潮影响下，单位组织内部的构成及运行都受到比较严重的破坏。在单位党组织、行政组织及工会等群团组织都不健全的情况下，其矛盾化解功能自然也就大打折扣了。其二，单位对矛盾的分解需要耗损高额的成本，高成本运作加重了单位负担，由于单位资源是有限的，因此，当单位人的资源需求大于单位可供给的限度时，便难以通过此种方式解决矛盾。其三，单位作为一种特殊的社会组织结构，承担着经济、政治、文化等复合性功能，并在"单位办社会"的体制下对单位人的生活负全责，矛盾的分解自然被定位为单位的"分内之事"，然而伴随市场经济改革，单位的经济功能开始占据主导，其他功能趋于弱化，矛盾分解功能随着单位性质的转换而走向消解。

二 以"自损"换取"亚秩序"

单位组织对矛盾的分解实际上并不是通过制度性调整给予社会矛盾以直接的正面回应，而是在处理矛盾的过程中，通过"依赖结构""单位内调""情感关怀"等形式，以抑制矛盾的生成，同时还采取策略性地分解矛盾。在此种情形下矛盾问题虽然在一定程度上得到有效的分解，但此过程的推进却对单位组织的制度和规则造成了伤害。表现在：一是"主观性"和"策略性"的资源分配，虽然满足了一部分利益诉求者，但同样可能引发利益损失者的不满，甚至引发他们对单位制度的质疑。二是在由计划经济形塑的单位对国家全面依赖的关系中，内部矛盾如果跨越单位边界，进入到上级主管部门，对单位这一责任主体而言是极其不利的。单位领导往往忌惮矛盾的"越界"，导致"家丑外扬"，给单位带来的麻烦，故单位领导一般总是试图在矛盾尚处于萌芽阶段时，便通过一些妥协和让步缓解工人的矛盾情绪，甚至对一些不合理的要求，也通过变通手段予以满足，用对自身制度和规则的破坏换取秩序的亚健康性稳定状态。质言之，抛离制度、规则的妥协和让步对单位制度造成了破坏，同时也预示着单位制走向消解的必然。

三 对行政性和自治性"双向抑制"

单位制时期，国家依托"国家—单位—个人"的纵向体系，将诸多社会和行政事务均交由单位直接管理。故单位体制下的政府社会管理实际上是通过单位来加以展开的。"这种治理结构中生长起来的政府责任,不是对公共社会成员承担具体的回应、实施和执行功能,他们的主要角色是组织汇报、研究和批准,下达任务、标准或拨款,而具体执行和实施、兑现责任的工作,惯例上完全由单位承担"①。因此,在相当长的时间里,政府的社会治理能力没有得到大幅度的伸展,其应对社会问题的有效机制不甚健全。而在单位走向消解并逐渐退场后,大量社会事务在短时间内由单位溢出,集中划归至政府直接管辖,对其基层社会治理提出了较为严峻的挑战。此外,单位超强的覆盖性使单位空间之外难以形成具有自治性的社会组织化结构。因此,在单位社会的背景下,中国社会基层自治的传统难以快速生成,同时期,在单位制走向消解的过程中,原子化的社会个体的再组织化任务极为严峻。可见,单位惯习对政府公共管理能力和基层社会自治性的"双向抑制",构成了当今社会治理不畅的重要原因。

  基于以上的分析讨论,我们发现,单位时期,单位对社会矛盾的结构性分解因其存在的诸多局限,而必然陷入困境,难以获得持续性发展,故围绕着社会矛盾调解和治理模式转换便成为社会发展的必然。转型期,社会矛盾较为集中地发生,并且伴随社会分化、利益主体多元化,利益关系复杂化,其矛盾的样态也发生了巨大的变化。而与此同时,伴随着单位制走向消解,单位组织对社会矛盾的分解功能逐渐弱化。社会矛盾治理该走向何方是我们下一步需要持续关注和讨论的焦点。

---

① 张静:《通道变迁:个体与公共组织的关联》,《学海》2015 年第 1 期。

第二章　后单位社会矛盾样态与化解困境

上一章我们与华尔德提出的"新传统主义"展开对话，认为真正维系社会秩序的并不是极端的"统治"与"控制"，而是单位"温情"的矛盾分解功能的发挥，并对单位分解矛盾的结构性展开进行了分析与讨论。研究发现，与计划经济极具"结构匹配性"的单位结构特征天然地带有显著的分解矛盾和冲突的社会功能，并且也实然地维系了单位时期的社会秩序。诚然，在维护社会基础秩序的同时，这种功能也具有明显的局限性，并产生了一些现实制约与惯性后果。即便如此，我们依旧不能忽视其对单位时期社会秩序的形塑作用，也不可否认其对后单位时期社会矛盾化解机制的再建所产生的重要意义。

"后单位社会"是一个"对应性"概念，呼应的是中华人民共和国成立后全面兴盛且庞大的总体性"单位社会"。质言之，"后单位社会"是改革开放以来，伴随单位制走向消解所伴生出的社会形态，是一个具有明显"边界性"和"连续性"的概念。首先，单位研究是一个典型的中国式话题，"单位"是基于中国本土经验提炼出来的概念。与此相对应，后单位社会也是中国本土特有的社会形态，与国际普遍性的社会转型、现代化路径推进具有本质的差异，这个过程中呈现在我们面前的社会矛盾样态也势必具有本土性特征。其次，后单位社会概念具有串联改革开放前后社会形态的连续性，对后单位社会某一领域的研究难以割离其前序状态的影响。因此，对后单位时期社会矛盾样态、化解困境及化解模式建构的研究可以尝试以单位社会结构的变化为框架，以单位制变迁为视角展开。

第一节　单位制变迁视角的锁定

学界对社会矛盾的研究主要集中在以下几个方面：一是社会矛盾的来源问题。二是社会矛盾的性质、特征问题。三是社会矛盾的化解问题。围绕以上三个方面展开的社会矛盾研究已取得了丰富的学术成果、实现了理论突破，如社会矛盾研究已经突破了问题取向，深入到对体制因素的理解；社会矛盾研究将社会转型理论、治理理论、制度理论等吸纳进自身的研究体系，其理论化建构取得了一定突破。然而，在社会矛盾研究方兴未艾，走向繁荣的背后，我们发现，社会矛盾研究似乎掉入了内卷化的旋涡，即在社会矛盾的研究文献数量堆叠的同时，研究思路与模式难以突破现有框架。产生这些问题的原因主要在于，似乎缺少一个学理性较强的分析框架，将社会矛盾的生发机制、治理困境与治理模式创新等方面的传统与现代、延续与转换、主观表象与客观逻辑贯穿联结起来。

纵观社会矛盾研究的丰富理论成果，我们可以发现，学界达成了一个基本共识，即社会结构转型与经济体制转轨构成了现阶段社会矛盾的重要背景性因素，社会矛盾的来源、特征、化解模式的建构均与这个过程紧密相关。事实上，中国社会的转型是以单位制的变迁为重要基底的。单位制变迁作为支点，撬动了中国社会转型的杠杆。然而，在学术研究的角度，社会矛盾研究兴起于单位研究走向衰弱的过程中，二者的关系更多地表现为社会学研究热点的替代关系，在这个此消彼长的进程里，人们较少地去发掘二者之间的深度关联。因此，时至今日，社会矛盾研究与单位研究仍然是一对彼此相对分离的研究领域。

本研究以单位制变迁为视角，认为"单位"不仅是一种制度、结构、组织形式，更是一种具体的"方法论"。作为"方法"的"单位"可以成为一种分析工具，对社会问题进行剖解，它的作用限度不仅局限于分析20世纪中叶以来中国的社会结构这种宏观的社会形态，在具体且广泛的社会事实的解读中，单位和单位视角蕴藏着巨大的研究潜力。因为它既表征着社会宏观结构和组织状态，又与微观的社会关系、社会行为紧密相连。单位制是计划时期中国的基础体制，当今中国社会结构的转型和经济体制的转轨实际上均可视为这一基础体制的根本性变革。不容否认的是，在这个过程中所展露出来社会矛盾问题及其走向与单位制的变迁具有重要的关联，这也成为得以用单位变迁的视角解读社会矛盾的基本前提。社会学视野的社会矛盾研究具有"中层"特征，单位视角的"中观性"可以较好地与之匹配。单位视角可以作为连接计划经济时期与转型期社会矛盾研究的链条，帮助我们把握和挖掘两个方面的问题，一是伴随单位制发展与变迁，社会矛盾样态的变异；二是对比单位与后单位时期社会矛盾化解机制在逻辑起点和模式实践中的差异。

另外值得注意的是，当前中国蓬勃发展的社会组织绝不是凭空降临的，作为实体的单位组织和社会组织具有密切关联，虽然两者的结构特征、自主性、自由度、功能属性存在巨大差异，但均是连接个体与国家之间的重要中介组织，转型期社会组织所发挥的作用正是对单位时期作为组织的单位，功能的承接、替代与延展。本研究以社会矛盾化解模式的探索为题，以单位制变迁为视角，联结单位研究与社会组织研究，其研究重点不在于对社会矛盾的理论深化与功能研判，而是希冀从单位时期到后单位时期社会矛盾样态的变异和化解机制的变动中，串联起国家与社会关系的变化。

第二节　性质更动：人民内部矛盾内涵新解

学界普遍认为，中国无论是在计划时期还是改革开放以来的国家与社会关系框架中，社会矛盾并未真正涉及政治层面，因此，在界定后单位时期社会矛盾的性质时普遍沿用了"人民内部矛盾"这一概念。笔者认为，虽然转型期的社会矛盾性质仍然可以采用"人民内部矛盾"来总体概括，但其内涵已经悄然发生了变化。

改革前的"人民内部矛盾"是在"阶级统一性"的基础上提

出的，主要是指工人阶级内部的矛盾、农民阶级内部的矛盾、知识分子内部的矛盾、工农两个阶级之间的矛盾等，"两个阶级一个阶层"的身份地位和利益分配具有总体统一性。单位制的构建原则是社会主义化的，其特质是力图依靠社会主义平等和去等级化的意识形态，产生社会认同感和动员力，最大限度地调动社会力量投入社会主义工业化建设。这一基本意识形态使得社会分化被大幅度压缩。农民、工人、干部和知识分子之间的身份虽有区分，但事实上，身份之间的分化并未带来真正意义上的利益分化，也并未分化出利益对立的群体集团，遂未产生大规模的利益争夺。单位时期的"平均主义"意识符合大多数人的既得利益，在单位内部不具备酝酿群体冲突和集团冲突的根本动因。以贫困问题为例，虽然计划时期具有相对严重的贫困问题，但却是各阶级均面临的一个普遍的现象，而且彼时也几乎没有形成与此截然对立的富人阶级，因此各阶级之间不存在极端性的利益对抗和争夺，故矛盾的强度和烈度都十分有限，基本不具有对抗性。

与此相对应，后单位时期的"人民内部矛盾"更多是基于"非政治性"而言的。伴随单位制的变迁，社会结构的转型，后单位社会的利益格局已然发生了重大变化。我们所面临的人民内部矛盾问题，"集中地表现为社会各阶层、各群体如何分享改革发展的成果问题"[①]。在单位制变迁过程中，社会成员所承担的改革成本与享用的成果之间的不平衡构成目前人民内部矛盾的重要内容。总体而论，后单位社会中人民内部矛盾呈现出四个显著的特点：一是在人民内部已经形成了比较鲜明的社会分化，阶级分层，多元利益主体之间的利益争夺较为剧烈，在利益争夺中渗透着与对立群体的对抗；二是矛盾类型多样化，以物质利益矛盾为最主要形式，但同时也产生了向其他领域弥散的趋势；三是由各种矛盾转化集合而成的官民矛盾凸显，公民与政府之间发生直接或间接矛盾，官民矛盾成为强度和烈度较强的矛盾类型；四是矛盾展开过程的群体性和对

---

① 杨清涛等：《和谐之道：社会转型期人民内部利益矛盾解析》，人民出版社2009年版，第80页。

抗性明显提升,在当前改革进入攻坚阶段、多种矛盾彼此交织、国际国内因素相互融合并存,且多方面制度"缺失"的条件下,人民内部矛盾也有可能激化或转化甚至出现对抗。① 质言之,后单位时期社会矛盾虽未真正转化为具有极强政治性的"敌我矛盾",但其特质已经悄然发生变化。因此,简单地使用生成于改革之前的"人民内部矛盾"理论总结后单位时期的社会矛盾性质自然不够全面,应在其基础上把握更加真实的社会矛盾内涵。

第三节 发生机制与样态转换：单位制变迁与社会矛盾间关联

既有研究将社会矛盾的来源与社会转型紧紧地绑定在一起,并将改革以来社会矛盾呈现的特征样态与改革前明确划分。不可否认,这是一种理解社会矛盾来源与特征的明智之举。本小节试图在这个宏观框架中构造出一个更为中观的框架,即以单位制变迁为视角,理解后单位时期社会矛盾的发生机制和样态转换。在此有两点需要做前提性澄清：第一,本书使用的"单位制变迁"概念所指称的是总体性社会结构、宏观社会制度、社会管理体制的变动,而非简单的单位组织的更动。第二,这并不代表笔者试图将现阶段的所有形态社会矛盾问题均置于单位制变迁的框架之下,这显然是有失偏颇的。笔者只是力求以单位制变迁的视角去理解社会矛盾的发生和样态转换问题,以期实现向发展社会学理论和单位研究方法的回归。

一 从封闭单位到开放社会：社会矛盾空间的变动

丹尼尔·贝尔认为,后工业社会中"个人在社会上和地域上的流动性都是史无前例的和巨大的"②。对于处于后单位社会的中

---

① 房宁：《正确认识和处理新时期人民内部矛盾》,《政治学研究》2013年第6期。
② [美]丹尼尔·贝尔：《后工业社会的来临》,高铦等译,新华出版社1997年版,第345页。

国而言，此种流动的打开是伴随单位制消解而发生的。在传统的单位时期，单位作为政府治理社会的代理人，串联起了个人与公共体制的连接，从社会宏观来看，直接接触大众的公共机构，实际上不是政府机构或公务人员，而是它的"代理"机构——人们所属的单位。① 诸多社会事务被框纳在单位的围墙中。这使得矛盾纠纷的产生和回应均在封闭的单位空间内展开，这也意味着在单位时期，社会矛盾主要以"单位矛盾"的样态呈现出来，诸多社会矛盾的生发都与单位制度、单位结构和单位生活体验紧密相关。单位的体制结构之所以能够消弭社会矛盾，维持社会稳定运行，主要是因为单位具有极端的覆盖性，这种覆盖性集中表现为，"组织（单位）成为国家与社会成员之间的必不可少的中介，处于社会生活的中心位置，整个社会的运转表现为各种组织（单位）的运行"②。彼时的社会矛盾与单位矛盾几乎是画等号的，单位组织内部没有矛盾就几乎代表了不存在社会矛盾。然而，伴随单位体制走向消解，单位覆盖性极度收缩，社会流动性被激活，社会层层展开的开放性和流动性也将社会矛盾的运作空间扩展开来，突破封闭单位，进入开放社会。

第一，人员层面。1985 年底，中国工业企业单位总数为 46.32 万个，其中全民所有制和集体所有制单位为 46.15 万个，占比 99.6%；到 2015 年底，中国工业企业单位总数为 1259.32 万个，其中全民所有制和集体所有制单位为 27.85 万个，仅占比 2.21%。③ 伴随全民所有制和集体所有制单位的急速缩减，它所覆盖的全民所有制单位和城镇集体所有制单位的职工人数也同时发生了大规模的收缩，见表 2-1。

由表中数据可以清晰地看到，在单位制建立初期，城镇劳动者中还有近一半的劳动者没有被吸纳进单位组织，而伴随三大改造和一五计划顺利完成，单位制全面展开，依靠国家政治力量，单位奇

---

① 张静：《通道变迁：个体与公共组织的关联》，《学海》2015 年第 1 期。
② 孙立平等：《改革以来中国社会结构的变迁》，《中国社会科学》1994 年第 2 期。
③ 1986 年、2016 年《中国统计年鉴》相关数据。

迹般地吸纳了几乎所有的城镇劳动者,其覆盖面相当可观,甚至呈现出极端化状态。随着单位制的消解,市场经济替代了计划经济,多种所有制经济形式大规模崛起,到 2015 年底,单位体制所覆盖的职工人数比例仅剩下 16.6%。在单位制对人员覆盖性式微的过程中,劳动者从闭锁的单位空间流动到开放的社会领域。伴随束缚单位人的体制围墙的松动,社会矛盾也随着人员的流动来到了更加广泛的社会空间,具有全面覆盖性的单位系统,其内部矛盾开始开放为涉及社会各系统内部及系统之间的矛盾。

表 2-1　　　　　单位职工数量比例阶段性变化表

年份	1949 年	1957 年	1978 年	1998 年	2015 年
城镇劳动者人数（万人）	1533	3205	9514	20678	40410
单位职工人数（包括全民所有制和城镇集体所有制）（万人）	809	3101	9499	11021	6689
单位职工人数占城镇劳动者人数比例	52.8%	96.8%	99.8%	53.3%	16.6%

注：此表参照 1981 年、1999 年、2016 年《中国统计年鉴》相关数据。

另外需要注意的是,在后单位社会,大量社会成员以一种"非正规就业"的形式参与到社会劳动中,"非正规就业乃是正规就业的有益补充,对于扩大就业面具有积极作用。但在转型期的中国,社会保障体系尚不健全,中产阶级尚未完好发育,非正规就业人群迅速膨胀的一个直接后果是使大量人群长期游离于组织之外,成为原子化的孤独的个体,在劳动力市场上亦是真正的无所依赖的弱者"[①]。在他们面临利益危机的时候,以"劳资矛盾"为主要表现形式的社会矛盾便直接暴露在社会公共空间之中。正如张翼所说,"大量社会成员从'单位人'到'社会人'的转变给我国社会治理带来的最突出问题是：在政府和分散的'社会人'之间,原有

---

① 田毅鹏、吕方：《单位社会的终结及其社会风险》,《吉林大学社会科学学报》2009 年第 6 期。

的单位组织管理网络被弱化，而新的社区管理网络还没有完全建立起来，政府往往需要直接面对分散的个人，社会治理的成本显著增加，社会事务自上而下的贯彻落实和社会问题自下而上的解决都受到一定阻碍。一些基层的社会纠纷和社会矛盾由于不能及时解决或者处理不当，影响了社会的安定团结"[1]。

第二，资源层面。单位组织在国家的赋权下囊括了几乎所有社会资源，单位给予了单位人"从摇篮到坟墓"的"包揽性"管理和服务，所有的资源分配和福利供给均都在单位内部展开。此时的"社会关系"被单位制形塑为"单位关系"；此时个人、群体在制度、结构层面的利益争夺被单位制形塑为"单位内部矛盾"，并且彼时的利益不存在激烈的竞争性，因其在计划经济的体制下，几乎遵循平均主义的分配逻辑，并且此种分配是统一进行的，基本没有形成资源的争夺与竞争关系。而伴随资源流动的打开和平均主义的式微，资源和福利等经济利益开始突破单位围墙，在社会空间中发生争夺，特别是以国企改制为主要路径，计划经济时期由国家宏观调控的一系列资源在市场经济的环境中逐步私有化，产生了资源集中型利益获得群体和资源短缺型利益损失群体，两者的对立、争夺成为后单位社会矛盾的重要来源。伴随资源争夺而流通到社会中的矛盾与冲突呈现出与单位内部矛盾截然不同的多元化、复杂性等特点。

第三，城乡层面。在单位时期，农村虽然没有建构起城市中标准的单位体制，但是，我国广袤的农村土地也是构成单位体制完整性不可或缺的部分，正如毛丹曾指出，"单位制作为社会体制具有通贯性和一致性，乡村中曾经存在人民公社式的单位变体……城市社会是国家有计划地用行政方式组织人民，试图把人们的就业场所、政治组织、福利机构合而为一，并且予以相应制度安排、制度凝固的标准结果，但是乡村毫无疑问也处在国家意图的贯彻之中，虽然最后的结果有所不同，但是否可以说是国家意图贯彻过程中出现的另一部分结果，或非标准结果？正因为这样，单位即使不存在

---

[1] 张翼：《社会组织与社会治理》，经济管理出版社2016年版，第89—90页。

于乡村，单位制仍可作为观察乡村社会及其变迁的范式"①。单位制的构建起到了分割城乡的重要作用，城乡之间被制度化地分割成彼此封闭的两个单位化系统，城市人员、资源与乡村人员、资源都在各自闭锁的领域循环，几乎不存在城乡之间的交往和置换，自然难以构成利益关系和引发利益矛盾。在单位制变迁的视域下，改革开放以来城乡一体化的进程可以理解为伴随单位制度的消解，城乡二元区隔随之打开的过程。在这个过程中，城乡间人员、资源等流动被激活，在不同社会系统、社会制度和社会文化的互动、交往和撞击中，存在新型社会矛盾的增长点，这一趋势也与刘少杰所理解的制度矛盾契合。在城乡一体化的进程中，一方面，打破城乡界限的城市化进程所带来的农村"征地补偿矛盾"凸显；另一方面，农民工成为"非正规就业"的最重要群体，他们对利益的诉求而引发的"劳资矛盾"构成了后单位社会矛盾的重要组成部分。

综上，随着"单位"这一中间链条的断裂，单位框锁矛盾流动的围墙也随之倒塌，在"国家—个人"直接见面的关系结构中，基层的社会矛盾在壁垒瓦解的状态下，直接进入公共空间，矛盾空间从组织内部扩展到社会层面。并且，我们需要注意的是，伴随单位制消解，社会矛盾不是简单地从单位游离到社会，通过对比单位矛盾与社会矛盾，我们会发现，它们是处于涵盖着不同权力与资源关系的社会系统里的两种矛盾形态。从后单位社会的社会矛盾构成、发展、化解整个过程观之，社会矛盾相较于单位时期已经发生了性质的改变，特征的转换。

正如上文所言，"单位"不仅是一种组织结构，更是一个具有强大"社会整合力"的基础制度，一种中国式的社会组织模式与社会建构方法。钱穆在谈及传统中国的政治形态时曾言，"中国人传统提倡礼治，因此社会松弛散漫。政治只成为一个空架子，对社会并没有一种强力与束缚，往往不能领导全国积极向某一目标而前

---

① 毛丹：《一个村落共同体的变迁——关于尖山下村的单位化的考察与阐释》，学林出版社2000年版，第8页。

进。"① 单位体制中的政治形态与这种传统中国政治形态断然分野，面对总体性危机，中国共产党所构建的单位承载着革命性的、政治性的整合职能，以强化党派与国家的垄断性权威，团结与动员社会力量，启动新中国时代社会模式的转换步伐。"对于以身份关系而非契约关系联结起来的单位组织来说，建立在个人能力和成就基础上的内部竞争对团体的亲和力是绝对有害的，因为它会破坏团体成员间的感情和谐，从而破坏对单位平稳运行至关重要的关系性交换原则。团体成员间的感情和谐是以物质上的平均主义分配为基础的"②。虽然这种平均主义在国家宏观制度上具有一定的限度，但是"凡是在单位有权决定的问题上，团体平均主义原则就会不折不扣地贯彻。单位领导人对单位成员负有道义上的责任，如果他的政策有碍多数团体成员的利益，他就会遭到内部舆论的强大压力而不得不迎合这些要求，哪怕这些要求与国家利益并不相符"③。马克斯·韦伯基于政治权威，提出了冲突进程的几个抽象命题，他认为，"如果社会成员的阶级、所属身份群体和政治等级高度相关，资源在社会等级间分布的不连续性或不平等程度很高，那么被统治者就更有可能撤销政治权威的合法性而引发冲突"④。以此观之，在高度追求平均主义的单位制度中，全面平衡社会成员分配与供给的情况下，国家的合法性政治权威大幅提升，个人（群体）与国家之间，与制度结构之间，与不同阶层群体之间几乎不存在权力、利益与资源上的竞争、算计与争夺关系，总体性单位制度及其子制度的统一性和平衡性，构造了整个单位社会的安定氛围。但随着单位制的变迁，单位所承载的社会整合功能极度弱化，单位制变迁成为了引发社会矛盾的重要因素。

从狭义的作为组织实体的单位概念观之，后单位社会的来临不完全意味着"单位组织"在中国社会的全面退场，当今的国有企

---

① 钱穆：《湖上闲思录》，生活·读书·新知三联书店2000年版，第48—49页。
② 路风：《单位：一种特殊的社会组织形式》，《中国社会科学》1989年第1期。
③ 路风：《单位：一种特殊的社会组织形式》，《中国社会科学》1989年第1期。
④ ［美］乔纳森·特纳：《社会学理论的结构》（上），邱泽奇译，华夏出版社2001年版，第165页。

业仍具有一部分传统单位的形态,甚至一些私企、外企、合资企业也经常被人们称之为单位。伴随后单位社会的来临,"作为'职场'的单位组织自身的结构、功能也发生了许多重大变化。因为当整个'单位体制'发生剧烈变革后,局部的单位组织实际上已经基本上不能作为'体制'内的一部分而存在,其性质和功能不可避免地发生了剧烈变化。"① 这主要是因为改革前后的单位是置于在两种逻辑之下的,在计划经济的运行逻辑下,单位作为国家事务的代理结构承载着社会动员、社会调控、社会整合等综合性职能,其政治性大于经济性;在市场经济的运行逻辑下,国家与单位之间的连接管道由多条变为了单一,几乎仅剩经济性连接管道,单位承载的职能及其运行所追求的目标均以经济发展、利益最大化为根本。不言自明,前者更注重公平,后者更注重效率。我国社会以组织为单位的外部特征没有改变,但组织的职能却正在发生实质性变化,其中心任务变为满足成员需要及谋求组织自我发展,由"管理型单位"变为"利益型单位"。② "利益型单位"的生成过程一方面是单位制变迁的最为重要的表现方面;另一方面也构成了社会分化的制度性基础。与此同时,单位对利益的追求也投射出发展主义的理念。"发展主义"是现代社会发展变迁理论的最主要组成部分,许宝强和汪晖在《发展的幻象》一书的序言中,对"发展主义"的起源、发展及其表现形态做了比较清晰的概括,他们认为"发展主义(developmentalism)是一种意识形态,一种认为经济增长是社会进步的先决条件的信念"③。在单位制改革的过程中,这种意识与信念占据了主流地位,由此加剧了单位性质的变换程度和多维度分化程度,构成了社会矛盾的重要来源。

二 社会分化:突破均等与异质增加

美国社会学家彼得·布劳将社会分化分为两类,即横向向度的

---

① 田毅鹏、吕方:《单位社会的终结及其社会风险》,《吉林大学社会科学学报》2009 年第 6 期。
② 孙立平等:《改革以来中国社会结构的变迁》,《中国社会科学》1994 年第 2 期。
③ 许宝强、汪晖选编:《发展的幻象》,中央编译出版社 2003 年版,序言。

异质性的增加和纵向向度的不平等的扩大。伴随不平等和利益对立的发生，社会矛盾亦容易随之伴生。杨建华指出，社会分化是建立在三个维度上的，即社会分工、社会分层和系统功能分化，社会分化是社会发展的重要推动力。但本书此处所指的社会分化是伴随单位制消解而来的具有"断裂式"和"掠夺式"的社会等级性阶层分化和利益分化，此种意义上的社会分化催生了对立群体间矛盾的发生，并对社会矛盾的性质和特点产生影响。"改革开放以来，中国从奉行'平均主义'的历史中重启了分化的步伐，有效地增强了社会的异质性，推动了社会的发展，但是，由于分化与整合的不同步和不均衡性，个体、社会与国家之间很容易出现结构性紧张"①。将社会分化的逻辑和现实放置于单位制变迁的背景下，我们便可发现，社会分化与单位制消解具有同步性，从单位时期社会高度整合到后单位时期社会利益分化几乎可以表征20世纪中叶以来中国社会整合与分化的基本状态。鉴于"中国现阶段社会分化的加剧是市场与体制双重力量推动的结果，当前的社会分化是由体制内和体制外两种社会机制共同推动的"②。笔者认为，伴随单位制变迁而同步发生的社会分化具有两个向度，一是体制内横向分化；二是伴随市场化进程的阶层与利益纵向分化。

（一）横向分化

通过对单位制变迁的形态与特点的归纳与分析，笔者认为不能将单位制变迁简单地理解为单位全面走向消解的过程，在这个具有大趋势的潮流中，作为"职场"的不同单位的发展状态呈现出分化的趋势。在传统的单位制度中，全国单位的运行与发展具有总体性和统一性，可以说整个社会的公平性正是由单位之间的公平性串联起来的。现有研究普遍将单位时期的社会分层机制理解为单位人身处"单位行政级别"和"所有制"基础上的分层，人们所处的单位在国家隶属关系中级别越高，单位序列在整个社会中的地位相

---

① 吴晓林：《现代化进程中的社会分化与整合》，《河南大学学报》2012年第3期。

② 刘平、王汉生、张笑会：《变动的单位制与体制内的分化——以限制介入性大型国有企业为例》，《社会学研究》2008年第3期。

应越高，具有这个单位身份的单位人在分层机制中就越占据上层，也就意味着更加有可能获得更多的、稀缺的权利和资源。总体而言，全民所有制单位在身份地位和资源机会上比集体所有制单位更为占优。我们必须注意，这种级别上的单位差异是非常有限的。国家在工资制度、福利制度等具体制度设置中均考虑到地区、工种、单位间的平衡关系。并且，国家在统一调配的计划经济时期，设置了单位间的互助制度，通过资源的调配，起到平衡单位间发展的作用。"尽管在不同行业、不同规模和不同行政级别的企业之间略有差别，但只要是国有企业职工，在同一行业同一级别中的收入基本上是一致的，不同级别之间差距也很小。换言之，只要取得了国有身份，不管具体企业如何，都享有大致相同的福利资源，单位只是获取国有身份的阶梯和途径，一旦个人获取了这种国有身份，就具有了超越具体单位的统一的制度保证"①。因此，在政治性、行政性和社会性高于经济性的单位运行逻辑中，各单位之间虽然序列有差、所有制有异，但却几乎不存在资源和利益的竞争关系。单位间的交往与沟通基本上都是通过国家统一计划安排的，而国家行为总是在宏观层面趋于公平优先而非效率先行。

在单位制改革的过程中，1984年10月20日通过的《中共中央关于经济体制改革的决定》中明确提出，"中国传统的经济体制形成了一种同社会生产力发展要求不相适应的僵化的模式。这种模式的主要弊端是：政企职责不分，条块分割，国家对企业统得过多过死，忽视商品生产、价值规律和市场的作用，分配中平均主义严重。这就造成了企业缺乏应有的自主权，企业吃国家大锅饭、职工吃企业大锅饭的局面，严重压抑了企业和广大职工群众的积极性、主动性、创造性。实际上，所有权同经营权是可以适当分开的。要使企业真正成为相对独立的经济实体，成为自主经营、自负盈亏的社会主义商品生产者和经营者，具有自我改造和自我发展的能力，成为具有一定权利的义务的法人。……平均主义思想是贯彻执行按

---

① 刘平、王汉生、张笑会：《变动的单位制与体制内的分化——以限制介入性大型国有企业为例》，《社会学研究》2008年第3期。

劳分配原则的一个严重障碍，平均主义的泛滥必然破坏社会生产力。共同富裕决不等于也不可能是完全平均，决不等于也不可能是所有社会成员在同一时间以同等速度富裕起来。只有允许和鼓励一部分地区、一部分企业和一部分人依靠勤奋劳动先富起来，才能对大多数人产生强烈的吸引和鼓舞作用，并带动越来越多的人走向富裕"①。可以说此文件的颁布正式开启了国有企业改革的步伐，也宣告着传统的单位体制在政策上和事实上走向消解和终结。国家统一调配资源，协同和平衡发展的制度式微，单位之间的"互助制度"消解，企业在资源处置和效益分配上拥有了自主权。以单位为边界的不同企业之间的收益差距迅速扩大，原有国有企业系统内部的分化日益明显。"单位组织逐渐从'管理型'单位向'利益型'单位转化，其突出的表现是各个单位致力于用自己掌握的权力、垄断的资源和机会来实现并扩大自身的经济利益，由此便形成了不同单位组织之间单位资本的显著差异"②。根据刘平等的调查，"限制介入性大型国有企业是在国民经济中处于关系到国家战略安全和国家经济命脉的行业和企业。国家从政治安全、经济安全与社会稳定等国家目标出发，对一些关系国民经济命脉、涉及重大战略安全、资源安全的产业或行业实行制度性保护。在渡过了90年代的困难期后，伴随国家推行的制度性保护，它们从新世纪初开始不仅进一步巩固了所在行业中的主导地位，而且在资产规模和经济效益上出现了快速发展的局面"③。国有垄断行业从外部控制到内部控制的过程中，强化了单位福利体系，身处其中的职工可以获得丰富的资源。而这个过程的反面所呈现给我们的是大量中小型国有单位由于工艺落后、体制僵化、信息不畅等问题纷纷转制甚至破产，国有企业之间的横向分化加速。在这个背景下，不同企业中的职工虽然同样拥有体制内身份，但在不同单位之间剧烈分化的宏观局面下，其权益、资源、机会同样出现分化与争夺。一言以蔽之，体制

---

① 节选自1984年10月20日《中共中央关于经济体制改革的决定》。
② 武中哲：《"单位"资本与社会分层》，《浙江社会科学》2001年第5期。
③ 刘平、王汉生、张笑会：《变动的单位制与体制内的分化——以限制介入性大型国有企业为例》，《社会学研究》2008年第3期。

身份由于"受集团性因素"的影响而存在巨大的异质性,被所处单位所赋予的单位成员的弱势身份与强势身份之间存在张力。

(二)纵向分化

如果将单位之间的分化理解为宏观层面的横向社会分化,那么伴随市场化进程而产生的不同层级的干部、职工、失业者等社会群体之间的等级和利益的分化就可成为我们理解社会分化的纵向角度。

在传统的单位制时期,单位人之间虽然也有明确的等级划分,并普遍实行"八级工资制",但这种形式上的等级并未真正带来事实上的巨大差异,如 1965 年 1 月 19 日《国务院关于发给职工生活补贴的几项规定》中提出,"粮食统销价格提高后,对于收入低的职工给予适当的生活补贴。13 级以上干部或相当于 13 级以上的干部不补贴,17 级到 14 级的干部生活不困难也可以不补贴,工人全部补贴"①。中央在 1965 年 3 月 12 日颁发《劳动部关于改革现行职工工资标准的初步方案及进行试点的意见》中指出:"要调整各类人员的工资关系,适当提高一般职工的工资标准,以缩小高级领导干部与一般职工之间的工资差距。适当降低科学技术人员的最高工资标准,以缩小科学技术人员与行政人员、经济人员的工资差距,并使这三类人员相当职务的工资标准大体持平。适当提高从事繁重体力劳动的工人的最高工资标准,以缩小他们与技术工人之间的工资差距。"② 以上述两个文件为代表的一系列工资制度和福利保障制度的出台都在一定程度上平衡着单位内部的干部与群众,不同工种,不同地区单位职工之间的利益关系。

但随着单位制度的变动,虽然身处同一单位,单位成员等级身份所拥有的权利与资源却开始产生巨大的差异。1980 年为起点,国有企业普遍开始试行"奖金制",在企业中大力推行计件工资、承包制、包干制等,力图取代平均主义的分配政策。2006 年 9 月,

---

① 湖北省劳动局:《劳动工资文件选编》(下),湖北省劳动局 1981 年版,第 1663 页。
② 湖北省劳动局:《劳动工资文件选编》(下),湖北省劳动局 1981 年版,第 276—280 页。

国资委与财政部联合下发了《国有控股上市公司（境内）实施股权激励试行办法》，规定"国企高管薪酬逐步过渡到在制度框架内，由独立的董事会自主决定"①。在改革进程中，由于企业薪酬激励与自我约束机制的不完善，国企高管的薪酬与工人之间的差距被无限放大。这主要是由于：其一，出现了"内部人控制"现象②，"经营者给自己加工资，一些国企高管的隐性收入急剧增加。高管薪酬决定权名义上在国家手中，但实际上却掌握在国企高管自己的手里"③。其二，国企高管主要仍通过行政任命，当行政管理权力与市场经济权力集于一身，存在两种权力混用以牟利的可能，经济事务缺少行政监督，行政行为由经济护佑。其三，国企高管的高额薪金与风险不对等，其工资额度随企业的盈利大幅增加，而当企业亏损却几乎没有相应的惩罚机制。其四，"高薪国企主要集中于电力、电信、石油、烟草、银行、保险、证券等行业。这些行业都属于国家垄断行业，高额的垄断利润构成了高管高薪的基础"④。其五，由于高管的薪酬与企业收益挂钩，因此部分高管通过压低工人工资的方式增加企业利润，为企业管理层牟取利益，直接造成收入的分化。在上述经济利益分化的过程中实际上渗透了一种权力分化。权力集中在单位中处于高地位的群体手中，而下层职工丧失了大部分传统单位体制赋予的权力。当权力集中运作于少数人手中时，所造成的社会分化便越发明显。

　　单位改革对单位人产生的另一个重要后果是造成了单位身份的断裂，但不同单位人从单位围墙走出的步伐和动力也具有不一致性。一部分"单位资本"持有量极为可观的单位人（以单位领导为主），主动从单位中脱离，在转换为社会人身份的过程中，运用他们的权力与资源优势在社会领域谋到官职并捞到了金，一跃成为

---

① 欧绍华、吴日中：《中国国企高管薪酬制度改革的路径分析——基于制度变迁理论的视角》，《宏观经济研究》2012 年第 7 期。
② 高前善：《国企高管薪酬制度存在的问题及对策》，《经济纵横》2011 年第 7 期。
③ 杨心宇：《实行国企高管薪酬的法制化管理》，《探索与争鸣》2009 年第 5 期。
④ 浦勇超：《国企高管薪酬失控：问题及对策》，《企业经济》2011 年第 4 期。

上层阶层。但在其反面，伴随单位改制，大批工人以买断、下岗、退养等形式被单位组织抛出，与单位身份紧密相关的权力与资源获得通道几乎被封死，这些被单位"强行淘汰"的工人既不具有年龄优势，又不具有技能优势，直接跌落成了城市中的底层群体。由此我们看到，伴随单位制的变迁，大量"单位人"转换为"社会人"，以经济分层为主的"社会分层"也同步取代了以政治分层为主的"单位分层"。由于资源向上层群体集中，而在下层群体中造成了资源的真空状态，因此，不同阶层群体的贫富差距被大幅度拉大，这也成为后单位时期社会分化的经济性根源。单位身份的被动式断裂所造成的不仅仅是经济利益的极度萎缩，更为严重的在于"机会"的全面缺失，包括与公共组织接触的政治机会、获得发展资料的经济机会、向上层流动的社会机会等诸多方面，而这一切均曾是传统单位体制"均等"和"无偿"提供的。后单位社会，这些机会过多地集中在单位改制过程中的利益获得者手中。

陆学艺曾提出改革后中国阶层划分的四个基本机制，即"劳动分工、权威等级、生产资料占有与否、制度分割"①。明确地将是否处于体制内视为社会分层的重要机制，并通过调查研究得出结论，身处体制内容易获得更多的组织（权力）资源、经济资源和文化资源。时至今日，一系列统计资料也表明体制内群体的权力、经济获得量要优于体制外群体。由于各类资源和机会在体制分割、纵向分化的体系中分布极不平均，由此产生了多元利益主体之间的利益争夺，特别是被单位抛离的成为城市底层群体的工人，由于社会性福利保障体系仍不健全，他们的生活已经由于遭遇绝对剥夺而触及了生存底线。在利益表达机会尚欠的条件下，诉诸冲突与抗争自然成为缓解困境的首要策略。

综上所述，横向向度和纵向向度交织的社会分化问题在后单位时期显著呈现，由此而生的对立性利益关系、阶层区隔、贫富差距过大等问题成为社会矛盾的重点聚焦之处。伴随着极具复杂性的社会分化，社会矛盾的样态也因其中交杂着个体性利益、集团性利

---

① 陆学艺：《当代中国社会流动》，社会科学文献出版社2004年版，第4页。

益、体制内外资源等诸多方面的争夺，而同样变得纷乱和繁复。

三 公正失衡：后单位社会关系建构中的矛盾焦点

改革开放以来，中国的基尼系数从1978年的0.16直升到2008年的峰值0.491，虽然近十年有小幅度回落，但始终处于0.46到0.5之间，超过0.4的收入差距警戒线，这意味着中国社会的收入分配不甚平衡，贫富差距过度。学界也始终将贫富差距过大视为孕育底层抗争的最为重要的因素和要件。但是我们需要注意，社会分层从来不是以社会病态的方式呈现出来的，从涂尔干的社会分工论到马克思、韦伯的社会分层论，再到卢曼的社会系统分化理论，社会分层所表征的是社会进步过程中的社会关系进化。同样从传统单位制"平均主义"到改革后的"奖勤罚懒"，对于社会运行而言是具有进步意义的，而在这个过程中直接引发社会矛盾的原因实际上在于"公正失衡"。李强就曾强调，"贫富差距引发社会矛盾的机制比较复杂，其机制具有间接性、不具有直接性，不是贫富差距扩大了就一定会引发社会冲突。即使在贫富差距扩大的情况下，如果贫穷群体和富裕群体相互之间没有舆论上的相互对立，特别是，如果没有与其他因素或环节相连接，两个群体也可以相安无事"[①]。然而在后单位社会的阶层分化与利益分配过程中，被单位制所整合的具有极强一致性的群体被不公正的制度和实践分野成为后单位社会利益针锋相对的力量，此成为后单位社会的矛盾焦点。单位制变迁过程中的公正失衡在多个层面展开，具体有以下三个维度：

第一，异质性单位间公正失衡。身处限制介入性垄断行业单位和走向没落的中小单位两种发展状态迥异的单位中的成员，其付出与收益的比例是失衡的。前者因为处于优势单位，因此天然性地拥有较高的社会地位，拥有更多获取稀有资源的机会，并掌握一定权力和声望，收益相应较为丰富。而后者因为身处的单位组织较为弱势，有时付出大量的社会劳动却未必能够获得相应的回报，并且单位所能够供给的福利待遇也与前者之间存在巨大差距。造成这种差

---

① 李强：《改革开放30年来中国社会分层结构的变迁》，《北京社会科学》2008年第5期。

异的不是社会主义原则的按劳分配，而是一种"先赋性"身份归属，当这种身份分层的公正性失衡且难以流动的时候，社会矛盾便具有爆发的可能。

第二，同质性单位内部公正失衡。在国企改制的过程中，呈现出大量不公正的事实。具体而言，在改制的过程中，国有产权主体缺位，监管体制不健全，国有资产产权权属不清，国有资产的约束和监督机制不力，资产评估法律制度不健全和不严格依法评估国有资产等，都是造成国有资产流失的原因。① 正是由于国企改制制度的不健全，大量处于政治分层中高层级的群体利用一些以权谋私的"寻租行为"将政治权利转化为具有"灰色性质"的经济利益，成为改制的利益获得者，在以经济分层为首要分层机制的后单位社会分层体系中占据优势地位，而普通工人成为改制的代价付出者，身处经济分层劣势地位。按照武中哲的观点，"单位"资本可以划分为货币资本、人力资本、知识资本和社会资本。依据布迪厄的资本转化理论，多元类型的资本之间是可以相互转化的，并且拥有的资本存量越多，越稀有，资本升级的空间就越大。由于资本具有相互影响和相互强化的作用，掌权者和普通成员之间的收入水平、权利持有等方面的差异进一步被扩大。在这个意义上，由传统单位制统合的和谐化的干群关系在后单位时期变得紧张起来，近年来的多次全国 CGSS 数据调查显示，干群矛盾是当前中国社会最为严重的矛盾之一。

第三，单位体制内外公正失衡。改革后，虽然作为总体性制度的单位制式微，单位组织也发生了重要的性质转变，但单位组织依然保留了重要的体制内特征。韦伯所倡导的经济、权力、声望三位一体分层理论可以为研究中国特有的单位体制内外的社会分层机制提供参考。无论在改革前或后的中国社会，权力与声望的获得几乎还是在单位中展开，"国家权力是通过单位组织来配置的，并且代

---

① 汪振江、李静：《国有企业改制中国有资产流失的原因分析及法律对策》，《兰州大学学报》2000 年第 2 期；李广庆：《国企改制中的资产流失：形式、原因及对策》，《山东财政学院学报》2005 年第 3 期。

表个人身份和声望的职业几乎还都是单位组织中的正式职业"①。这就意味着，身处体制内便更有可能获得较高的声望和权力，而这些又是转化成经济利益的基础要素。对于体制外人员而言，较高社会声誉的获得途径、权力的获取渠道来源是相对有限的。这种体制分割造成了社会资源和权力分布在某种程度上的公正失衡，换言之就是社会成员所付出的劳动与收益之间是非对称的。在分配机制中，体制性因素作用巨大。"单位制对城市社会成员贫富差距形成的作用机理存在外生性因素，即在单位制变革的过程中，在二元体制并存的条件下，体制内单位组织和体制外的纯市场型组织互动的过程中所发生的非平等交换导致贫富差距扩大"②。武中哲就曾直言，"在当前的中国社会，单位资本已经对社会分层形成了一种超常干预。这种超常干预使得那些基于自由竞争基础上的、决定社会成员社会分层的正常因素作用甚微"③。比如，对于进城务工的农民工而言，他们进入正规单位，拥有正式组织身份的机会明显不足，他们在承担大量工作的同时却享受不到对于一部分人而言"坐享其成"的权利；对于私营企业而言，虽然在市场经济的体制下拥有了较为丰富的资源运作和利益获得的空间，但其面临的经营风险是大型国有企业几乎不需面对的，因为后者坐拥丰富的国家保护政策……在后单位社会体制内外的制度分割局面下，体制外人员对公平性的诉求和他们与体制内群体产生的利益争夺成为社会矛盾滋生的重要原因。

四　心理机制：相对剥夺感

"相对剥夺（Relative deprivation）"是由美国社会学家斯托弗等人提出的群体行为理论，我国学者郭星华精练地界定了相对剥夺的概念，"相对剥夺是一种群体心理状态，指人们通过与参照群体

---

① 武中哲：《"单位"资本与社会分层》，《浙江社会科学》2001年第5期。
② 武中哲：《"单位制"变革与城市社会成员的贫富分化》，《河南社会科学》2004年第5期。
③ 武中哲：《"单位"资本与社会分层》，《浙江社会科学》2001年第5期。

的比较而产生的一种自身利益被其他群体剥夺的内心感受"①。与此相似，李汉林和渠敬东对相对剥夺感的界定是，"人们从期望得到的和实际得到的差距中（discrepancy between expectation and actuality）所产生出来的或所感受到的，特别是与相应的参照群体的比较过程中所产生出来的一种负面的主观感受，一种不满和愤慨的情绪"②。"相对剥夺感"的概念也被学界较为普遍地应用到研究单位制变迁过程中的集体心态上。李汉林和渠敬东通过分析他们在1987年、1993年和2001年亲自实施的问卷调查的数据情况，发现这三个时间段的数据均体现出在单位制度中的成员的相对剥夺感要比在非单位制度中成员的相对剥夺感更加强烈。③ 笔者认为，单位成员的相对剥夺感偏高主要由于对比了以下参考系，而生成了一种不满的心理状态。第一，在历时态上将单位时期的自己作为参考。在比较自身从单位时期到后单位时期的境况变化时，他们发现，伴随"从摇篮到坟墓"式的单位福利体系断裂，单位"兜底"式的日常生活保障消失，单位所承载的共同意识、集体认同与文化寄托崩解，"铁饭碗"式的确定性用工制度保障被砸碎，天然获得权利、资源、主流文化的机会结构消解，被剥夺的感觉油然而生。第二，在共时态上将后单位时期其他单位人作为参考。在传统单位时期，单位之间、干群之间均在国家制度的统一调和下保持着大致的平衡性，而后单位社会，伴随"制度分割、组织分割、干群分割、结构分割"的发生，大部分普通工人在获取权力和资源的能力、机会上呈现出极为弱势的状态，而这与改革的受益者形成鲜明的对比。他们与原先具有统一性和一致性的参照群体之间的差距被无限拉大，即感到相对剥夺。

正是因为单位时期的获得感和平均性与后单位时期的遗失感和

---

① 郭星华：《城市居民相对剥夺感的实证研究》，《中国人民大学学报》2001年第3期。
② 李汉林、渠敬东：《制度规范行为——关于单位的研究与思考》，《社会学研究》2002年第5期。
③ 李汉林、渠敬东：《制度规范行为——关于单位的研究与思考》，《社会学研究》2002年第5期。

分化性形成了强烈对比,使大量职工深刻地体会到后单位社会弥漫着不公平和不平等的气息。相对剥夺感作为一种具有负面效应的心理机制,从主观上建构出矛盾情绪,并不断向社会矛盾的行动上转化。齐美尔、科塞、达伦多夫等人都极为重视情感的卷入对冲突升级造成的影响,也正是因为后单位时期的社会矛盾中夹杂了以"相对剥夺感"为代表的负面情感因素,才使得社会矛盾的强度和烈度均提升到了一定的高度。

第四节 单位制变迁背景下的社会矛盾化解困局

单位制变迁不能够简单地理解为单位组织体制的转换,它是一个复杂的社会结构转型的过程。伴随单位制变迁,在中国社会发生的是具有宏观性的社会结构的重组、社会制度的重构、社会关系的重建和社会利益的重新分配,它们的展开揭示了后单位时期国家与社会关系重构的运行逻辑和实践过程。

本书所关注的焦点是在单位制度变迁的背景下,社会矛盾化解机制的重构路径,即分析与讨论单位时期的社会矛盾化解机制是如何退场的,后单位时期新的社会矛盾化解模式又是怎样建构的。化解模式的新建是针对当前社会矛盾化解困局所做出的尝试与回应。而厘清社会矛盾化解困局的具体表现,是深究机制突破和制度回应的重要原点。

一 中间环节"断裂"与政府全面介入

如前文所述,单位对矛盾的分解功能在单位制时期起到了维护基层社会秩序的重要作用。伴随后单位社会的到来,单位体制发生剧烈的变动,单位这种矛盾分解功能在很大程度上被消解掉了。虽然改革后作为组织的单位仍然承担着调处矛盾的职能,但是其作用机制和作用边界均发生了重要变化,这是因为:其一,改革后的单位组织虽然仍然保留了"单位"的称号,但其性质已然发生了根本性变化,经济、政治、社会、文化职能的复合型组织结构被拆解开来，单位与国家的连接机制由全方位的"嵌入"转化成单位作为单纯经济体与国家仅存单纯"经济事务性"的连接。因此，目前单位虽然依然承担着化解内部矛盾的一定责任和功能，但分解机制已经无法沿着前文所阐释的路径展开。其二，伴随单位之外社会空间的扩展，单位带有的矛盾分解与调处功能所能覆盖的面正极度萎缩。当前社会中的矛盾纠纷多呈现在社会公共领域中，并与社会制度不健全和社会结构不合理具有重要的关联，其性质和发生空间均与单位制时期具有明显差异。当前单位的矛盾调处仅作用于由单位内部原因引发的微观矛盾，无法回应涉及社会制度问题和社会结构问题的系列矛盾。伴随单位制变迁而来的社会矛盾已经突破了单位围墙的限囿，对置于社会公共空间中的社会矛盾问题，单位的矛盾分解与调处功能难以延及。其三，依照上文所述，单位对社会矛盾的化解并未形成完备的制度机制，往往依赖单位领导运用"人治"手段和"变通"策略达到化解目的，在表面上维持了社会的刚性稳定，但却对社会运行的真实秩序造成了一定程度的损害。在后单位时期，理性化和法治化的意识强化，人们对社会稳定的期待也从"刚性"转向了"韧性"。"法理"取代"人治"，"确定性制度"取代"随意性变通"成为新时期社会矛盾化解转型的核心目标。

伴随着单位制走向消解，单位组织对社会矛盾的分解功能呈现出逐渐减弱的发展态势。在以往的单位研究中，我们对单位的此种消解功能有所忽视，没有充分认识到其在维系基层社会秩序领域的重要作用。事实上，单位此种矛盾消解功能的退场直接导致"利益的通达性阻塞"。在国家—个人直接面对的关系结构中，基层的社会矛盾在缺少壁垒的状态下，直接进入公共领域。"哪里个体和公共的制度化连接中断严重，哪里的社会不满就更容易转化成对公共组织的不满，因为个体无法利用制度化途径引起公共制度的应责和反应……人们自然希望改变这些公共制度，这是社会情绪政治化的动力所在"[1]。

---

[1] 张静：《通道变迁：个体与公共组织的关联》，《学海》2015年第1期。

可见，单位制变迁一方面成为社会矛盾来源和样态变化的直接或间接机制；另一方面也引发社会矛盾化解方式的转变，最为突出的特征就是政府从单位时期的无涉性转变为后单位时期的全面介入。改革之前，单位而非政府是真正的社会矛盾责任主体，政府被排除在冲突结构之外。"单位是制度设置的办事方。单位有边界，有行政辖区，只负责注册于本单位的成员，多数社会问题在单位得到解决，或者由政府送回单位处理，而政府工作则对组织不对个人"[1]。随着责任主体——单位的退场，在全能政府的惯习意识作用下，人们将对单位的依赖转换为对国家的依赖，大量社会问题向政府集中，寻求解决，这给社会治理带来了严峻的挑战。

二 单位制变迁与信访制度变动

政府全面介入社会矛盾化解是伴随信访制度运行逐步中心化而展开的。实际上，"从现实的制度安排来考察，中国并不缺乏利益表达渠道。中国的主要利益表达渠道有：党员代表大会、人民代表大会、政治协商会议、职工代表大会等。这些组织机构都是向政府进言献策的渠道，但当前利益表达渠道存在种种不足，利益表达渠道不够通畅，利益表达渠道不完整，利益表达成本高、费用贵，国家体制设计中化解矛盾和消除不稳定因素的其他渠道不够畅通，人们更倾向于选择容易使用的途径——'信访'来表达诉求，信访机构承受了过多社会责任，大量矛盾过度聚集于信访通道"[2]。追溯信访制度的起源，一般将1951年视为新中国信访工作的起点。毛泽东于1951年做出批示《必须重视人民的通信》，同年，政务院发布《关于处理人民来信和接见人民工作的决定》。时隔六年，国务院于1957年发布《关于加强处理人民来信和接待人民来访工作的指示》（以下简称《指示》），明确规定各级国家机关"必须有一位领导人亲自掌管机关的处理人民来信和接待人民来访的工

---

[1] 张静：《社会治理为何失效》，载《复旦政治学评论第十六辑》，上海人民出版社2016年版，第235页。

[2] 黄建军：《官民矛盾、信访制度与社会管理创新》，《理论月刊》2014年第6期。

作",并要求"县以上人民委员会一定要有专职人员或者专职机构"①。这一《指示》的出台,标志着信访制度的政治地位正式确立。伴随社会发展,信访制度也在不断改革中渐趋完善,我国现行的信访条例是 2005 年颁布实施的《中华人民共和国信访条例》,其中第一章第二条对"信访"做出了明确的界定:"所称信访,是指公民、法人或者其他组织采用书信、电子邮件、传真、电话、走访等形式,向各级人民政府、县级以上人民政府工作部门反映情况,提出建议、意见或者投诉请求,依法由有关行政机关处理的活动。"②

纵观信访制度的改革过程,其对于社会体制具有明显的"嵌入性",即信访制度的特征呈现与目标取向被单位制的"盛"与"衰"分割成两种形态。"在传统体制下,信访工作只是辅助性信息反馈部门,具有明显的秘书部门特征。上访原因基本上均是由于行政机关工作人员的违法或失职对上访人合法权益造成了侵害。信访应对机制是在传统单位制社会结构条件下的'分级负责,归口办理',信访制度没有涉及整体性社会管理体制的变革"③。可见信访制度在单位制搭建的总体性社会制度中,属于一种边缘制度。冯仕政将 1978 年的改革开放作为研究信访制度改革的横切面,在此基础上认为,"国家信访工作观念的发展有两个阶段,一是 1951—1978 年,占主导地位的是社会动员取向;二是自 1978 年至今,占主导地位的是冲突化解取向。信访的社会动员取向热衷于围绕国家工作部署去调动民众对相关公共事务的参与。信访的冲突化解取向致力于化解民众基于个人利益需求而产生的不满和纷争,以消除社会冲突隐患"④。

在单位体制下,信访工作所承担的社会矛盾化解功能并未完全

---

① 1957 年《关于加强处理人民来信和接待人民来访工作的指示》。
② 2005 年《中华人民共和国信访条例》。
③ 刘平:《单位制的演变与信访制度改革——以信访制度改革的 S 市经验为例》,《人文杂志》2011 年第 6 期。
④ 冯仕政:《政权建设与新中国信访制度的形成及演变》,《社会学研究》2012 年第 4 期。

施展开来，因为信访制度作为一种跨单位的制度模式，具有直接连通国家与个人的属性，而在单位时期，公共机构又是只对组织不对个人的，社会矛盾的反应、代表、应责几乎还是在单位内部展开，信访制度化解由基层传递上来的社会矛盾的功能几乎得不到发挥，但这并不意味着国家在单位时期不注重维护社会团结与稳定，而是因为单位体制本身就实现了高度的社会整合。在单位体制下，国家对信访工作的期待是凭借制度的贯通性，起到"社会动员"的作用。正如冯仕政所言，"社会动员的中心工作是利用信访渠道激浊扬清，以便有效地调动民心民力，从而有效地贯彻国家的政策和部署"①。以社会动员为根本动力的信访工作对于在单位体制下，调动社会资源、吸收社会力量以服务社会主义工业化建设是具有重要意义的。但是过度地服务于政治运动使得信访工作脱离了正常的制度轨道，在"社会动员"全方位压倒"矛盾化解"的目标取向中，信访制度并未真正架起自下而上的连通性需求表达通道，这一通道几乎被单位组织垄断，并从中间截流。过度偏重于社会动员取向给信访工作造成的最大负面影响便是阻碍了群众诉求的上传和国家机关的回应。

单位的退场为信访制度化解矛盾提供了足够的运作空间，因为在体制之外，人们除了信访通道基本上没有可以利用的利益表达渠道，大量游离在社会领域的社会矛盾问题承载着个人或群体对制度、结构、对立群体等的不满，影响着社会秩序的稳定。面对此种状态，国家不断对信访制度进行改革深化，信访机构被规制成专职处理信访案件，化解社会矛盾的机构，并配备专职信访工作人员，以期通过制度实施，起到消弭社会矛盾的功能。后单位时期，信访工作所需应对的矛盾类型也出现多元化的特点，干部的工作作风和违法乱纪问题、经济体制改革问题、环境污染问题、企业劳资问题等领域展开的社会矛盾均依赖信访予以解决。由于信访过程的时间成本和经济成本相对诉讼程序而言较低，一系列涉法涉诉问题也被

---

① 冯仕政：《政权建设与新中国信访制度的形成及演变》，《社会学研究》2012年第4期。

矛盾双方携带到政府信访部门寻求解决。

我国传统的"全能政府意识"一直被公众所共享，并在公众中形成了一种思维"惯习"，公众对政府的依赖也成为一种行为"惯习"。法国里昂大学政治研究院讲师柯尔库夫将布迪厄所说的惯习归纳成一种禀性系统，指出，"它是以某种方式进行感知、感觉、行动和思考的倾向，这种倾向是每个个人由于其生存的客观条件和社会经历而通常以无意识的方式内在化并纳入自身的……即使这些禀性在我们的经历中可以改变，那它们也深深地扎根在我们身上，并倾向于抗拒变化，这样就在人的生命中显示出某种连续性"①。单位时期个人对单位的依赖只是一种具体的表现形式，其背后深层次的实际是个人对国家的全面依赖。伴随单位组织的解体，中间层级断裂，社会成员的依赖直接向国家投射，这并不是社会成员对单位的依赖向国家转移，而是依赖的延伸，或真实呈现。因此，后单位社会背景下，信访制度的"矛盾化解"取向开始占据主导地位，信访成为一条直接连接国家与个人的制度性利益表达与应责渠道。质言之，在后单位社会的矛盾调处领域，信访制度将诉求方和信访部门以及它背后的多层级政府机构联结起来。

三 信访制度的"三重困局"

当信访作为一种利益表达方式，在社会矛盾化解过程中扮演越发重要的制度角色的同时，信访制度的运行却面临着多重困局，本书将其归纳为制度困局、理念困局和技术困局。正是受到这三重困局的掣肘，伴随社会矛盾质变和单位化解功能急速萎缩，国家化解社会矛盾能力并没有同步显著提升，社会矛盾治理在一定程度上面临制度失效的风险。

（一）制度困局

政府信访工作本身的制度困局是社会矛盾调处的重要制约，主要表现在：其一，在信访制度的设置中，信访部门的职权与职责之间存在着明显的错位，信访被界定为一个公民表达诉求、化解矛盾

---

① ［法］菲利普·柯尔库夫：《新社会学》，钱翰译，社会科学文献出版社2000年版，第36页。

的法定制度，信访部门理应拥有直接处置权，但事实上，信访部门的主要工作内容是"转办""交办""督办"，仅间接性地介入社会矛盾化解工作。并且，各级信访工作机构不是单独序列的国家机构，普遍是挂靠在政府机构中的"弱势部门"，没有被授予独立处理信访问题的权限。其二，官民矛盾在当今中国的各类社会矛盾中尤为突出，特别是民众对地方政府信任感明显不足。2016 年 9 月 24 日北京师范大学发布了《2016 年中国网民的政府信任度报告》，报告通过对我国内地 31 个省市自治区 3052 份样本网民数据的挖掘和分析，描述了中国内地网民对政府的信任度，调查发现，在 5 分制的评分体系中，"中央—省部—地方"三级政府的网民信任度得分依次是：4.02，3.73，3.3。从中可以解读出，目前民众对政府的信任度出现了"差序格局"，对地方政府的不信任凸显，而地方政府正是信访工作展开的主体部门，纵观整个信访过程，政府部门是被完全包裹在内的。企业改制问题、土地征用问题、房屋拆迁问题等都是地方政府主导推动的，改革的制度也多是地方政府建构的，在运作的过程中难免出现问题，造成一定程度的社会矛盾，推动改革的政府成为社会矛盾的创造方、责任方被直接卷入多种性质的社会矛盾当中。公众的信访对象往往直指政府部门，然而信访制度又将政府设置为信访事务的解决部门，在公众原本就对地方政府的信任处于较低水平的背景下，国家机关的被访和接访的角色二重性加剧了公众对信访部门的不信任感，信访工作的中立性备受质疑。其三，在现代化的进程中，社会治理试图走上一条具有法理性和确定性的道路，信访制度也被构造成为一种政府操持的刚性制度。特别是党的十八大以来，中央和省级国家机关在推进信访法治化的过程中，"逐步完善信访具体制度中规范化、精细化、程序化、信息化导向"[①]。然而，在制度机制不断标准化和理性化的过程中，刚性制度的弊端也显露出来，即在面对利益主体的多元化与利益需求的多样化之时，政府解决信访案件的法理框架很难覆盖民

---

① 杨平：《我国信访制度法治化改革研究——基于十八大以来信访规范性文件的分析》，《哈尔滨工业大学学报》2017 年第 3 期。

众的全部需求，当信访作为一种制度稳定下来，其矛盾化解的变通性也相应被缩小。社会矛盾问题本身具有很强的复杂性，同一类型的矛盾，由于主体诉求的差异、心理期待的差异、社会背景的差异等，矛盾的展开过程与发展轨迹都是不同的，不存在"放之四海而皆准"的矛盾化解方式，结构式、模式化的刚性制度逻辑难以应对错综复杂的局面，刚性与柔性的协调共治成为一个较难达到的平衡状态。

（二）理念困局

理念性困局在"自上而下"的国家信访工作理念和"自下而上"的公民信访理念两个层面均有呈现。于前者而言，其一，"压力体制"对信访逻辑与实践造成不利影响，信访行为本身即被政府部门视为社会不稳定的因素。因此，在治理的过程中，政府信访部门的治理逻辑出现了严重的偏差，本末倒置地将工作重点转移到治理信访行为本身，而非化解信访内容中的社会矛盾。"当群众不断向上级权力机构表达利益诉求，影响到正常的政治秩序和社会稳定时，上级政府就会追究下级政府的责任，往往通过事实上的'信访排名''一票否决'等制度对下级权力机构进行考核和监督"[①]。受"压力体制"的威慑，信访化解手段往往呈现出"失范"的状态。一方面，政府部门拦访、截访，造成了上访人的"以气抗争"[②]，作为权力持有者的政府采取强制性手段和刺激性处置方式激发了"二阶冲突"[③]；另一方面，"大闹大解决、小闹小解决、不闹不解决"的治理逻辑盛行，促使诸多原本并不激烈的社会矛盾往往激化为大规模、对抗性行动。面对政治与行政压力，政府往往采取"花钱买平安"的妥协性处理方式，以求获得表面的稳定，但这种做法无异于饮鸩止渴，不但无法根治矛盾，反而起到

---

① 董亚炜：《中国信访制度问题探析——基于政治社会学的视角》，《天津行政学院学报》2017 年第 2 期。

② 田先红：《群众路线与我国信访制度的形成及演进》，《云南行政学院学报》2016 年第 2 期。

③ 常健、韦长伟：《当代中国社会二阶冲突的特点、原因及应对策略》，《河北学刊》2011 年第 3 期。

反向示范效果，加剧了矛盾强度与烈度。其二，"运动治理"理念盛行，运动式治理诠释的是这样一种治理逻辑，即各级政府在社会治理的过程中，以"集中整治""专项治理""专项行动""突击执法""清理整顿"等名义推行的治理方式，① 其往往以一种应激形式出现，具有"暂时性""被动性"特征，并且具有高度的"绩效"期待。忌惮越级信访给地方政府造成的政绩伤害，地方政府的信访工作的集中展开总是伴随重要会议召开而引发的信访洪峰。对于一般时日零散性的、本地性的信访案件，政府便可能采取推诿、扯皮、漠视的治理策略，不具有发展形成"连续性""常态性""长效性"制度的基础条件，更不利于信访部门行政能力专业化的进展。

于后者而言，其一，"单位人"在向"社会人"角色转变的过程中，由于单位的消解，"国家—单位—个人"的连接体系全面弱化，全能性政府的长久管理模式催生了"有事找政府"意识惯性，很多公共性的社会矛盾最终都依赖政府出面干预和化解，实际上与矛盾无涉的政府被强行绑架到社会矛盾过程当中。在法理框架内运作的政府化解逻辑如果难以满足利益需求，则极易造成人们对政府的"迁怒型矛盾"。其二，在个人意识觉醒的新时期，公众的法治意识还落后于权利意识，在实际的信访过程中，其制度设置中非常重要的法理性经常被上访人忽视，上访人采取制度外手段进行利益诉求的行为十分普遍，缠访、闹访的行为大规模爆发，增加了社会矛盾的化解难度。其三，上访人常常利用政府对压力体制的忌惮，对"弱者的武器"加以利用，通过笼络更多参与者、制造更大的矛盾声浪、越级进京上访等行为，逼迫政府满足其诉求（无论这些诉求合理与否）。

（三）技术困局

从1951年信访理念构建到当今信访制度趋于完善的过程中，化解矛盾取向自改革开放以来才逐渐超越社会动员取向，成为信访

---

① 周雪光：《运动型治理机制：中国国家治理的制度逻辑再思考》，《开放时代》2012年第9期。

制度运转的首要制度目标。受制度惯性影响，信访制度的"化解矛盾"功能缺少历史积淀和经验实践的锤炼，它作为化解社会矛盾的重要机制，其发育过程是伴随单位制变迁过程中社会矛盾样态转换和化解手段失效，而"被动"走上前线。信访制度被给予的厚重希望和制度本身的建构情况、能力水平之间存在巨大的张力。对于缺乏信访工作技术的信访部门而言，大量复杂的社会矛盾化解工作十分艰难。其一，信访工作所面对的是极具复杂性的社会矛盾问题和性格迥异、诉求千差万别的上访人，这就需要工作人员在处理信访问题时具备极强的灵活度，并具备有效的"对话技术"和分析"心理特征"的能力，信访部门的工作人员均是行政机关的公务员，受"科层制"的刚性治理逻辑影响，工作人员处理问题的灵活性明显不足。矛盾化解的技能、技巧在原则性的制度贯彻和灵活性的策略运用之间难以实现有机统一。其二，信访工作人员在调解社会矛盾时既要能够准确地应用法律法规，又要充分了解相关政策，而政府部门的有些人员并不具备相关的法律工作背景和特别专业的法律知识，欠缺答疑解惑、释法说理和依法做出结论的能力，这成为信访部门化解社会矛盾的重要障碍。在矛盾处理的过程中，信访官员往往采取"承诺性"语言安抚的手段试图稳定上访人情绪，但这些使用不当的应急性承诺又时常没有法律依据，导致承诺最终无法兑现，直接将抗争的矛头引向了政府部门。其三，科层化的政府部门内部存在很大的人员流动性，调转、升职、挂职等情况在科层制的政府部门经常发生，因此，诸多信访工作人员难以依靠长时间的信访工作积累法律政策知识以及信访处理的技术经验，不利于生成专业性。其四，当前信访工作的开展实际上仅仅围绕在社会矛盾周边，而非真正切入社会矛盾内容。换言之，信访工作仅在结果的评判层面化解社会矛盾，但却并未真实参与到社会矛盾的发生和发展过程当中，无法全面了解社会矛盾的真相，是一种"结果治理"，而非"过程治理"。因此，很多处理意见与方式无法与矛盾的真实过程衔接。

伴随信息技术的革新，"网上信访"成为新时期的一种新型信访手段。云南省德宏州从 2003 年就率先开始试行"网上信访"制度，试行3年中收到、处理电子邮件5000余件。① 2013年国家信访局网上信访系统正式投入使用，成为一种重要的技术手段。国家信访局在2016年关于印发《信访系统贯彻〈法治政府建设实施纲要（2015—2020年）〉的实施方案》的通知中强调，"积极推进'互联网+信访'，搭建集投诉、办理、查询、跟踪、监督、评价等于一体的全国网上信访平台，实现信访部门门户网站、官方微博、微信、手机客户端的全覆盖"。民政部办公厅开发建设了民政部网上信访平台，并于2017年4月17日正式上线试运行。可见，网上信访业已成为一种重要的信访方式，网上信访的比例逐年增加，发挥着越来越重要的作用。网上信访提供了方便快捷的诉求表达渠道，减少了群访、闹访、缠访、越级访的数量，提高了信访效率、规范了信访程序，对维持社会秩序起到了一定作用。但笔者认为，网上信访并非制度创新的呈现形式，而应被理解为一种具有局限性的技术变革。首先，网上信访拉开了信访人与信访部门之间的真实距离，进一步削减了主体之间的对话性和参与性。其次，受"数字鸿沟"影响，具有利益表达需求的公众多来自于社会底层群体，对网上信访的使用率还明显不足。最后，如果网上处理结果未能满足诉求方需要，线下信访依旧是重要渠道，并且在此由线上回归线下的转换过程中，社会矛盾问题有可能被进一步激化。

　　受以上三方面困局的掣肘，信访制度呈现出一定程度上的失效状态。利益表达的渠道，矛盾的应责与化解机制在单位制改革过程中发生断裂之后，并没有及时有效地再建立起来。针对后单位时期社会矛盾的发生机制和样态变化，探索社会矛盾问题的化解新型模式是摆在当前中国社会治理面前一个不可回避的问题。

---

① 吴天昊：《网上信访：技术革新还是制度革新》，《社会观察》2008年第4期。

第三章 "中间层"再建：J中心的生成及发展

涂尔干在《社会分工论》中曾揭示国家与个人之间距离拉大所蕴藏的巨大风险："国家与个人的距离越来越远，两者的关系也越来越留于表面，越来越时断时续，国家无法切入到个人的意识深处，无法把他们结合在一起。"① 在这个基础上，他认为，"如果在政府与个人之间没有一系列次级群体的存在，那么国家也就不可能存在下去。如果这些次级群体与个人的联系非常紧密，那么它，并以此把个人纳入到社会生活的主流之中"②。在单位制变迁而直接引发的社会联结机制缺失之时，"民众直接面对国家，其个人生活几乎完全取决于国家。这样大大增加了民众与国家直接冲突的机会，并使任何由于较次要问题引起的不满和冲突带有一种较强的政治性"③。社会转型期，我们面临的最为突出的社会建设任务便是在国家与个人之间建立新的"社会联结机制"，以串联起国家与个人、个人与组织的关系，以实现社会关系的重组和社会组织形态的重构，促进社会的良性运行。

在后单位社会，我们试图重建的国家社会联结机制既不可能是单位制的复辟再造，也不可能是政府一元垄断权力的膨胀延伸，这个努力需要多元主体的权力、资源、资本共同运作。伴随单位制的变迁，社会矛盾化解的责任几乎完全归到具有全能传统的政府部

---

① ［法］涂尔干：《社会分工论》，渠敬东译，生活·读书·新知三联书店2000年版，第17页。
② ［法］涂尔干：《社会分工论》，渠敬东译，生活·读书·新知三联书店2000年版，第40页。
③ 孙立平：《现代化与社会转型》，北京大学出版社2005年版，第129页。

门,但实践结果是政府一元的处理手段非但没有实现矛盾的有效化解,还常常"引火上身",激化矛盾,致使官民矛盾极为突出,这也印证了国家与个人之间缺少中介组织的理论风险。以此观之,"国家—单位—个人"向"国家—社会中介组织—个人"的结构转换已经成为新时期不可逆转的社会建设走向。

第一节 "治理理论"勃兴与"新公共性"实践

一 治理理论的西方起源与中国化

众所周知,治理理论源起于西方社会对全能国家的挑战,随着理论内涵的深化,理论边界的延展,中国社会也呈现出社会治理的景观,但由于文化传统与社会结构的差异,中国的社会治理进程需要面临更加复杂的挑战。可以说治理理论从西方移植到中国土地,必须经历一个理论适配和中国本土元素渗入过程,在此过程中,治理理论的一些原初设定将发生一定程度的转向,但从全能政府到多元参与的治理格局的走向不可逆转。

纵观西方国家与社会关系的发展脉络,我们可以发现西方国家社会公共行政经历了从统治型(以权威—依附—服从为权力关系表现形式)[①],到管理型(以契约—协作—纪律为权力关系表现形式)[②],再到治理型(以服务—信任—商谈为权力关系表现形式)

[①] 国家与社会关系理论可以追溯到古希腊时期,柏拉图和亚里士多德把国家视为人类联合体中至高无上的机构,国家行为是神圣不容置疑的,任何挑战国家的行为均被视为对绝对权威的亵渎。正如亚里士多德提出的"人是天生的政治动物"所表现的,此时的国家与社会是高度一体化的。主权,形成了社会与国家的二元对立,在此时国家被视为由社会中产生,但又与社会异化的力量,国家仍然是高于社会的,国家对社会的干预和制约被视为必要且正当的行为。

[②] 17世纪以后,国家和社会的起源问题,政治的合法性问题逐渐得到学者的关注,霍布斯和洛克认为社会先于国家存在,人们通过契约的形式让渡全部或部分权利而建立起国家。随着市场和资本主义的发展,市民阶层逐渐开始掌握一定的自主权,形成了社会与国家的二元对立,在此时国家被视为由社会中产生,但又与社会异化的力量,国家仍然是高于社会的,国家对社会的干预和制约被视为必要且正当的行为。

的变迁。从统治到治理的过程，是多元主体逐渐构建、成熟与完善的过程。1989年世界银行首次使用了"治理危机"的概念，并将非洲的发展问题归结于此。20世纪90年代以来，"治理"的内涵不断深化、外延不断扩展，形成了西方语境下的治理理论，其主要功能在于填补国家与市场机制的不足。罗西瑙在其著作《没有政府的治理》中认为治理是："一系列活动领域里或隐或显的规则，它们更依赖于主体间重要性的程度，而不仅是正式颁布的宪法和宪章。"① 可见，罗西瑙所理解的治理是多主体性的，是对政府一元化管理和国家强制力的挑战。斯托克从治理主体的多元性、治理责任的模糊性、主体间权力的依赖性、治理网络的自主性和治理工具的现代性五个层面对治理的概念进行了进一步的丰满。② 另一位治理理论重要代表人物罗茨通过对英国政府20世纪80年代和90年代发生的一系列变化的考察，认为，"中央政府的凌驾地位已经不复存在，取而代之的是一个没有中心的社会，换言之，社会是多中心的。在没有单一权威的情况下，管理者必然受到限制；每个政策领域都有多种行动者，这些行动者之间相互依存；行动、干预以及控制的方式呈现多样化。确切地说，治理是一种互动式的'社会—政治'管理方式。"③ 并且归纳了治理的四个基本特征，即"一是组织之间的相互依存。治理比政府管理范围更广，包括了非国家的行为者。改变国家的边界意味着公共的、私人的以及自愿部门之间的界限变得灵活、模糊。二是相互交换资源以及协商共同目的的需要导致了网络成员之间的持续互动。三是互动以信任为基础，由网络参与者协商和同意的规则来调节。四是保持相当程度的相对于国家的自主性。网络不为国家负责，它们是自组织的。尽管国家没有专门的、主权地位，但是它能够间接地并且一定程度上调

---

① [美]詹姆斯·罗西瑙：《没有政府的治理》，张胜军等译，江西人民出版社2001年版，第5页。
② [英]格里·斯托克：《作为理论的治理：五个论点》，《国际社会科学》1999年第2期。
③ [英]罗伯特·罗茨：《新治理：没有政府的统治》，杨雪冬译，《政治研究》1996年第4期。

控网络"①。德国学者库依曼将治理定义为："一种在社会政治体系中出现的活动模式或结构，它是所有被涉及的行为者互动式参与努力的共同结果或者后果。这种模式不能被简化为一个行为者或者一个特殊的行为者团体。社会—政治的各行为主体相互依赖、分享共同目标，公共、私营和非政府部门之间界限变得模糊。"② 综上，治理理论所带来的最为根本的改变在于"公共权力"配置结构的变化。治理理论即是希望将传统的由政府一方控制和操持的公共权力下沉到社会领域，被多元力量所共同经管。在这个过程中，国家的权力权威合法性不再拥有绝对支配性，并且不再以垄断的形式出现；公共权力转换为分散在国家、市场、社会中的物品；多元治理主体之间产生协作和依赖关系，在持续的、自觉的、自愿的互动中构建起社会治理新模式。伴随"治理"外延的不断扩大，其被广泛运用到西方的经济社会领域。

20世纪90年代以来，治理理论步入中国，国内学者俞可平较早引进和推介了治理和善治术语，提出了作为理论的治理的五个论点：一是治理指出自政府但又不限于政府的一套社会公共机构和行为者。二是治理理论明确指出在为社会和经济问题寻求解答的过程中存在的界限和责任方面的模糊之点。三是治理理论明确肯定涉及集体行为的各个社会公共机构之间存在着权力依赖。四是治理指行为者网络的自主自治。五是治理理论认定，办好事的能力并不在于政府的权力，不在于政府下命令或运用其权威。政府可以动用新的工具和技术来控制和指引，而政府的能力和责任均在于此。③ 国内学者对治理理论的理解围绕西方的理论模型展开，将管理到治理的模式转变理解为主体从政府一元到社会多元素共同参与，全能性管理型政府向有限性服务型政府转变，治理模式从强制推行到协商共议。十八届三中全会通过的《中共中央关于全面深化改革若干重大问题

---

① ［英］罗伯特·罗茨：《新治理：没有政府的统治》，杨雪冬译，《政治研究》1996年第4期。

② Kooiman, *Modern Governance*: *New Government—Society Interactions*, London: Sage Publication, 1993, pp. 35–48.

③ 俞可平：《治理与善治》，社会科学文献出版社2000年版，第31—51页。

的决定》首次提出社会治理，取代了十六大阐释的"社会管理"概念，号召多元力量作为治理的主体参与到社会治理的格局当中，昭示提高社会治理水平已经成为新时期党和国家建设的重要目标。

以社会转型为视角，治理理论在中国的逐步兴起是伴随单位制走向终结而同步发生的。中国从社会管理到社会治理的体制变迁在一定程度上可以缩影为国家透过单位，掌握垄断权力，管理社会逐步转变为国家权力分散下沉，协同多元社会元素和市场元素，合作治理社会的过程。然而我们必须注意，在中国构建社会治理体系需要面对极其复杂和特殊的社会背景，中国的社会治理体系构造的进程必然是曲折且漫长的。这主要是因为，一方面，单位自建设之初便是国家的重要行政机构，单位中渗透着严密的党政、军事体系，具备典型的科层制要素。"企业办社会"的模式给予了单位成员从摇篮到坟墓的包揽性管理和服务。沿袭几十年的社会成员对单位与国家的依附性和国家权力的至高无上垄断性，成为一种思想和行为惯习，长时段覆盖于单位成员生活、工作的各个方面。伴随着单位制的消解，单位组织由综合全方位管理型组织，逐步转变成纯粹的利益、福利共同体。然而，在制度转换的过程中，后单位时期，"单位元素"仍然在社会运行中发挥着不容忽视的作用，并一定程度上制约着社会治理体系的形成。另一方面，中国社会治理格局的构建过程并非由私人领域自发自主推动，目前中国社会的自治性并未发育成熟，社会权力的获得很大程度上是国家主动让渡的，具有一定的被动性，社会仍未完全摆脱对国家的依赖，甚至带有"民欲进而官不退"和"官退而民未进"的风险。但这并不意味着治理理论在中国无法铺展，只是在这个进程中，我们将遇到西方未曾遭遇的困难和挑战，需要我们持续努力。

二 以社会组织为载体的新公共性重建

西方"公共性理论"具有两个方面的特点：其一，对抗性。西方公共性理论的兴起是伴随"市民社会"思潮而生的，是建立在"个人主义"和"契约精神"之上的。正如哈贝马斯所言，"公共性本身表现为一个独立的领域，即公共领域，它和私人领域是相对立的。有些时候，公共领域说到底就是公众舆论领域，它和公权力机关直接相抗衡"①。德国哲学家哈贝马斯虽然并未激进地要求公共领域获得政治权力,但也希冀通过"公众舆论"的批判作用将国家政治权力转化为理性权力。实际上这即是一种从公共权力中离析出一个独立的领域,拓展社会公共空间,赋予社会与国家制衡权力的思想。日本学者今田高俊对西方公共性理论的定位是基于市民社会的公共理论,其最大的特点呈现为整合与调动社会元素,形成对抗性的制衡力量,以削弱政府和市场对社会领域公共空间的侵犯。② 其二,言说系。西方公共性理论偏向于"话语言说"而非"身体实践"。如思想家阿伦特认为,在公共场合的"呈现"和"露面"才具有最大程度的公开性,是公共性的前提。讲故事(艺术转化)和与他人谈话是公共性最显著的呈现方式。③ 哈贝马斯也认为,"所谓'公共领域',我们首先意指我们生活的一个领域,在这个领域中,像公共意见(公共舆论)这样的事物能够生成"④。"公共领域最好被描述为一个关于内容、观点,也就是意见的沟通网络;在那里,沟通交流被以一种特定方式加以过滤和综合,从而成为根据特定议题集束而成的公共意见或舆论"⑤。"呈现露面""理性交往""话语沟通"这些公共领域展开的要素具有浓厚的哲学意味,犹如苏格拉底用辩论拓展的空间。这一特点也使得西方公共性理论一度成为语言学、现象学和传播学的重点理论。

田毅鹏曾做出批判,"在欧美世界,从阿伦特到哈贝马斯,其公共性理论大多都以公议、讨议这种言说系的公共性为核心内容。如果人们只是沉醉于公共性的言说之中而缺少实践参与意识,那么

---

① [德] 尤尔根·哈贝马斯:《公共领域的结构转型》,曹卫东等译,学林出版社1999年版,第2页。
② [日] 今田高俊:《拓展新的公共性空间》,《社会科学》2007年第7期。
③ [美] 汉娜·阿伦特:《人的境况》,王寅丽译,上海世纪出版社2009年版。
④ [德] 尤尔根·哈贝马斯:《公共领域的结构转型》,曹卫东等译,学林出版社1999年版,第125页。
⑤ [德] 尤尔根·哈贝马斯:《在事实与规范之间》,童世骏译,生活·读书·新知三联书店2003年版,第446页。

第三章 "中间层"再建：J中心的生成及发展 / 109

我们的文明社会就会变成一个失去平衡的只说不做的社会"①。与西方不同，中国范围内的公共性具有明显的地域特征，并且正在经历一个在"实践"基础上的，从"旧公共性"到"新公共性"的公共性建构逻辑转换过程。伴随经济体制转轨，中国特有的单位制逐步式微，原来"国家—单位—个人"的纵向联结体系因中间环节的断裂而发生大幅度弱化，社会呈现"原子化"倾向，导致个人与公共世界的疏离。"任何一种成熟的文明社会都是建立在一些基本的、真实的社会联结基础之上的。其中最为重要的是介于国家与个人之间的社会初级群体及其相应的组织团体。而走向原子化的社会则恰恰是破坏了上述基本联结关系，使个人直接面对国家，导致社会内部松散、组织能力差，在表达利益诉求、维护个人权益时，往往以原子化的个人去面对国家机构。此种现象的危险性在于，弱势群体的利益诉求无法上达，而政府的惠民政策也失去了下传的管道"②。如何重建社会的中间环节，将分散、无序的个体联结起来，便成为后单位社会建设的重点和难点，这使得"新公共性"的概念与政府提出的"社会建设"的概念紧密联系在一起，成为焦点问题。"新公共性"区别于以国家为主导的传统公共性，其最具新意之处在于"多元性"和"扩散性"，即由传统的以"官"为主体的公共性转变为多元的公共性诸形态，摆脱以往"国家＝官＝公"的一元的"公观念"，代之以立足于公众基础之上的"新公共性"，公共性由"垄断"走向"扩散"③。"公共性"是促成当代"社会团结"的重要机制，对于抵御市场经济背景下个体工具主义的快速扩张有着实质性意义；是使个体得以超越狭隘的自我而关注公共生活的立基所在；还是形塑现代国家与民众间良性相

---

① 田毅鹏：《东亚"新公共性"的构建及其限制——以中日两国为中心》，《吉林大学社会科学学报》2005年第6期。
② 田毅鹏：《转型期中国社会原子化动向及其对社会工作的挑战》，《社会科学》2009年第7期。
③ 田毅鹏：《东亚"新公共性"的构建及其限制——以中日两国为中心》，《吉林大学社会科学学报》2005年第6期。

倚、互为监督新格局的重要条件。①

　　质言之,"新公共性"的构建对于单位制消解之后,中国社会面临的基础秩序重构、社会再组织化具有十分重要的意义。学界普遍认为,新公共性的构建过程,最为重要的就是社会中间环节的新建,社会组织的建设便是这项工作的基础,社会组织也成为新公共性建构的真实载体。基于西方社会的现实,哈贝马斯从公共领域概念入手,便指出了社团、社会组织的重要作用,"今天称为'市民社会'……构成其建制核心的,是一些非政府的、非经济的联系和自愿联合,它们使公共领域的交往结构扎根于生活世界的社会成分之中。组成市民社会的是那些或多或少自发地出现的社团、组织和运动,它们对私人生活领域中形成共鸣的那些问题加以感受、选择、浓缩,并经过放大以后引入公共领域。旨在讨论并解决公众普遍关切问题之那些商谈,需要在有组织公共领域的框架中加以建制化,而实现这种建制化的那些联合体,就构成了市民社会的核心。"② 可见,社会组织早已被视为构建升级版社会形态的重要组织基础。社会组织发展进程中具有划时代意义的标志是20世纪80年代前后,萨拉蒙话语下的"结社革命(Associational Revolution)"在全球范围内展开,各类社会组织以第三部门的身份,在政府与市场之外拓展出相对独立的运作空间,并取得一定成就。一方面匡扶凯恩斯主义福利国家遭遇的"政府失灵";另一方面匡扶自由主义市场经济遭遇的"市场失灵"。在美国以"市民社会"面貌呈现的国家与社会关系中和在欧洲以"法团主义"面貌呈现的国家与社会关系中,社会组织的作用日益凸显。

　　在中国"新公共性"建构的过程中,社会组织的作用也越发得到彰显,这主要是因为:第一,社会组织的发展是中国社会再组织化的重要途径,社会组织正在以一种新型的联结方式和运作模式,取代单位组织这个曾经的中间环节,二者之间虽然在权力资源来源

---

　　① 李友梅等:《当代中国社会建设的公共性困境及其超越》,《中国社会科学》2012年第4期。
　　② [德]尤尔根·哈贝马斯:《在事实与规范之间》,童世骏译,生活·读书·新知三联书店2003年版,第452—453页。

和运作模式等方面具有显著的差异,但都是联结国家与个人的基础性组织形态,是社会组织化的一种模式。第二,政府的管理触角无法真正切入具有极强复杂性的社会需求当中,刚性的治理逻辑无法覆盖多样化的社会诉求,而社会组织依其专业性、柔性治理、社会资本丰富等优势填补政府权能所能覆盖的遗漏之处,其具有提供社会服务和解决社会问题,并提高治理绩效的功能。第三,在社会组织于社会治理格局中越发占据重要地位之时,国家也不断开放空间、购买服务、投入资源,为社会组织的发展奠基了良好的运作基础。

表3-1呈现出伴随后单位社会的来临和西方社会治理话语体系的引进,中国的社会组织规模化高速发展的状态。

表 3-1　　　　　　中国社会组织及其成员数量表

年份	社会组织(万个)	社会组织成员(万人)
1988	0.4	
1991	8.3	
1994	17.4	
1997	18.1	
2000	15.3	
2003	26.6	
2006	35.4	425.2
2009	43.1	544.7
2012	49.9	613.3
2015	66.2	734.8

然而,"与社会组织的总量和规模的快速发展相比,社会组织参与社会管理和公共服务的主体意识之提升则非常有限。突出表现为:其一,工具主义倾向使得组织目标偏向为获取资源而非公益价值;其二,官民二重性使得两种相互对立的力量之间形成了一种张力,阻碍了社会组织主体性的再生产;其三,社区层面的社会组织,没有实现预期的表达群体诉求、参与公共管理或提供公共产品的功能,而仅停留在'自娱自乐'"[①]。可见,中国目前的社会组织

---

① 李友梅:《新时期加强社会组织建设研究》,经济科学出版社2017年版,第35页。

发展还属于起步阶段，社会组织的注册体系还不健全，国家对社会组织的"赋权"还未完全展开，许多社会组织都具有官方色彩，社会自我生长空间还很不足……但我们仍要意识到社会组织已经开始在社会治理格局中占据了一席之地，虽然社会组织的自主性、参与性有待增强，运作空间有待拓展，并且十分迫切，但这些均已走在了积极提升的进程中。诚然，中国的社会组织参与社会治理的逻辑与实践和西方的展开形式具有明显的差异，在中国社会管理由单位制覆盖的一元传统向多元主体参与的现代转换过程中，把握中国本土特点，理解中国式的以社会组织为载体的新公共性构建模式具有非常重要的意义。

在后单位时期，伴随单位制消解而生的中国本土化治理逻辑和新公共性实践都强调了社会组织的重要作用，在参与社会矛盾治理的过程中，国家元素与社会元素均不可或缺，探索一条政府与社会组织协同治理的创新路径便尤为重要。由于社会矛盾问题具有的政治性和敏感性特点，此类事务不可能完全依靠"代理发包制"下沉到社会独立领域，由社会独自应对，因为社会矛盾问题的处理如果出现严重的偏差，将面临极大的风险，甚至对社会基础秩序构成威胁。因此，鉴于社会矛盾化解问题的特殊性，在社会组织介入的过程中，社会组织如何定位，政府与社会组织如何进行角色分工和优势互补等问题均需要深度地厘清和探讨。

第二节　个案呈现：J市信访法律事务服务中心简况

一　中心性质与组织架构

（一）中心性质

J市信访法律事务服务中心是为协助地方党委、政府和各政法机关化解信访事项而成立的专为信访人提供义务法律服务的民间社会组织。中心是由J市律师协会B会长（即中心B主任）发起成立，并个人出资26万元作为启动资金，J市司法局免费提供办公场所，J 市政府每年拨付 30 万元（后增长为 150 万元）作为中心日常运转经费。2011 年 4 月 19 日，J 市信访法律事务服务中心正式挂牌成立，中心遵循社会组织双重管理体制，其登记管理机关是 J 市民政局，业务主管单位是 J 市司法局。中心的性质是民办非盈利企业法人单位，以实现律师参与化解和代理社会矛盾案件工作的公益性和中立性。中心为信访人提供免费咨询、免费核查、免费协调、免费代理、依法维权的服务。中心受理社会矛盾案件的来源主要有四类：一是信访群众主动来中心寻求化解的案件；二是政法部门委托中心参与化解的案件；三是党委政法委交办中心协调办理的案件；四是 J 市区域外有关部门求助中心化解的案件。中心现有专职律师 7 名，均来自 J 市利民律师事务所（由中心 B 主任在 1997 年创办），聘请法律工作者 4 人，行政业务人员 3 人。

（二）中心职能部门

中心下设四个职能部门：一是咨询接待部，负责解答信访人提出的各种法律咨询问题，积极引导其按照法定程序表达诉求，明确告知违法缠访、闹访等行为的法律责任；二是协调办案部，负责与政法部门沟通案件的具体情况、化解意见或建议，协商共同化解矛盾纠纷；三是诉讼代理部，对已有生效法律结论的信访案件，如果信访人诉求能够依法导入法定程序处理的，由诉讼代理部负责指派中心律师义务为其代理诉讼；四是协调委员会，在涉事双方自愿的基础上居中调解，提出和解意见或建议，促成双方取得共识并签订和解协议。

（三）中心工作流程

中心的主要办案流程分为以下四个步骤：第一，所有首次到中心的寻求矛盾调处服务的人员，先到咨询接待部办理接待登记，并由接待部进行形式审查，对符合中心服务条件的案件，由接待部统一分案到中心各个部门的各位专家及律师进行对接。第二，中心各位专家及律师接到案件后，通过与信访人员交流、阅卷，认为其诉求符合相关法律、法规的规定，在信访人自愿接受服务的前提下，与信访人签订《息访代理协议》或《息访服务协议》，并做出案件处理规划书，交由咨询接待部留存。第三，中心各位专家及律师与信访人员签订《息访代理协议》或《息访服务协议》后，视案件具体情况做相应调查、协调及诉讼代理工作。重大、疑难、复杂的案件向中心主任、副主任汇报，由主任召集中心成员举行内部讨论会议，经会议讨论、协商达成处理意见后，再由各位专家及律师按中心讨论会议的意见办理。第四，经各位专家及律师协调完毕或代理诉讼终结的案件，由各位专家及律师做出结案报告，把案卷及报告交付咨询接待部，统一由咨询接待部归卷，以备查阅。图3-1具体形象化了中心的工作流程。

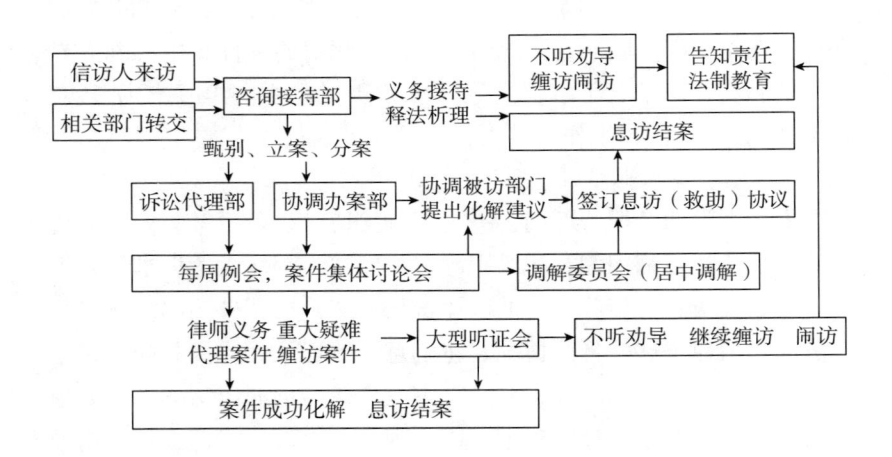

图3-1　J市信访法律事务服务中心工作流程

二　中心制度建构

在中心成立及其发展过程中，为保证中心工作的有序开展、矛盾化解效能的提升和组织目标的实现，中心建构了诸多成文的制度。社会组织治理分为内部管理和对外的联结活动，包括决定组织的使命、从事目标规划、确保组织财务健全、内部冲突的协调以及募款、提升公共形象、与政府部门建立良好合作关系，等等。[①] 中心的制度建构也是围绕这两个方面展开的。

---

① 萧新煌、官有恒、陆宛苹：《非营利部门：组织与运作》，巨流图书出版社2009年版，第51页。

第三章 "中间层"再建：J中心的生成及发展

一是建构组织内部制度。中心建立了《信访法律服务中心办公制度》《咨询接待制度》《协调办案制度》《诉讼代理制度》《中心各部门工作联系制度》等8项规章制度，这些制度明晰了各职能部门的权责、推动组织工作规范化、常态化运行。中心在息访工作中创新了诸多技术性的息访制度，如《信访权利义务告知制度》《信访听证制度》《息访协议制度》等，其中《息访协议制度》最具典型性与代表性。在信访工作中，许多政府机关、司法机关通过和信访人签订息访协议的方式化解信访案件，实现息诉罢访。息访协议的主要内容是行政机关、司法机关给予信访人信访救助金，信访人放弃信访权、申诉权和起诉权。然而此种息访协议既不是民事合同，更非行政合同，并不具备法定约束效力。其结果往往是信访人与行政机关、司法机关签订息访协议后，复访情况时有发生，政府给付信访人的钱款又属于救助性质，无法追回，在浪费行政资源和司法资源的同时，并没有达到促使信访人息诉罢访的目标。与此相对，中心与信访人签订的《附条件息访救助协议》区别于行政机关、司法机关和信访人签订息访协议。首先，中心是民间组织，和信访人一样都是平等的民事主体；其次，协议主体存在连带保证人（一般是信访人的直系亲属）；再次，协议约定了违约责任和管辖法院；最后，协议要经过公证机构现场公证。因此，《附条件息访救助协议》具备了民事合同的要件，信访人如果违反合同，发生复访，必须依法承担返还救助款于中心以及一系列连带违约责任。

二是建构连通相关政府部门的工作联系制度。中心工作的开展并非在组织内部独立运行，在中心对矛盾的调处工作中，与政府发生密切联系，因而中心主动建构起《外部工作联系制度》和《重大案件通报制度》等，前者规定了中心每年召开两次年会，因需要可以随时开展单方面业务活动，经常性向政府相关部门通报案件研究情况，每年向市司法行政主管部门或市律师协会书面报告工作，用全员大会形式传达和贯彻政府领导机关工作精神。每年向市政法委汇报年度信访案件的处理情况，平时总结的经验和典型案例随时上报等。后者规定了在接访工作中，如果发现上访人对原办案单位有强烈的抵触情绪，或有社会危险性倾向时，应及时通报有关方面，尽快采取防范措施等。基于组织联系政府部门制度的建构，中心取得了政府部门的信任，建立起介入社会矛盾化解工作的合法性，为组织运作争取到良好的外部环境。

三　中心工作方法提炼

经过多年的探索与实践，中心凝练了以社会组织身份参与化解和代理信访案件工作的六种方法，在实际解决信访案件的过程中起到了关键作用。

其一，咨询告知法。对于初访案件，由咨询接待部负责接待、解答信访人提出的各种法律问题，积极引导信访人按法定程序表达诉求。通过对信访人咨询内容的解答，使信访人了解其主张权利的法律程序和法律依据，从接访源头引导信访人走法定程序解决诉求，劝其弃访信法。对不听劝阻的信访人，对其发放《信访权利义务告知书》，该告知书详细告知上访人应当用何种方式、到哪个部门依法维权，同时告知违法缠访、闹访将承担的法律责任和不利后果。在《信访权利义务告知书》的附件中详尽列举出我国现有法律法规对信访人权利义务的相关规定，从法理角度劝阻上访人的违规违法上访行为。

其二，签订停访协议法。对于长期上访、重复上访，不能通过咨询告知实现息诉罢访的信访案件当事人，在其承诺不再访的前提下，中心与其签订义务性信访法律服务协议，为其代访。停访协议包括两个具体的协议内容，即《息访服务协议》和《息访代理协议》。在《息访服务协议》内明确规定，"甲方（上访人）同意按乙方（中心）提供的评析意见按法定程序解决上访诉求，并保证在乙方服务期间内不再上访。乙方为甲方提供以下免费法律服务：（1）法律咨询服务；（2）代书法律文书服务；（3）调取工商、法院等依法能够调取的法律文书和卷宗；（4）组织法律专家和资深律师为甲方评估分析依法解决的途径；（5）对重大信访事由进行信访听证服务。甲方违反本协议在乙方为甲方服务过程中继续上访，乙方有权终止为甲方服务"[①]。在《息访代理协议》中明确规

---

① 中心内部资料：《J市信访法律事务服务中心息访服务协议》。

定,"甲方自愿不再用信访和上访方式主张权利,并承诺不再到相关部门走上访程序要求解决问题。在信访委托人保证不再上访的前提下,由乙方指派律师为甲方提供法律服务,免费为甲方提供代理,在援助过程中发生的差旅费用均由乙方为甲方承担。甲方违反本协议在代理过程中持续上访,上述费用由甲方承担,同时承担律师法定代理费用"①。在签订协议后,中心指派律师或当事人直接选择中心律师与当事人理性梳理案件,研究法律适用问题。在搞清事实和法律的基础上,中心对案件进行全面研判,对确实有理的案件与政法部门沟通协调进入法律程序解决。对无理的案件做好明法释理工作,劝其息访,对法理之外、情理之中的案件,中心与当事人探讨其他可能的解决办法。

其三,义务代理法。对于能够导入司法程序解决信访事项但生活困难的信访人,在信访人明确表示不再上访的前提下,中心免费安排律师义务调查、出庭,为其代理申诉。由于中心不是律师执业机构,律师为信访人调查、代理案件,除接受信访人书面委托外,还必须由其所在的律师事务所出具各种证明和函件。对此,中心受理的信访案件中需要律师代理、调查的,由律师执业的律师事务所办理法律援助手续,解决律师依法合规参与化解和代理信访案件问题,即律师本人虽然在中心工作,但执业仍在原来的律师事务所,出庭代理仍使用律师事务所执业律师身份,保证中心律师工作开展的合法性。

其四,联动化解法。对于依法应由相关政法部门处理的信访案件,在征得信访人自愿停止上访并签订信访法律服务协议的基础上,由中心与相关部门沟通协调,共同化解信访矛盾。经过分析、评议,认为存在执法司法错误或瑕疵的,及时向有管辖权的政法机关提出法律意见和工作建议,促使政法机关依法纠错补正;涉法涉诉信访案件已经三级终结,信访人诉求具有一定合理性,但通过法律途径无法解决,且生活困难的,中心帮助其向政法机关申请国家司法救助,或者协调相关政府部门为信访当事人解决低保、生产生

---

① 中心内部资料:《J市信访法律事务服务中心息访代理协议》。

活急需等实际困难，实现息诉罢访。

其五，听证息访法。对于重大、疑难案件或者长期缠访、闹访、无理访的案件，在不涉及国家机密、商业秘密和个人隐私的前提下，中心邀请人大代表、政协委员、法律专家、社会各界知名人士召开听证会，让信访人充分发表意见，由到会的听证人员当面向信访人表述看法和意见，集体调处化解矛盾。为了能让信访人更加信服和信任，中心还聘请已息访的老上访户代表，作为"人民信访听证员"，直接参与信访听证会，倾听信访人的上访理由是否充分，是否合理、合法，通过老上访户"现身说法"的形式，劝解、开导上访人，促使其息诉罢访。

其六，救助公证法。对涉事非政法单位，但又要求政法部门解决困难的信访案件当事人，中心先与涉事单位进行协商，并同涉事单位签订《聘请法律顾问协议》，由中心指派律师担任涉事单位法律顾问，涉事单位提供法律顾问费。通过协调中间诉求和关系，在信访人和被访单位均认同的情况下，中心再与信访人签订《附条件息访救助协议》，并将被访单位支付的法律顾问费以救助金的形式给付信访人，最后由公证机关进行公证，使信访人彻底息访。①

四 中心公益活动与团队荣誉

为彰显社会组织的公益性，在为信访人提供公益代理的同时，中心也践行诸多社会公益奉献活动，收获了热烈的社会赞誉。

在中心成立后的 6 年中，中心所开展的社会公益服务主要包括：（1）中心律师团队在 J 市世纪广场开展义务法律咨询活动；（2）信访中心律师团队到 J 市大东门广场开展义务法律咨询活动；（3）中心新春送祝福，看望道德模范家属；（4）中心律师志愿者看望晓光村敬老院老人；（5）中心与 J 市道德模范志愿服务协会志愿者到孤儿院给孩子们过六一儿童节，并送去礼物；（6）中心为 50 多名孤儿发放生活补贴近 10 万元，并为孩子们每年举办一次集体生日会；（7）中心 B 主任应大学邀请，开展"道德模范进校园"，高校巡讲活动；（8）重阳节慰问 J 市 C 区越北镇敬老院孤寡

---

① 中心内部资料：《参与化解和代理涉法涉诉信访工作的六种方法》。

第三章 "中间层"再建：J中心的生成及发展 / 119

老人；（9）中心团队慰问 S 市救济站孩子；（10）中心团队到 S 市平安镇小学举办捐资助学活动；（11）中心 B 主任带领中心团队看望 J 市敬老院老人。

基于中心的公益性质、为息访维稳工作做出的贡献及其社会公益活动的开展，各级组织部门授予了中心诸多荣誉称号，中心也得到了诸多媒体的采访、报道，见表 3 - 2。

表 3 - 2　　　　　　中心所获荣誉及相关报道

时间	授奖单位/报道媒体	荣誉称号/报道标题
2012 年 5 月	D 省律师协会	D 省党外知识分子"同心献智"行动"同心"律师服务团队
2012 年 6 月	中共 D 省委统战部、D 省司法厅	D 省"同心·律师服务团"法律服务活动优秀团队
2013 年 1 月	J 市司法局	2012 年度全市司法行政系统法律服务先进单位
2013 年 5 月	中共 J 市委、J 市人民政府	全市依法维护社会稳定先进集体
2014 年 5 月	D 省文明办、D 省志愿者协会、D 省志愿服务发展基金会	第三届 D 省优秀志愿服务组织标兵
2011 年 5 月	新文化报	《J 市成立信访法律服务中心，无偿为涉法涉诉上访者提供法律服务》
2011 年 5 月	人民网	国内首个信访法律事务服务中心在 J 市成立
2012 年 10 月	北方网	为上访人义务服务
2015 年 5 月	中央电视台法治在线	正义的力量：破解信访难题
2015 年 11 月	中国青年报	"骨头案""钉子案"如何被有效化解
2015 年 11 月	人民网	J 市：律师"一站到底"服务信访人
2015 年 11 月	人民网	建设平台机构形成工作机制：D 省律师参与化解信访案件成效显著
2016 年 4 月	人民日报	律师来了上访少了
2016 年 11 月	中国文明网	J 市信访法律事务服务中心："法护正义情暖人心"法律援助志愿服务项目

第三节　中心发展轨迹梳理

任何组织当下的状态都是一个有限时空范围内的呈现,任何割断了组织发展历史,仅谈眼下的论调都将面临偏离组织实质与核心的风险。组织完整的发展轨迹为我们呈现的是其历时态的生长史,沿着这条轨迹,我们能够追溯组织成立的种子是如何孕育的,扎根在何种养分的土壤里,厘清组织的性质特点和运作逻辑,并有助于为我们预测组织未来的发展走向延伸想象。

一　组织领袖 B 主任其人与成立中心的构想（2011 年前）

转型期中国社会组织,特别是体制外的社会组织具有自下而上的生成路向,这不同于单位时期单位组织的自上而下建构逻辑。自下而上的生成方向,一方面使得组织原生且扎根于社会性之中;另一方面组织领袖其人对组织的运行起到至关重要的作用。崔月琴等认为,"领袖确立了组织的行为模式与使命,是组织成立的先驱、发展的奠基人和运行的掌舵者……对于草根组织来说,其最初的发起者或推动者总是具有一定特质的人,他或者具备一定的资源和人脉,或者具有某种知名度和影响力,或者具有突出的领导才能"[①]。这一点笔者也深以为意,但除此之外,我们需要格外注意的是,社会组织领袖的早年经历往往成为其人格发展和组织构建的"初始动力"。

J 市信访法律事务服务中心虽然是在 2011 年正式成立的,但它的建立还必须向前追溯,这与中心创立人 B 主任的早年人生经历密切相关。B 主任于 1955 年出生,反右斗争年代中,作为小学老师的父亲被下放到农村,因此 B 主任在农村长大,1974 年被招工进入煤矿,成为一位采煤工人。B 主任和法律结缘于 1981 年,当年 11 月,他的堂姐被与其生活了 19 年的丈夫杀害。由于杀人凶

---

① 崔月琴、袁泉、王嘉渊:《社会组织治理结构的转型——基于草根组织卡理斯玛现象的反思》,《学习与探索》2014 年第 7 期。

第三章 "中间层"再建：J中心的生成及发展 / 121

手在没有任何从轻处罚理由的情况下，法院按故意杀人罪判处杀人犯12年有期徒刑，B主任整个家族几十口人对此感到极为震惊和愤怒。B主任的堂姐一家都是"斗大的字识不了几升"的农民，不具有为生效的法律判决申诉的能力。当时的B主任也只懂得"杀人偿命，欠债还钱"的道理。为讨回公道，家中唯一的非农民——当矿工的B主任走上了长达4年边学法边告状的艰难历程。经过一系列的抗争，直至1984年，最终法院改判杀人犯为无期徒刑。在为堂姐申冤的过程中，B主任向有关部门寄出的挂号信达一千多封，4年为堂姐申冤的历程，使B主任深深地体验到了百姓告状难的困境，因而立志要成为一名为平民百姓仗义执言的律师。以此为动力和追求，B主任报考了法律专业。经过4年钻研，终于在1988年考取了律师资格证。从1988年到1997年B主任做专职律师的9年中，他一方面向律师界的前辈学习经验、锻炼能力；另一方面坚持常年义务为来访民众和当事人解答各种法律问题，并主动为打不起官司的农民和下岗工人提供法律援助。1997年春，B主任和一些志同道合的律师创办了利民律师事务所。在建所之初他们就制定了两个规定：一是不收来访民众的咨询费；二是以保护平民百姓的合法权益为办所宗旨。

2004年初，B主任无偿给68名艾滋病感染者提供法律援助，成为中心成立的最重要基点。1985年，D省某生物制品研究所与J市永祥县某卫生院联合设立了一个血站，向永祥县二海镇的农民采集血浆。采血时，因血站违规操作，致使十几个村屯的百余名农民感染上了艾滋病毒，并引发多人发病死亡。2003年6月，献血农民得知自己是被采血感染上艾滋病后，群情激愤，一起到J市、D省乃至中央的有关部门群体上访。当时省领导批示依法定程序通过诉讼途径解决此群访纠纷。当患病农民在J市Q区法院立案后，由于没钱请律师打官司，又举不出有力证据，致使案件无法在法律程序中推进，面对无助无望的局面，个别患病农民甚至放言将抽血上街扎人报复社会。得到消息后，B主任主动入户走访患病农民，并承诺义务代理此重大群访案件。B主任曾言："这是一群连告状需要举证都不知道的农民，在J市Q区人民法院看到他们同办案法官争吵的情景，我想起了当年自己两眼一抹黑维权的艰辛。当我在法院得知这些患病农民请不起律师时，我不顾家人的反对劝阻，毅然决定义务为他们维权代理。当时我的想法就是出于同情心，帮这些可怜的农民是我们律师应尽的社会职责。有了这样的想法，我才能无怨无悔地奔波在为他们义务维权的路上。"① 在一年多的代理过程中，B主任和利民律师事务所的律师同事不断劝阻上访者的极端行为，引导其依法维权，积极与各方沟通协调并给予受害农民义务专业代理。最终，这起历时近一年的农民集体上访案终于得到了妥善解决，患病农民每人获得赔偿款4万元并获得了医疗救助。以此义务代理工作的成功为起点，B主任及其律师事务所团队多次义务为百姓代理信访案件。

B主任的公益行为不仅表现在为上访人提供法律援助上，在其他社会领域，B主任也热衷于投身公益事业。例如在2009年5月，B主任个人捐资2万元，为石头路小学购买了7台电脑、10台复读机、4台点读机，建起了D省首个"农村留守儿童之家"。因在化解信访案件领域和社会公益服务领域贡献显著，B主任获得了较高的社会声望，在中心成立之前，B主任既已先后荣获了一系列社会荣誉，见表3-3。

表3-3　　　　　　B主任社会荣誉（中心成立前）

时间	授奖单位	荣誉称号
2003年	中共J市委、J市人民政府	J市劳动模范（中华人民共和国成立以来第一位律师劳模）
2004年	司法部	全国法律援助先进个人
2006年	J市人民政府	稳定和维护政府合法利益二等功
2007年	中华全国总工会、司法部、全国律协	全国维护职工权益杰出律师
2007年	中华全国总工会	全国五一劳动奖章

---

① 中心内部资料：《尊崇法律执业为民：努力做一名维护社会和谐的法律工作者》。

第三章 "中间层"再建：J 中心的生成及发展

续表

时间	授奖单位	荣誉称号
2009 年	D 省委、省政府	D 省特等劳动模范
2010 年	全国妇联	全国维护妇女儿童权益先进个人
2010 年	国务院	全国劳动模范
2010 年	省文明办	D 省第二届道德模范
2011 年	全国律师协会	全国优秀律师
2011 年	中央宣传部、中央文明办、总政治部、全国总工会、共青团中央、全国妇联	全国助人为乐道德模范（提名奖）

鉴于 B 主任的突出贡献，其 2003 年被推选为 D 省人大代表，成为律师界第一位省人大代表，并于 2011 年初开始担任 J 市律师协会会长。

正是在长期的公益代理中，B 主任逐渐发现通过律师参与可以有效化解社会矛盾，维护信访者合法权益，进而维护社会秩序。与此同时，B 主任也深切体会到律师个人参与社会矛盾化解的局限性。为改变此现象，B 主任萌生了成立具有社会公信力的民间组织参与化解信访案件的想法，他曾多次呼吁律师履行社会责任，主动参与化解社会矛盾，使得此公益事业常规化、制度化。

> 通过我早年为堂姐打官司的经历和这些年义务给信访人代理，我就觉得每一个信访人都有他们自己的一本血泪账，或者叫辛酸史。第一个我就觉得得有这么一个民间机构让他们把话说完，你现在缺少的是什么呢？你到被访部门去的时候，他本身就是一个矛盾对立的双方。我告你，让你来给我解决问题，咱俩本来就是一个控告和被控告的矛盾的尖锐对立的双方。现在我们信访制度的问题就在这。正常应该信访局组织双方，找一个第三方这么一个能够懂法评判的机构，来评判这个社会矛盾到底是什么情况，应该怎么解决。①

---

① 资料来源：2016 年 9 月 15 日在 J 市信访法律事务服务中心对 B 主任的访谈。

B主任当选省人大代表之后,基于自己长期化解矛盾纠纷的实践经验,从2009年起,他多次向省人大常委会提出建议:成立一个立场中立的"第三方"机构,参与化解涉法涉诉信访案件。正是在总结实践经验以及通过提案表达自己建议的过程中,B主任逐渐明确"第三方"应是一个兼具社会公信力、专业性、公益性的社会组织。在2011年2月召开的D省第十一届人大四次会议上,B主任所提出的"设立信访法律事务评估咨询服务中心"的建议,得到了十几位省人大代表的赞同。此建议也得到了省市各级党委和相关部门领导的认可与支持,为中心的成立奠定了基础。

　　总结而言,从B主任的早年经历及其应对行为中,我们可以发现,B主任其人的性格禀赋具有如下特点:其一,以理性挑战官方权威。在堂姐被杀案中,当时身为矿工的B主任敢于质疑法院的公正性,并且"边学法边告状",并没有采取极端激进的方式,而是明晰只有通过制度化的法律渠道才能真正伸张正义。其二,勤奋、克难。在堂姐被杀案之前,B主任仅是一个不懂法的矿工,但在为堂姐被杀案上访的过程中,他自学法律,在没有任何知识背景的情况下,通过数年勤奋刻苦的付出,通过了司法考试。并且在成为律师之后,通过脚踏实地的努力,成为律师界的佼佼者。其三,心有大我、心系百姓。B主任在"私事"得到妥善之后,并未中断前行,而是基于自己的上访经历,开始关照更多面临同样困难的百姓,公益地为弱势百姓代理上访案件,并关照留守儿童生活,个人出资援建留守儿童之家,展开了一个"活私开公"的过程。其四,具有创业思想、创业能力和号召力。B主任聚合起志同道合的律师开办了利民律师事务所,并赋予了其不收来访民众的咨询费、公益为其代理上访案件的特殊宗旨,并且大力号召社会律师均投身到这个事业当中,并构想成立一个立场中立的"第三方"机构,参与化解信访案件,这一点也是B主任坚守初心的体现。B主任以上的性格禀赋对中心成立和发展而言至关重要,B主任的性格禀赋成为其在中心树立"卡里斯玛"权威的关键要素,对组织的治理结构和运作发展产生了重要的影响。

二 中心诞生与化解效果初现（2011 至 2013 年）

2011 年初，作为对 B 主任人大代表提案的回应，D 省委政法委提出了"借助律师等社会第三方力量参与化解涉法涉诉信访案件，努力探索息访促成和工作的新路子"的工作要求。J 市司法局按照省委政法委的工作部署，号召广大律师发挥专业优势，积极参与涉法涉诉信访案件的代理和化解工作。基于此要求，B 主任在《关于成立"信访法律事务评估咨询服务中心"协助党和政府从源头上化解信访问题的建议》中正式提出，"要从源头上化解人民信访问题，关键是要设立一个具有社会公信力和上访民众认可信服的信访法律问题评估服务机构"，即信访法律事务评估咨询服务中心，通过该中心为上访人提供无偿法律服务，发挥法律工作者在处理信访中的作用，帮助上访人依法解决信访案件。2011 年 3 月 18 日，J 市政法委向 J 市委提交《关于成立"J 市信访法律事务咨询服务中心"的报告》，报告对中心的性质、人员配备、案件受理范围、经费、工作机制、成立时间等做了明确说明，此报告获市委领导讨论通过。2011 年 4 月 19 日，中心正式在民政部登记注册，并举行成立挂牌仪式开始运行。在成立的第一年里，中心的工作便收到了良好的社会效益，化解成果初现：中心共受理各类案件 142 件，同上访人签订息访协议 34 件，息访代理协议 7 件，其中劝阻 20 余人次进京上访，协助政府部门做了大量稳控工作。办理市委政法委、市人大等机关转办上访案 10 件，协助党委和政府办理群体访和长期缠访案件 5 件。先后向法院等部门发协调函 13 件，向检察机关转送并建议抗诉 6 件。2011 年 7 月 29 日，在省委政法委组织各市、州政法书记、省、市法院和司法行政管理机关领导参加的"J 市信访法律事务服务中心建设现场会"上，省委政法委领导要求各市、州都要按 J 市模式建立信访法律事务服务中心。此后，J 市司法局在《政法动态》《专报信息》上刊登了中心业务开展模式介绍。在中华全国律师协会第八届理事会成员座谈会上，中共中央政治局常委、中央政法委书记对 J 市建立信访法律事务服务中心的做法给予了充分肯定。

随着中心工作的进一步开展，其组织模式和工作方法受到了有关部门及领导的肯定，国家、省、市相关领导分别来到中心调研。2012年7月12日，省委政法委下发文件《J市成立信访法律服务中心有效化解涉法涉诉信访问题》，要求"认真总结宣传J市信访法律服务中心的做法，在全省试行推广。充分发挥民间组织的作用，把'第三方'介入作为解决涉法涉诉信访案件的重要举措。"并且，D省政府办公厅将成立J市信访法律事务服务中心的做法上报国务院办公厅。

三 快速发展与模式推广（2013—2015年）

中心以社会组织的身份介入信访案件，将"缠访""闹访""越级访"等行为导向依法维权的工作模式卓有成效，释放出巨大能量，得到中央与地方的一致认可。中央和地方的相关部门领导相继带队前往中心实地调研，并一致认同：中心以第三方介入信访案件的经验是化解当前社会矛盾纠纷的有效模式，应予以大力支持并向各地推广。

在地方层面，2013年2月，J市公安局与中心联合制定了《关于律师参与化解涉法涉诉信访案件的实施办法》。同年4月，J市中级人民法院与中心联合制定了《关于共同化解涉诉信访案件的实施办法》。2014年，J市政法委、中级人民法院、检察院、公安局、司法局联合出台《关于保障和维护律师执业权利的指导意见》《关于律师参与化解涉法涉诉信访案件工作的指导意见》，要求"各市（州）加快建立完善涉法涉诉信访法律中心建设工作。年底前，各市（州）要全部建立法律服务中心"。

在中央层面，中央政法委及相关部门以中心的模式实践为蓝本，制定了一系列的相关文件，力图吸纳广大律师参与化解信访案件。2013年12月，中央办公厅、国务院办公厅印发《关于依法处理涉法涉诉问题的意见》。2014年7月，中央政法委配套制定《关于建立涉法涉诉信访事项导入法律程序工作机制的意见》《关于建立涉法涉诉信访执法错误纠正和瑕疵补正机制的指导意见》《关于健全涉法涉诉信访依法终结制度的意见》三个文件，旨在解决三个最突出的难题，即入口不顺，法律程序空转和出口不畅。文件提出，"要主动邀请相关领域专家人员参加，为当事人提供专业咨询和服务，引入律师、心理咨询师、专家学者等参与化解工作，通过购买服务、严格管理、奖惩激励等手段，建立规范、可持续的第三方参与化解机制"。2015年6月，中央政法委下发了《关于建立律师参与化解和代理涉法涉诉信访案件制度的意见（试行）》的通知，对建立律师参与化解和代理涉法涉诉信访案件制度的意义、任务、原则、运行模式、工作方法、管理保障和组织领导提出了指导性意见。通知要求，各级政法机关要结合实际，制定律师参与化解和代理涉法涉诉信访案件的具体办法，力争2015年底前，以地市为重点全面推开实施……逐步形成以律师等法律服务人员为主、社会力量共同参与的多元化解工作格局。至此，以律师群体为第三方介入化解信访案件的模式，正式经中央向全国予以推广。J市信访法律事务服务中心也被树立为律师群体为第三方介入化解信访案件的典型，全国各级相关单位到中心开展交流考察活动。以2016年1—3月为例，中心共接待外省市考察团来访5次，见表3-4。

表3-4　中心接待外省市考察团情况（2016年1—3月）

来访时间	来访单位
2016年1月12日	安徽省淮北市司法局
2016年2月23日	贵州省贵阳市委政法委
2016年3月3日	黑龙江省鸡西市司法行政系统
2016年3月8日	黑龙江省佳木斯市委政法委
2016年3月17日	河南省三门峡市检察院

伴随典型的树立，中心也在这个发展阶段从地方层面上升到国家层面，获得了更宽广的发展空间。

四　"中心—分中心"结构搭建（2015年至今）

伴随中心工作的深入，J市以此为堡垒，建构起社会矛盾化解的二级结构。所谓二级结构，即由J市党委、政府布局，司法局具体操作，打造的"市级中心—县（市）区分中心"社会矛盾化解结构。2015年起，全市9个县（市）区相继成立了信访法律事务分中心，其主要工作是：接待由政府信访部门转交办理和上访人自诉的，容易形成冲突对抗和群体信访等严重危害社会稳定的涉法涉诉信访案件，集中本区域内法律资源，将案件协调化解或引入司法程序；集中受理本地区法律服务站上报的基层难以化解的涉法涉诉上访案件；对需要协调区域外资源进行调处的案件按照案件处理机制转交由市中心办理。各县（市）区在成立信访法律事务服务分中心的过程中，结合本地发展和司法行政工作实际情况，采取了不同的运作模式：

一是独立运行的工作模式。如 H 市（J 市下辖的县级市）参照市信访法律事务服务中心的工作模式成立信访法律事务服务分中心。分中心由 H 市司法局筹建，司法局在市委老干部局一楼为分中心落实了 75 平方米两室办公用房，一间作为接待咨询室，一间作为听证室。以政府购买法律服务的形式给予经费保障（2015 年政府落实 53 万元专项经费用于分中心办公房屋维修、装备购置、两名接待人员工资、参与分中心工作的律师和法律服务工作者劳务费等），指派 H 市法律援助中心公务人员和社会执业律师共 13 人进驻分中心开展工作。H 市司法局建立分中心的领导机制、章程、工作规则和关于开展对违法上访人员进行法治教育的实施办法等四项机制，规范分中心工作制度、工作程序。

二是依托法律援助中心的工作模式。多数县（市）区依托法律援助中心成立信访法律事务服务分中心，实行一套人马，两块牌子的工作模式。如 L 区依托法律援助中心成立信访法律事务服务分中心，在法律援助中心的办公楼内为分中心设立了一间办公室。在组织人员结构上，分中心主任由区司法局副局长担任，副主任由区法律援助中心主任和尊路律师事务所主任担任，成员为尊路律师事务所律师和法律援助中心律师。由法律援助中心律师牵头结合社会律师负责对本区社会矛盾问题进行调处。

三是依托法律服务所的工作模式。如在 J 市的 Q 区，全区范围内没有律师事务所，也没有一个执业律师。为了落实 J 市政法委、中级人民法院、检察院、公安局、司法局联合出台的《关于保障和维护律师执业权利的指导意见》《关于律师参与化解涉法涉诉信访案件工作的指导意见》中所提出的，各市（州）要全部建立法律服务中心的要求。Q 区利用现有法律服务资源,由区司法局与基层法律服务所展开合作,在条件成熟、地理位置优越的法律服务所成立信访法律事务服务分中心。分中心主任由 Q 区司法局副局长担任,副主任由 Q 区法律援助中心主任担任,成员由 Q 区法律服务所的一位法律工作者、一名 Q 区法律援助中心科员组成。鉴于 Q 区法律服务人员的短缺实际,B 主任所在的利民律师事务所增派了 4 名执业律师作为志愿者,定期到分中心协助工作。司法局为分中心制定了《J 市信访法律事务服务中心 Q 区分中心工作规则》《办公制度》《咨询接待制度》《收案制度》《诉讼代理制度》《例会制度》,在制度规范上对分中心的运行实行监管。

目前,J 市设立市级信访法律事务服务中心 1 个,工作人员 14 人;县(区)级信访法律事务服务分中心 9 个,工作人员 84 名(由司法局领导、法律援助中心成员、社会执业律师和法律服务工作者组成)。

第四节 地方性变量:个案展开的"典型单位城市"

林南认为,"转型指的是社会中各种制度的地位与作用的各自变化与重新组合,在这个过程中,'地方性变量'将对社会内部制度因素的结构性变化产生重要影响,即在理论上或整体层面上被接受的一般原则,在实践落实中却往往被地方特质所改造,形成千差万别的地方性景观。这种地方性景观是体制改革与传统文化、制度模式相冲撞的产物,而反过来会成为制约改革和传统模式的要素。"[①] 在较早提出"地域社会"概念的日本,学者长谷川昭彦认为,地域社会是"接触交流贯穿于生活全领域的、在一定范围的地域内人们相互作用的社会体系"。"归属意识"对地域社会的形

---

① 沈扬、汲喆:《转型理论的地方性景观——林南教授谈东亚与中国现代化》,《复旦学报》1995 年第 6 期。

成产生巨大作用。①

如果将"地域社会"的概念移植到中国本土,东北老工业基地便是最具地域特色的代表之一。东北地区作为新中国成立后最早建立起来的大规模工业基地,为中国工业化进程的启动和推进做出了不可磨灭的贡献。东北地区成为中华人民共和国成立后重点构建的工业化基地,是由多维因素促成的,一是东北具有丰富的自然资源及较好的工业发展基础,20世纪30年代,东北地区已初步形成以煤炭、机械、化学为主的重工业生产体系和较为密集的铁路网络,此构成东北地域的资源优势。二是在本国资源和技术落后的局面下,东北毗邻苏联,易于获得"外部推动力",苏联的全面援助在东北地区集中展开,此构成东北地理区位优势。三是国家在军事国防上的特殊需要和借鉴苏联模式,优先发展重工业,走赶超发展战略,此构成东北政策环境优势。在多维因素的共同推动下,东北地区获得了国家资源大量密集的投入,特别是"一五"计划期间,国家156个重点建设项目中有54项落户东北,东北的地域发展走上高峰,在国家经济体系中稳坐头把交椅。

在国有企业遍地开花且超大型国企集聚的东北,其地域社会的一系列特色正是依靠"单位制"串联起来的。田毅鹏通过对具有"地方性"的东北地区单位制起源和形成的研究,提出"典型单位制"的概念,并指出,"从单位制起源及在全国建立、推进的过程看,其演进轨迹不是'同步'的。由于东北在解放战争中率先解放,因而其得以在全国范围内最早借鉴根据地模式构建单位制。遂使得中华人民共和国成立后,在单位制度的创制进程中,东北地区捷足先登,扮演了关键的'典型示范'角色。"② 在新中国成立的起点上,东北地区肩负着集中物质资源实现重工业化、集中社会资源实现再组织化的重任,成为单位制构建的最重要地域。以政治性、行政性、社会性、文化性高度统一为重要特征,东北地区被

---

① 郑南:《东北草根组织的发展与地域社会建设——以日本"新公共性理论"为参照》,《学习与探索》2015年第9期。
② 田毅鹏:《"典型单位制"的起源和形成》,《吉林大学社会科学学报》2007年第4期。

"单位制"形塑为一种总体性社会。田毅鹏进一步归纳出东北老工业基地"典型单位制"的重要特点:(1)生成了"单位社区化"形态,单位与社会在城市空间内高度重合,为"单位办社会"格局的形成提供了地理空间的保证。(2)东北地区拥有典型的超大型国有企业,工业社区广大,社会服务体系健全,单位成员在相对封闭和排他的空间内展开互动,形成了浓郁的单位惯习。(3)超强的社会整合力将几乎所有的社会成员吸纳进单位体系之中,并形成了单位家族化的特点。(4)典型单位扮演了行政区的角色,其对社会资源具有垄断性,单位是单位成员进行资源分配的直接组织。① 在全国范围内普遍展开的单位化格局中,东北地区作为单位制起源的先驱基地,将单位制的结构特点和组织特点进一步放大,具有显著的"典型性"。被"典型单位制"全面包裹,是东北老工业基地在计划时期成为中国最为重要的工业基地的政治基础、经济基础、社会基础和文化基础。

在单位制走向消解的过程中,J市作为东北的重要工业城市,面临全面的、综合的、复杂的社会结构转换。单位制度惯性,牢固的单位意识形态,社会成员的单位生活惯习均成为J市由计划经济转向市场经济,由整体性社会走向系统分化性社会进程的制约。伴随单位制变迁而来的,诸如传统公共性的萎缩,社会原子化的动向,社会治理格局中的社会元素空心化现象等社会风险也较其他一般性单位制覆盖的地区更为显著。

特别是在这般社会背景下生成的社会矛盾更具有前文所描述的后单位社会矛盾特征,其化解工作面临复杂的局面。作为典型单位城市,J市所面临的单位制消解而来的社会组织结构全面重建的工程十分巨大,第一,单位变迁的过程将几乎所有城市成员及他们的利益拉扯进来,受单位变迁影响的社会群体数量庞大,比例巨大,在社会变迁进程中因为利益争夺而引发的社会矛盾问题具有普遍性。第二,以J市为代表的典型单位制城市中拥有一个或几个超大

---

① 田毅鹏:《"典型单位制"的起源和形成》,《吉林大学社会科学学报》2007年第4期。

型的国有企业,将几乎全面社会成员吸纳其中,整个城市几乎在超大型国有企业的基础上构建起来的,一方面,规模较大的国企制度惯性显著,改制进程极其烦琐和复杂,涉及的资源利益十分庞大,利益关系同样极为复杂,引发利益矛盾的可能性较高。另一方面,共同的单位生活塑造了一种集体认同感和利益一致性,而单位制变迁最显著的特点就是在发展主义的意识下,趋利主义抬头,平均与一致的关系被打破,社会分化程度急速增加,在从"均等性"向"差异性"的转换过程中,利益损失者对利益获得者产生了不满(无论这种分化是否建立在公平分配的基础上)。利益损失者对利益的诉求成为了后单位社会矛盾的重要来源。第三,在相对剥夺感之外,单位制变迁也造成了实然性的"绝对剥夺"。大量曾经分布在国有企业当中的社会成员在单位改制的过程中被挤出单位体系,直接成为城市底层群体,在民生问题无法得到保障之时,激烈的矛盾和冲突便具有衍生的条件和空间。第四,受到典型单位制覆盖影响的不仅仅是东北的城市地域,广大的农村地区以及城乡关系也深受典型单位制的形塑,具体表现为,农村地区的公社化更具规模、更为彻底,农村的单位化现象更为显著,城乡二元分割的界限更为深重,城乡之间的流动更为阻滞,彼此间的区隔更为明显。因此,在走向城乡一体化的进程中,东北地区所面临的制约性因素更加复杂,城乡矛盾更加突出。

综上所述,J市作为东北老工业基地的典型单位制城市,在单位制变迁过程中面临具有总体性、全局性、系统性和复杂性等特点的社会结构转型,此种转换亟须全面突破传统体制和结构,但又面临复杂因素的制约,因此更加易于引发多种形式的社会矛盾问题,并深化矛盾的强度和烈度,同时加剧矛盾化解的难度。J市信访法律事务服务中心处于此环境中,其化解社会矛盾的实践也必然受到地域性因素的深度影响。

第四章 中心化解上访案例及其"社会性治理技术"分析

"过程—事件分析"方法论酝酿生成于20世纪90年代末,孙立平认为,从方法论上讲,静态的结构分析或制度分析存在"结构不可见性"的弊端,过程因素的加入超出了因果关系的静态情境视野。展开"过程—事件分析"的必要性在于它"能够理解效能的,并不是组织结构的特征,而是过程本身,是作为相对独立的解释变项的过程因素"[①]。此种方法论试图将研究对象转化为一种故事文本,通过对故事文本的描述和分析,凸显社会事实的动态性和流动性,从人们的社会行动所形成的事件与过程之中去把握现实的社会结构与社会过程。[②] 信访案例本身具有极强的故事性,并且不同的故事文本都有其独特的发展脉络。对中心化解上访案例进行"过程—事件"考察,是突破理论桎梏回归事件本然的必要工作。本章对中心参与化解的四个案例进行"过程—事件"考察,并不是试图对社会矛盾本身加以深描,而是力图达到以下目的:第一,动态呈现社会矛盾的展开过程,探究矛盾样态的深层机理;第二,以信访人行为为基点,分析上访策略,具象化上访人的"弱者武器";第三,通过中心化解社会矛盾的过程叙事,归纳和提炼中心化解社会矛盾中的"社会性治理技术",并讨论其得失。

---

① 孙立平:《"过程—事件分析"与对当代中国农村社会生活的洞察》,载王汉生、杨善华:《农村基层政权运行》,中国社会科学出版社2001年版,第19页。
② 谢立中:《结构—制度分析,还是过程—事件分析?——从多元话语分析的视角看》,《中国农业大学学报》2007年第4期。

第一节 中心化解上访案例过程叙事

这一小节所叙述的四个上访案例均由两个部分组成,一是上访案件案情和上访过程叙事,二是中心化解上访案件的过程叙事。为了简练和清楚地归纳并展示案例情况,首先列出一个表格4-1,将四个案例中的较为重要的要素填充进去,其后再分别对各个案例做细致描述。

表4-1　　　　　　　　　四个案例的基本情况①

案例	上访内容	上访人规模	上访人阶层	政府角色	组织化程度
1	医疗福利	夫妻、大女儿	退休,低	协调者、被访者	无
2	转业安置	夫妻	下岗,低	协调者、被访者	无
3	企业住房	20户职工	下岗,低	协调者、对立者	低
4	死亡赔偿	死者家属	农民工,低	协调者	无

一 案例1:L矿务局员工的医疗福利纷争

王桂芬原为L矿务局机电总厂工人,其丈夫汪玉林在L矿务局西安矿煤质科当工人时,于1994年1月10日因工负伤,后被诊断为"第二腰椎压缩性骨折,脑外伤综合征",鉴定为四级伤残。汪玉林起初在L矿务局医院医治,但随着单位效益的下滑,医疗福利也发生收缩,1998年12月后,按照原L矿务局【1998】202号文件规定,汪玉林与其他同类工伤,应全部到M分院住院治疗,并禁止工伤职工随意转院、随意开药、随意报销。但王桂芬认为M分院医疗条件较差,无法与原先的L矿务局医院相比,故坚持带其丈夫到外地更好的医院进行治疗,并要求L矿务局为其报销医疗费、交通费等一系列开销。因为其转院后的医疗费用不合乎L矿务局的制度要求,故其不合理的报销申请并未得到L矿务局支

---

① 由于涉及学术伦理问题,本书列举的上访案例所涉及的人名均为化名。

持,王桂芬遂自1999年初开始进省、进京上访。

经查阅有关卷宗,发现王桂芬自1999年2月8日起,到各部门持续上访15年,其中上访地点遍及L矿务局、市委、市政府、省纪委、国家煤炭局、最高检察院、天安门广场,其上访方式也是颇为激进,甚至包括组织J市多名上访人赴京群访、闯人民大会堂东门警戒线、闯总理驻地、拦截总理车队、在天安门广场将百余份上访材料撒向空中等极端行为。

2013年初,王桂芬因病无力继续上访,其大女儿汪玲花又继续上访。在上访期间,王桂芬及其亲属诉求不断变化、增加,从原来单纯报销医药费增加到后期多项诉求。笔者通过翻阅档案卷宗,将其上访诉求的变化归纳如下表,见表4-2。

表4-2　　　　案例一上访诉求递增式变化

时间	上访内容与诉求	备注
1999.2.8	1. L矿务局无法医治汪玉林的病,要求去外地治疗。2. 要求支付汪玉林治病期间护理费、伙食补助费。3. 要求每月发放300元护理费。4. 要求报销去外地治病的电话费、复印费、按摩费、买药费等近1.5万元。	王桂芬到L矿务局上访的初始诉求。
2000年初	1. M分院大剂量用药,导致病情恶化。2. M分院修改病例,将伤残定级定轻。3. L矿务局公安处对王桂芬的非法拘留吓坏小女儿。	经D省煤炭工业局、D省委、政府调查,反映情况与事实不符,不能处理。
2001	1. 原L矿务局局长在分矿破产问题上违纪,骗取1998、1999年安全奖金。2. 原L矿务局局长隐瞒L矿爆炸事故真相。3. 干部调整过程中,L矿务局局长任命程序不正常、不合理。	将矛盾的矛头指向L矿务局局长。经相关部门查证,系捏造。
2005	反映非法拘留、劳动教养问题	经查,2001年J公安局东山分局对其刑事拘留、2002年和2003年J市劳教委对其劳动教养100余日的决定均符合法律规定。

续表

时间	上访内容与诉求	备注
2012.12	1. 王桂芬的工伤待遇问题。2. 王桂芬的医疗费报销问题。3. 王桂芬的今后护理问题。4. 小女儿的学费生活费问题。5. 小女儿与父母为仇问题。6. 回迁房问题。7. 王桂芬和小女儿的身心伤害赔偿问题。8. 汪玉林医疗费用问题。	
2013.1	要求政府解决家庭困难所需费用149.6万元。	
2013.3	要求政府解决家庭困难所需费用193万元。	正值全国"两会"期间，扬言不及时解决还要涨价。
2013.5.2	1. 赔偿王桂芬小女儿精神损失费100万元。2. 赔偿王桂芬身体残疾及精神损失费500万元。3. 赔偿汪玉林身体残疾及精神损失费100万元。共计700万元。	被政府认定为没有事实依据，也没有法律依据，属讹诈。

注：表格内容参见J市信访法律服务中心内部卷宗2013第19号；中共D省委D省人民政府信访办公室《关于王桂芬上访问题的答复意见》。

在王桂芬多年持续上访的压力下，J市政府在中央已经被警告过多次。地方政府虽然认定其上访性质为无理上访，但迫于维稳压力，也采取了各种救助手段试图消弭其上访行为，包括：（1）政策救助。包括发放低保金10余年，在棚户区改造时为其提供两处楼房，并出资为其修缮平房房屋。（2）现金救助。地方政府部门多次向王桂芬发放救济金。（3）物质救助。逢年过节，提供送米、面、油，特殊节日为其购买水果、为其外孙购买婴儿用品。（4）助学救助。减免其两个女儿的部分学费、杂费、住宿费。2013年J市领导两次接见了王桂芬和汪玲花，承诺救助其15万元，但因没有满足其193万元的诉求，而被拒绝接受。

这起历经了15年之久的以"单位医疗制度改革"为矛盾起点引发的信访案，在发展过程中矛盾诉求、矛盾主体、矛盾走向均越发复杂，矛盾化解一度陷入僵局。在此问题的破解工作中，J市信

第四章 中心化解上访案例及其"社会性治理技术"分析 / 137

访法律事务服务中心扮演了重要的角色。2013年6月25日，J市委政法委书面向省委政法委递交《关于指派J市信访法律事务服务中心代理王桂芬信访案的请示》，指出："此案是我省、我市的一个重大不稳定因素，虽然政府提出多种解决意见，但对方拒不接受，并提出巨额赔偿，为保护信访人合法权益，实现息诉罢访，请示指派中心协助化解该社会矛盾。"同日D省委政法委签批："请信访法律事务服务中心客观实事求是地处理，做出结论，以求达到息诉罢访的目的。"并向中心发送了转办函（因转办函内容涉及上访单位、上访人真实信息，为维护学术伦理，故无法体现在本书中）。接到转办函后，中心立刻组成以B主任、Z副主任为首的专家办案组，并迅速介入案件展开调查、取证、与有关机关部门沟通协调等息访工作。为准确掌握案件基本情况，办案组分别于2013年7月25日、9月25日到王桂芬家中与汪玲花及其亲友共进行了近8个小时的谈话，并接收了汪玲花提供的案件相关材料。临别时，B主任以个人名义向王桂芬资助了1000元钱。同年8月1日上午，中心全体成员又与汪玲花的亲属李守权进行了交谈，详细听取了其主张的信访诉求。在此期间，J市信访局的代表4次到中心介绍案件起因、过程和相关部门的处理情况等，并提供了全案卷宗材料，中心对案件有了更为全面的认识和了解。

通过前期息访工作的推进，中心认为，此案历时过长，情况复杂，在化解工作中必须坚持法治思维和法治方式，应充分向上访人释法明理，详细解答其诉求得不到法律支持的理由和依据，以及违法上访可能引发的法律后果及应承担的相关责任。随着办案进程的深入，中心工作人员了解到某大学Q教授曾于2011年3月到J市实地调查了解此案，并多次与涉事各部门会谈。2013年8月6日，B主任专程到Q教授处沟通此案，二人充分交流了对此案的观点和意见。最后，B主任希望Q教授能继续参与此案的化解工作，Q教授欣然应允。之后，中心工作人员又多次走进上访人家中，对其诉求进行逐项解答，详细解释相关法律规定，耐心细致地做上访人的息访工作。针对上访人对汪玉林伤残鉴定结论不服的问题、对汪文才被强制送往福利院主张赔偿的问题、对王桂芬被劳动教养不服的问题等，中心工作人员均都依法、依规给予了充分回应。为充分维护上访人表达诉求的合法权益，以法治方式公平、公正、公开地彻底化解此案，中心计划于2013年10月17日下午在中心会议室组织召开听证会，并发布了听证公告，并刊登在J市晚报上。

J市信访法律事务服务中心
信访听证公告

  关于J市王某某信访案，省委政法委要求我中心"客观、实事求是的处理"。为公平、公正、公开地化解此案，我中心定于2013年10月17日13：00召开关于此案的听证会。

  现我中心诚挚邀请不具有公职身份的各级人大代表、政协委员、法律专家、常年上访老户等社会人士，以社会第三方的身份参加此次听证会，独立评析此案上访人和被访部门的诉求及主张是否合理、合法，并提出处理意见和建议。通过这种民间听证的方式，帮助上访人依法、理性维权，平息社会矛盾。

  对于有意愿参加此次听证会的上述人士，希望您于10月15日之前与我中心联系，并携带身份证到我中心登记。同时，我们也欢迎社会各界人士对此案共同监督和评判。

地址：J市司法大厦8楼
J市信访法律事务服务中心
2013年10月9日

  中心向J市信访局、J市公安局、J市劳动教养管理委员会、D省女子劳教所、J市卫生局、L矿业（集团）有限责任公司、L泵业有限责任公司、J市社会福利院、汪玉林、汪玲花、汪文才、李桂芹、李守国、李守权邮寄了"信访听证通知书"。但L矿业（集团）有限责任公司、J泵业有限责任公司以上级机关已经形成调查处理结论为由，未参加听证会。在2013年10月17日，中心会议室内召开了由省市人大代表、政协委员、各民主党派人士、法律专家、知名律师、老上访户代表等多方共同参加的信访听证会。上访人汪玲花偕同亲属、朋友等十余人参加了听证会（中心考虑到汪玲花家庭困难，资助其 4000 余元差旅费），中心邀请 Q 教授、S 教授及外市律师、记者等共 5 人作为此案的信访听证员。在各方代表及旁听人员共 60 余人参加的听证会上，上访人汪玲花等充分、详细、全面地陈述了上访的起因、经过及上访的具体诉求，听证团全体成员对其上访诉求也发表了各自的意见和建议。各方都认为，上访人应以合理合法的方式提出合理的诉求，并提出以中心为平台，一揽子化解此案的建议。汪玲花在听证会现场也表示："我和我母亲（王桂芬）的诉求是不同的，我只是想我们一家人今后如何能更好地生活，因此我们希望政府能给我们一些生活补偿。"J 市信访局等有关部门代表也向中心表达了愿意从政府救助的角度给予上访人生活补助，但数额一定要在合理的范围内。基于双方和解的可能性，中心于听证会结束后又数十次与涉事各方展开沟通，并表达了此案以息访救助形式化解的建议。中心在 2013 年 12 月向王桂芬等上访人发放了《J 市信访法律事务服务中心信访权利义务告知书》，充分向其解释了其上访事项的法律依据和处理意见，并在告知书后附上了相关的法律法规节选，以专业的法理性回应了上访者诉求。

J 市信访法律事务服务中心
信访权利义务告知书[①]

J 信法服告字（2013）第 2 号

信访人汪玲花及其有关亲属：

  J 市信访法律事务服务中心（以下简称"中心"）是由律师和法律专业人员组成，经 J 市民政机关依法登记成立的全国首家专为信访人提供义务法律服务的非营利性社会组织。

  为维护你们的合法权益，针对你们在听证会上提出的四点信访诉求，综合各方向我中心提交的相关证据并参考信访听证员对此案

---

① J 市信访法律服务中心内部卷宗 2015 第 26 号。

的意见和建议，经我中心全体律师及法律专家集体研究，现特向你们今后如何维权进行如下权利义务的告知：

1. 关于对汪玉林伤残鉴定结论不服的问题

2001年7月和2006年7月，D省劳动能力鉴定委员会两次对汪玉林的工伤鉴定为四级伤残，根据《工伤保险条例》第二十六条之规定："省、自治区、直辖市劳动能力鉴定委员会做出的劳动能力鉴定结论为最终结论。"D省劳动能力鉴定委员会对汪玉林的工伤鉴定结论为最终结论，况且汪玉林自1994年因公致残后一直享受工伤待遇，退休后，汪玉林一直享受公费医疗待遇。因此，此问题已经依法处理完毕，你们不应以此再上访，应依法息访。

2. 关于对汪文才被强制送往福利院主张赔偿的问题

第一，J市西安区法院分别以（2008）J西民一初字216号和（2008）J西民一初字217号民事判决书判决原L矿务局机电总厂赔偿汪文才和王桂芬精神抚慰金共计20万元，王桂芬已经领取了此20万元精神抚慰金。

第二，因王桂芬携当年5岁的汪文才违法信访被公安机关采取强制措施，此时汪玉林因工伤患有精神类疾病，因此，2001年12月31日，汪文才被原L矿务局机电总厂送到J市社会福利院代养，并一直承担每月400元的代养费。2002年，王桂芬已经得知汪文才在J市社会福利院，但拒不接回。

第三，2003年，原L矿务局机电总厂就汪文才监护权事宜向J市西安区法院提起民事诉讼，西安区法院以（2003）J西民一初字236号民事判决书判决王桂芬履行对汪文才的监护义务。判决生效后，王桂芬拒不执行法院的生效判决，拒绝将汪文才领回家承担抚养义务。

综上，此问题已经过诉讼法律程序处理，况且身为监护人的王桂芬没有履行监护职责，负有监护人责任。你们再以此上访主张赔偿无事实和法律依据，于情、于理、于法都不应得到任何支持。因此，针对此问题你们应彻底息访服判。

3. 关于对王桂芬被劳动教养期间遭受迫害的问题

王桂芬因违法信访分别于2002年11月1日和2004年6月11

日两次在 D 省女子劳教所被执行教养 100 余日。

如你们认为王桂芬在此期间遭受迫害涉及刑事犯罪问题，你们应根据《刑法》第二百四十八条："监狱、拘留所、看守所等监管机构的监管人员对被监管人进行殴打或者体罚虐待，情节严重的，处三年以下有期徒刑或者拘役……"和《刑事诉讼法》第十八条："……国家机关工作人员利用职权实施的非法拘禁、刑讯逼供、报复陷害、非法搜查的侵犯公民人身权利的犯罪以及侵犯公民民主权利的犯罪，由人民检察院立案侦查"，并依据《人民检察院刑事诉讼规则》第十五条："国家工作人员职务犯罪案件，由犯罪嫌疑人工作单位所在地的人民检察院管辖；如果由其他人民检察院管辖更为适宜的，可以由其他人民检察院管辖。"向 D 省女子劳教所所在地的检察机关控告。如检察机关不予立案，你们应依据《人民检察院刑事诉讼规则》第一百八十四条："人民检察院决定不予立案的，如果是被害人控告的，应当制作不立案通知书，写明案由和案件来源、决定不立案的原因和法律依据，由侦查部门在十五日以内送达控告人，同时告知本院控告检察部门。控告人如果不服，可以在收到不立案通知书后十日以内申请复议。对不立案的复议，由人民检察院控告检察部门受理……"，向控告检察部门申请复议。

如对检察机关的复议结论不服，你们应根据《各级人民代表大会常务委员会监督法》第五条："各级人民代表大会常务委员会对本级人民政府、人民法院和人民检察院的工作实施监督，促进依法行政、公正司法"及《D 省各级人民代表大会常务委员会监督司法机关办理案件的规定》第八条："各级人民代表大会常务委员会实施监督的案件来源：（一）公民、法人和其他组织申诉、控告的案件"之规定，提请 D 省人大常委会进行立案监督。

综上，此问题不属于信访程序解决范围，你们应依据上述规定维护你们的合法权益，并依法彻底息访。

4. 关于要求 J 市政府给予补偿的问题

根据相关证据显示，近些年来，J 市相关部门已经给予你们一系列救助。包括：低保救助（2002 年至 2011 年，27280 元）、特殊补助救助（2012 年至今，6720 元）、现金救助（仅 2012 年 9 月至 2013 年 4 月 17 日，14000 元）、对王伶俐、王文理助学救助（12550 元）、慰问金及物资救助等。听证会上，汪玲花提出了王桂芬、汪玉林护理费，汪文才治疗费、教育费，汪玲花辞去工作的损失费等，共计上百万元的补偿费用。我们认为，本案缺少要求补偿的具体事实、证据和法律依据，而生活困难补助是一种国家救济的方式，其数额有限。鉴于此，希望你们客观、实事求是地主张要求补助的数额。

综合上述问题，你们的诉求依照我国的法律、法规和国务院《信访条例》的规定，不属于信访程序解决的范围。因此，特书面告知你们以后不要因此再到各级党、政机关上访，并希望你们在今后维护自身合法权益的过程中，应遵守相关法律、法规（附后），不应用过激、违法的方式主张权利，否则将承担相应的行政或刑事责任。

最后，我中心会一如既往地为你们提供法律帮助、化解矛盾、多方协调有关部门实现生活补助诉求，同时我中心也希望你们能以更加理性、积极的心态面对本案的一系列矛盾纠纷，提出合理的生活补助标准，最终能重新回归社会，过上普通人的正常生活。

特此告知。

J 市信访法律事务服务中心
二〇一三年十二月

在接到《J 市信访法律事务服务中心信访权利义务告知书》后，汪玲花明确了其上访过程中的权利与义务，认识到哪些诉求是应当得到支持的，哪些诉求是无理的，至此，汪玲花已经在主观上开始接受中心的一系列矛盾解决建议。经多方协商沟通，2014 年 11 月 21 日，中心与汪玲花及其亲属签订了"附条件息访息诉救助协议"，主要内容有：（1）甲方承诺为乙方自行筹集息访息诉救助款人民币叁拾万元整（300000.00 元）。（2）自协议签订之日起，乙方保证不以任何理由、形式再向本信访案件所涉部门主张赔偿、救助等，保证不因本信访案件以任何案由向各级司法机关提出任何诉讼请求。(3) 自协议签订之日起，乙方承诺不再因本信访案件所涉全部纠纷到所在省、市、区及北京等相关部门上访。(4) 乙方就本协议的签订和实际从甲方处得到的息访息诉救助款等事宜负有保密义务，不得告知其他信访人或相关人员。(5) 如乙方不诚实守信，有违反本协议项下其自愿承诺（保证）行为之一的，乙方应自其违反本协议之日起十日内向甲方返还其已经从甲方处得到的息访息诉救助款及其利息（按人民银行同期贷款利率计算）。甲方有权依法追究乙方的违约责任。即刻生效。

该协议以中心给付上访人息访救助款后上访人彻底息诉罢访为核心，明确了协议各方的权利义务、违约责任等，并把上访人的亲属列为上访人履行协议的担保人，以增强协议效力。为确保协议的履行及强化协议的法律约束力，中心还请J市公证处在签约现场依法公证，对签订协议全过程进行录像。最终，在中心介入之后，这起历经15年，在全省乃至全国都有影响的重大信访案件得以化解。

二 案例2：J市监狱转业军人的体制身份纠葛

信访人李明伟，于1981年入伍，1986年转为志愿兵（三级专业军士），1998年被J市民政局安置办公室分配到J市监狱工作。在此期间，恰逢接收单位面临体制转轨，安置与接收环节未衔接好，致使军转政策未能得到实际落实，李明伟到J市监狱工作一事被搁置。对此，J市监狱做出了情况说明。

情况说明[①]

1998年9月，J市民政局安置办通知：分配到J市监狱3名复转军人，要求J市监狱派人去取人事档案，由于1998年我单位没有接受安置复转军人计划，也没有收到上级主管部门关于安排复转军人的指示和文件，并且，已经接到上级主管部门通知，即将进行监狱体制改革，实行监企分开，工干分离，所属企业职工都面临无工作岗位而下岗。因此，为了不影响分配来复转军人工作安置，J

[①] J市信访法律服务中心内部卷宗2013第19号。

市监狱到民政局说明情况，表明不能再接收复转军人，否则，接收后将面临下岗。但民政局坚持把李明伟等3人分配到监狱，要求监狱接收。在这种情况下，我们迫于无奈接收档案，同时，一再表明没有同意接收他们到我单位。之后J市监狱去民政局安置办退回3人档案，但安置办坚决不予接收。

迫于民政局的安置压力和李明伟等人的申诉，1999年6月J市监狱告知李明伟监狱机关已无安置岗位，可将其暂时安排到J市监狱的下属单位——锻压厂工作。李明伟考虑到编制问题，并未接受，但也与锻压厂签订了劳动合同，谋划采用"以退为进"的方式先保住锻压厂职工身份，再继续诉求监狱职工身份。此后，李明伟不断要求落实其军转安置工作，并未到任何单位上班。2003年3月17日，李明伟从锻压厂下岗，并在终止劳动合同上签字。劳动与社会保障部1998年8号文件《国有企业下岗职工再就业服务中心的有关规定》中规定："再就业服务中心建在企业，凡是有下岗职工的国有企业都必须建立再就业服务中心，下岗职工较少的可挂靠在企业劳资部门……再就业服务中心要切实做好中心下岗职工基本生活保障工作，衔接落实好下岗职工基本生活保障资金；要按月或季向再就业管理机构申报所需再就业资金。再就业工作机构要及时审核拨付。中心要管理好用好基本生活保障资金，确保按月足额发给下岗职工基本生活费，做好代缴养老、失业和医疗保险费工作。"因此，李明伟签订了《再就业协议通知书》，进入再就业中心。其间，李明伟不断要求J市监狱落实国有企业职工身份，2008年，李明伟作为锻压厂再就业服务中心人员，受让给嘉联机械公司接收安置，但李明伟并不承认此身份，依旧不断诉求国有企业职工身份，并且拒不去公司报到上班。2012年7月，李明伟在嘉联机械公司下岗。此后，李明伟便开始了激进的上访行为。

虽然该案已经过了省司法厅行政机关和监狱管理部门信访三级终结程序，但由于信访人诉求未得到支持，以及家庭面临的困境得不到实际解决，信访人情绪激烈，多次携带病妻和残疾儿子进京上访，并宣称制作了巨型条幅，准备了扩音器，召集战友穿着军装进

第四章　中心化解上访案例及其"社会性治理技术"分析 / 145

京上访等，准备以极端方式扩大社会影响。在进京上访的过程中，上访人多次被遣返，国家人力资源和社会保障部于 2014 年 3 月 5 日给李明伟下发了告知单，告知其向当地有关部门反映，司法部于 2014 年 3 月 6 日向 D 省监狱局下发来访事项转送单，要求当地监狱局按照《信访条例》处理。中央军委办公厅于 2014 年 12 月 15 日向李明伟下发告知书，称军转安置问题应按照《信访条例》属地管理的原则，向当地政府部门反映，如此，李明伟进京上访的诉求又被遣返回所在地，但因为属地的信访三级程序已经终结，故相关部门并未对其信访诉求予以回应。

在上访的过程中，李明伟的妻子周雅丽扮演了极为重要的角色，她原本是某学校的讲师，因其丈夫后期患抑郁症，思维和行为都受到了限制，为了解决其丈夫的转业安置问题，周雅丽辞掉讲师工作，走上了替夫上访之路。笔者在 2016 年 9 月，在信访中心见到了李明伟与周雅丽，并对其做了访谈，在言语间，周雅丽针对其夫遭遇和上访过程，表达了对单位、政府、国家的不满。

"我爱人为了转业这个事，得了抑郁症，还让车撞了一回，脑袋不怎么好使了。为啥我讲师的工作都不要了，我就是要证明你们政府部门错了，我必须把这个事正过来。我不要这条命了，我儿子是残疾人，二十多岁了什么都不懂，就靠我一个女人。我觉得未来没有希望了，我就是要决战到底了。我老公这样，我不能抛弃他，我儿子二级残疾，我为了这个家我必须负责到底。3 年以来，我走了国家各个部门，一级推一级，谁都不管。"①

历经 23 年的上访过程，上访者的诉求不断累积，达到近 300 万元，见表 4-3。

由于此矛盾持续多年，并未真正化解，2015 年 7 月 26 日，J 市信访局通过案件转办的形式给 J 市信访法律事务服务中心发来李明伟上访案的转办函，指明："根据市政府安排，将李明伟信访事项转交你中心帮助协调处理，请你中心安排专人进一步做信访人的

---

① 资料来源：2016 年 9 月 15 日在 J 市信访法律事务服务中心对上访人周女士的访谈。

工作，促其最终息访。"受理案件后，信访局分管领导亲自包案，中心全体业务人员共同参与。面对这起极其敏感的信访案件，中心认真研究应对策略，在以下四个方面开展了矛盾化解工作。

表 4-3　　　　　　　　案例 2 上访者所积累诉求

上访诉求	计算依据	金额
养老保险	补交 2015 年前社保费用	130000
	支付 2016 年至退休社保费用	100000
医保	政策规定 3600 元/年×30 年	108000
民政滞后 3.5 年安置，20 多年后补发工资	按照 2015 年职工平均工资计算：50000×3.5	175000
23 年上访费用		50000
信访救助		120000
补偿工资	1999.9 – 2015.12 按同工龄职工标准计算：455492 元 2016.1 – 2024.2 按同工龄职工标准计算：907169	1362661
住房公积金	工资总额 1362661×10%	136266
供热费	80 平方米×28 元/平方米×29 年	64950
1995—2016 年发生的医药费		100000
分配住房一套	100 平方米	500000
精神损害抚慰金		100000
总计：2946877 元		

一是认真研究法律和政策，慎重界定案件性质。该案是一起落实军转安置政策的案件，案件除依据国务院相关文件外，还需适用《中华人民共和国兵役法》《中国人民解放军士官退出现役安置暂行办法》《中华人民共和国劳动法》《中华人民共和国合同法》等法律进行处理。为此，中心进行了深入调查研究，查阅了大量相关法律和政策，并多次召开专题会议进行研究，形成了评析案件的意

见。在信访局召开的联席会议上,中心的意见得到涉事单位的重视和认同,为处理该案奠定了法律基础。

二是找准信访人对法律认识的误区,充分释法和宣扬法治,引导信访人回归理性。笔者注意到,在周雅丽提交的上访材料中,附着关于安置问题的几个相关文件,包括《退役士兵安置条例》《国务院关于进一步做好城镇退役士兵安置工作的通知》《退伍义务兵安置条例》《中国人民解放军志愿兵退出现役安置办法》等,并重点摘抄了与自身情况相匹配的具体法律条文,可见她对相关的法律进行过一番深入的研究,她自己也表示:

"我去上访,他们都不拿正眼看我,认为我一个家庭妇女我能懂什么法?就来了一群所谓的专家来跟我讲法,我都自己研究得透透的了,跟我讲法,好啊,我也跟你讲法,看谁能讲过谁!"①

在分析案件时,中心认为李明伟不能依法理性信访,主要在于其对相关法律和政策认知存在偏差,于是,中心多次约谈信访人,对相关法律逐一进行认真解释,讲明如何依法维权。经过近半年的接访,李明伟和周雅丽对相关法律有了一定认识,并表示将理性依法维权。

三是做深入细致的劝解工作,有的放矢地开展思想工作。李明伟从军15年,因转业后职业的转换,使他有一种失落感,再加上对工作岗位性质的误解,使他以非理性的心态抗拒涉事单位的化解工作,近年来,还因其妻病重、儿子残疾等,对家庭生活失去信心。受理案件后,中心主动和李明伟以交朋友的形式互动、沟通,帮助他分析面临的困难,并多次与涉事单位沟通为其解决实际困难,使李明伟逐渐恢复了自信心。李明伟的妻子如是说:

"这个时候我就听说J市最有名大律师就是B主任,我当时不知道他是这个中心的主任,我就听过这个名字。街道建议我说你去那个中心看看,我就抱着试试看的态度来了。第一次接待我们的是L律师,一看这个人就特别的厚道,非常认真地记录我这个事,话

---

① 资料来源:2016年9月15日在J市信访法律事务服务中心对上访人周女士的访谈。

也不多，我一说什么，他就紧着记，因为各个部门接待我们的时候都是打官腔。我当时就觉得这个事有希望。后来我又见到了中心的Z检察长，这个人真的是我这辈子最敬仰的人，最佩服的人，最爱戴的人。我觉得他就代表了中心的专业、德行、声望。之所以这个团队在J市老百姓当中这么受欢迎就因为有B主任和他领导下的这些工作人员。他们真是我们老百姓的大救星，是政府的恩人。就这个Z检，就好像他们求我们办事一样，拿我们当亲兄弟一样，非常非常尊重我们，Z检一直笑呵呵的，最后我给他送礼，说啥都不要，连我们一口水都没喝。"①

四是主动建立广泛工作联系，利用各方合力优势化解矛盾。在化解矛盾过程中，中心感到前段工作进展不顺利的原因，除各方对法律政策理解不一致外，还存在涉事单位不想单独承担责任的问题。在市信访局召开的联系会上，中心充分阐明目前做好军转安置工作的重要意义，以及化解社会矛盾是共同社会责任和共同政治任务的意见，并积极为信访局出谋划策，使相关单位达成了化解工作的共识。此后，市信访局一名领导亲自组织协调，各涉事单位均指派领导主抓，李明伟所在街道还安排一名干部长期跟案工作。2016年3月30日，在中心的协调下，在J市信访局接待大厅会议室召开了"关于研究李明伟信访问题的会议"，J市监狱、民政局、信访局、F区信访局、F区江南街道、中心相关工作人员参加了会议。"为妥善解决李明伟信访问题，市信访局将事项转交到市信访法律服务中心进行研判。中心按照相关法律法规做了大量的协调工作，同时多次做上访人思想工作，鉴于李明伟家庭确实存在实际困难的情况，与会同志一致同意：协调60万救助款用于解决李明伟、周雅丽信访问题，救助资金由J市监狱出资20万元，F区向信访联席会议申请信访救助资金20万元，F区自筹20万元共同组成。"② 2016年5月23日，中心与信访人李明伟签订了《附条件息

---

① 资料来源：2016年9月15日在J市信访法律事务服务中心对上访人周女士的访谈。

② J市委、J市政府信访局《信访专题会议纪要【4】》。

访息诉救助协议》，主要内容是中心帮助李明伟及其妻子筹集息访息诉救助款60万元，解决家庭困难救助之用，所附条件内容与案例一的《附条件息访息诉救助协议》相似，本处不再赘述。

"中心是用什么方法把我们这个事解决的呢。首先中心就告诉我们不要走极端之路，把情绪平定下来，这就是保护我们。我以前连命都不想要了，大横幅都准备好了，我都准备带我儿子去北京跳楼算了。我真是觉得，我跳楼了又怎样呢，Z 检就一直开导我，才四五十岁，还有后半生要活，让我对生活有希望。第二呢，我写的那些材料特别特别厚，他们都是一点一点地给我看，画的写的，你看 L 律师给我写的，每句话都认真地去研究，哪些地方适用哪条法律条文，哪些地方是我的过错，哪些地方应该单位承担，哪些地方应该政府承担。虽然这个案子我最后算的是几百万的赔偿，因为耽误了我们一辈子的前程，最后中心给了 60 万元，我是真觉得中心已经尽了很大的努力，已经是全力以赴了，用尽了所有的力量。虽然这些钱还没达到我的诉求，但是中心解决了我的心理平衡问题。"①

李明伟和周雅丽虽然对 60 万元的数额本身并不满意，但由于中心的介入，柔化了上访人对相关部门的"气"，使他们重拾了利益诉求的"理"，感恩于中心付出的"力"，感动于中心工作人员寄予的"情"。基于以上，他们接受了这个救助数额，并承诺息访息诉。

三 案例3：Y 有色金属加工厂职工的房屋归属争夺

J 市 F 区有色金属加工厂（以下简称 Y 厂）属集体企业，因部分职工为外来的农民工，1989 年金属加工厂为他们修建了三排平房共计 21 户，作为职工住宅，住宅的所有权为金属加工厂。夫妻都在厂里的，每月工资扣 10 元，夫妻只有一方在厂里的，每月工资扣 20 元，此住房以"单位福利"的形式由企业职工居住。2000年 F 区政府同意对 Y 厂实行产权出售，企业的性质由集体企业改

---

① 资料来源：2016 年 9 月 15 日在 J 市信访法律事务服务中心对上访人周女士的访谈。

为私营企业，本案所涉访的 20 户①职工遭遇下岗，但一直居住于此。2010 年，F 区政府因修公益道路对此地规划拆迁，告知这 20 户职工无条件搬迁，并不予任何补偿，因为 Y 厂所占地实际为归 N 村所有的集体土地，房屋的产权也为 N 村村委会所有，20 户职工并不具有房屋的所有权。但 20 户职工拒不搬出，他们认为 F 区政府要求 Y 厂改制，就必须走正规的审计与评估程序，强调他们从企业成立时就住进了这些住宅，一直到企业改制，历经二十几年一直居住于此，他们在 Y 厂的经营中创造了贡献，创造了企业积累和财富，而企业所建房的资金来源是 Y 厂的经营所得，并不是 N 村出资筹建，因此作为企业职工的自己才应当享有房屋所有权。并且他们在 J 市没有其他住房，居住的房屋如果被收回，将面临无处居住的困境。2010 年 9 月 30 日和 2010 年 11 月 21 日，20 户职工联名分别给 J 市各级政府部门、F 区区长写了上访信，并按扣红手印。在上访信中他们强调，一方面，他们的住房是工厂的福利房，应归职工集体所有；另一方面，如果他们被逼迫腾迁住房，近百口人将住在大街上，他们没有社会保险、医疗保险，没有其他经济来源，生活极端困苦。如果政府不给解决回迁房问题，他们绝不搬走，誓与房屋共存亡，并将逐级上访至北京。2011 年 N 村村委会向 F 区法院提起诉讼，要求 20 户职工返还房屋。2011 年 10 月 18 日 F 区法院做出（2011）第 441 号民事判决书，判决 20 户被告职工返还房屋，于判决生效 15 日内从 Y 厂住宅中腾迁。以"单位福利"形式呈现的单位住房保障瞬间断裂，此后，20 户职工便开始到省人大信访办、市人大信访办、市委政法委等部门上访，并多次围堵市政府大门，给社会秩序造成了不良影响。

2011 年 11 月 7 日，吴青松等 20 户职工近 40 人来到 J 市信访法律事务服务中心寻求法律帮助。经过简单沟通后，B 主任意识到这是一起涉及企业转制和房屋拆迁的重大群访案件，他立刻组织中心法律专家和律师对 20 户职工进行集体接访。在接待过程中，中心成员详细解答了案件所在诉讼阶段及维护自身权益所依据的法律

---

① 21 户住户中有 20 户联合上访，1 户未参与。

第四章 中心化解上访案例及其"社会性治理技术"分析 / 151

规定。因此案系重大群访案件，中心当即向 J 市司法局领导进行了工作汇报。经司法局领导同意，中心三次约谈上访代表并做劝导息访工作。在 20 户职工承诺不再上访的条件下，B 主任代表中心与他们签订了"息访代理协议"，并承诺亲自义务为他们出庭代理。

在二审庭审时，B 主任和中心 Z 律师、W 律师义务出庭代理此案，并从原告的诉讼主体资格、双方的劳动关系、我国宪法规定的公民居住权以及法律的公平正义原则等方面发表了代理意见，指出："（1）被上诉人不具有主张房屋腾迁的诉讼主体资格；（2）一审法院违反不告不理民事诉讼原则且判决返还不合法依据；（3）本案中所诉争的房屋是属企业改制中遗留问题，同时职工与单位之间因自管房屋引发的纠纷应由本单位或有关行政部门解决；（4）按一审判决的结果执行，必将导致上诉人无家可归的结局。"[1] 2011 年 12 月 27 日 J 市中级人民法院作出（2011）第 874 号民事裁定书，将此案发回 F 区法院重审。但 F 区法院于 2012 年 3 月 22 日再一次判决 20 户被告将房屋返还给 N 村。此后，20 户被告依法提出上诉。2012 年 5 月 14 日，B 主任和中心全体律师第三次义务出庭代理诉讼。在代理此案的过程中，中心了解到此案所涉拆迁范围是恒山东路与环山路三期项目，正是 J 市南部新城东山区域的基础设施建设重点。J 市南部新城开发是 J 市"十二五"重大规划建设，对 J 市招商引资及城市形象有巨大的带动及提升作用，为保证项目顺利进行，市政府为此专门成立了南部新城建设指挥部。为此，中心同志多次与南部新城建设指挥部协调，对如何化解此拆迁难题，保障南部新城建设，双方都提出了具体可行的建议。特别是此案已经过四次审理，如处理不善很可能会导致这些职工采取激进行动，进而对社会秩序造成严重破坏。其中一位年过七旬的老太太多次表示："我都准备好了，如果有人扒我房子，我就点上汽油死在这里。"很多上访职工也都表示要用极端行为抗法。面对紧迫的形势，中心的律师和法律专家多次到 20 户职工家中走访并现场释法，缓解他们的抵触情绪，中心一方面采取安抚的策略，另一方面又从

---

[1] J 市信访法律服务中心内部卷宗 2011 第 138 号。

专业的角度为其解惑，指出：第一，房屋财产所有权不属于个人，而属于村上；第二，土地所有权也不属于个人，而是归 N 村集体所有；第三，J 市南部新城建设已到关键时期，希望 20 户职工能顾全大局，确保 J 市十二五规划南部新城建设顺利进行；第四，考虑企改历史问题及目前 20 户职工极度贫困的现状，中心将协调有关部门给予搬迁救助。B 主任和 Z 副主任又多次与市中级人民法院协调案件，并对处理此案提出了具体可行的实施方案。

5 月 22 日，J 市中级人民法院主持召开了涉事各部门的联席会。会议上，中心参会人员提出参照国有企业职工房改前的拆迁补偿办法来补偿 20 户集体企业的职工。中心的化解方案得到了各方认可，会议决定由中心负责与 20 户职工协商，并由中心以平等民事主体身份与 20 户职工签订"息访救助协议"。协议约定中心支付每户息访救助款 7 万元人民币，20 户职工撤回上诉，承诺三天内全部迁出，并不再因此事到任何党政机关及相关部门上访。此救助款项由 F 区政府协调财政、民政等部门筹集。此次联席会议的召开对拆迁矛盾的化解起到了决定性的作用。5 月 23 日，在 J 市公证处的现场公证下，20 户职工与中心签订了"附条件息访救助协议"。5 月 24 日，中心两位律师到银行办理了建户手续，并携带已起草完的"撤回上诉申请书"来到 20 户职工的家中，逐户办理搬迁的相关手续，各户职工都争先在"撤回上诉申请书"上签字按手印，并表示服从原审判决，尽快完成搬迁。5 月 25 日上午，市司法局、市南部新城建设指挥部、市中级人民法院、市公证处代表及中心全体成员一同来到拆迁现场，共同监督息访救助协议的履行。中心工作人员逐家查看搬迁情况，挨家发放救助款，实现了矛盾的化解，此案也成为中心成立初期与法院联合化解的第一起群体访案件。

四　案例 4：F 房地产公司农民工的死亡赔偿争议

J 市的县级城市德恩市大房镇的 27 岁村民霍海力于 2009 年 6 月 7 日 5 时在 J 市某房地产开发有限公司施工工地的工棚宿舍里猝死。霍海力家属认为是死者经常加班导致劳累过度死亡，构成工亡，而施工单位认为是病亡，拒绝按工伤死亡标准给予赔偿。对此，双方矛盾十分激化，直接导致霍海力家属在事发后连续三年在两会期间进京到国家信访局、国务院相关部委上访，但都无果而终。2012 年 3 月 19 日，霍海力父亲霍桂林等来到中心寻求法律帮助。中心 B 主任在接待他们的过程中，对其进行了四个多小时的劝导，告知他们不要再走信访程序，并多次强调在两会期间上访如果影响到国家机关的正常工作秩序要负行政或刑事责任。B 主任告知霍桂林，如果其承诺息访，中心将义务代理此矛盾的化解工作，并尽最大努力为其争取合法权益，如果其继续上访，中心将放弃对此案的任何代理工作。在信访人承诺不再上访的前提下，B 主任代表中心与其签订了"息访服务协议"，并立刻指派中心 W 律师和 Z 律师展开调查取证，与有关部门协调义务法律服务。3 月 21 日，中心两位律师到市工商局调取了此案所涉房地产开发公司和施工单位的工商档案。3 月 27 日，两位律师来到南路区东局子派出所调取了此案的询问笔录和出警记录，并数次到市建委信访办了解此案相关情况。此后，两位律师又与市公安局尸检中心取得联系，了解到死者尸体已存放近三年，产生了十几万元的尸体保管费用。经过上述前期调查取证，中心的律师和法律专家召开了集体评议会，并一致认为：（1）此案不应通过信访程序解决，应依法通过民事诉讼程序解决。（2）基于本案事实及现有证据：首先，此案排除他杀可能；其次，没有证据表明死者死于工作时间和施工现场，不符合工亡条件；最后，死者家属不同意进行尸检解剖，死亡原因无法查明，赔偿主体无法认定。（3）因死者家属法律知识缺乏，误走信访程序且经济条件确属困难，应从人道主义考虑给予相应救助。4 月 5 日，中心的律师和法律专家在 Z 副主任的主持下再一次约谈了信访人霍桂林，并阐明了中心的上述意见。信访人对中心的意见表示信服，并明确表示不做尸检解剖，要求对尸体尽快火化，还希望中心能协调施工单位给予其一定救助。考虑到死者家庭经济条件十分困难，霍海力的母亲患有严重的神经类疾病，中心承诺为他们向施工单位及民政部门协调救助款项。临别时，W 律师和 Z 律师又分别以个人名义赠予信访人 200 元钱，用于他们往返中心的交通费用。在此期间，中心多次和施工单位协商，希望其从人道主义考虑能给予死者家属相应的救助，以利于信访人彻底息访。施工单位对中心的义务法律服务表示理解和尊重，并承诺对死者家属给予救助。

通过上述努力，案件朝着有利息访的方向快速进展。但死者尸体停放三年，产生的十几万尸体保管费成为此案化解的一大障碍。4月9日，B主任带着亲自起草的《关于免收霍海力家属尸体保管及火化费用的协商函》向J市委政法书记做了此案的息访工作汇报，并附上了中心的接待记录和"息访服务协议"，向政法委阐明案件原委，调解进度和障碍制约。

关于免收霍海力家属尸体保管及火化费用的协商函[①]

J市公安局：

经过服务中心的多次协调，现双方当事人已经达成和解协议，但此案事发近三年，尸体一直保存于贵局尸检中心，由此产生了数额巨大的尸体保存费用。经过服务中心与德恩市信访局沟通了解到，霍海力家里经济条件十分困难，其妻子患有严重的神经类疾病，确实无力承担此笔费用。因此，希望贵局从化解矛盾、促使上访人彻底息访的角度，免除死者家属的尸体保存、火化等费用，并尽快安排尸体火化事宜，以求此案能彻底妥善解决。

在听取汇报后，J市政法委书记当即做出批示："请公安局K同志阅，尸体保管等相关费用可免除。"并指示有关部门及其负责人全力协助中心做好此案的息访维稳工作。此项费用的免除，对案件的彻底化解起到了决定性作用。

2012年4月10日，中心与信访人霍桂林、杨木林、王奎学在J市公证处的现场公证下签订了"附条件一次性息访捐赠协议"（下称"息访协议"）。"息访协议"约定由中心当场给付信访人息

---

① 节选自《J市信访法律事务服务中心函字（2012）第04号》。

访救助款 6 万元人民币（此款系经中心多次协调施工单位，由施工单位给付），信访人承诺不再因此案所涉纠纷上访。在签订"息访协议"的现场，霍桂林激动地说："感谢 J 市委市政府各位领导，感谢公安局 L 书记批免 13 万多的停尸费，感谢信访中心，案子长达 3 年无果，中心不到 20 天就办结，感谢中心的团队工作人员。他们不仅自掏腰包给我们住店、吃饭钱，还无偿用车拉着我们到处奔波办案，不辞劳苦，我们一定执行签约承诺，绝不上访。"①4 月 18 日，一直身处在此矛盾化解前线的两位律师 W 律师和 Z 律师，陪同信访人到 J 市公安局尸检中心办理尸体领取工作。由于尸体停放过久，两位律师亲自全程参与了尸体的确认、拍照、抬送、运输等工作，并雇车送往殡仪馆进行火化处理。当天下午，B 主任亲自赶到殡仪馆安排尸体火化事宜，并为信访人购置骨灰盒，还为信访人安排了返回德恩市老家的专车。至此，中心的义务服务彻底感动了信访人。临别时，他们不仅承诺永远不再上访，还表示会告诫其他涉及矛盾纠纷的人要通过法律的途径表达诉求，解决问题。

第二节　上访案例的生成与升级机制

上一节，笔者采取过程叙事的方法简要介绍了中心化解的四个社会矛盾案例，为保证故事呈现的连续性和完整性，在案例呈现的过程中，并未对案件的生成、走向与化解做出主观上的分析与讨论。而这些案例过程的呈现并非本章的最关键之处，在本节中，笔者力图以上述案例为中心，以上访者为研究对象，分析社会矛盾的生成与升级的机制，即研究一系列社会矛盾问题是如何发生的，在此基础之上，重点讨论在矛盾持续的过程中，矛盾是怎样升级的。

一　单位制变迁与利益剥夺：矛盾初始的来源

单位制变迁并不简单地意味着单位这一具体的组织实体发生变动，而是表征着曾经支撑中国计划经济发展的总体性社会制度和宏

---

① J 市信访法律服务中心内部卷宗 2012 第 57 号。

观社会管理方式发生根本变革。上节几个案例的发生均与单位制变迁存在根本联系，无论矛盾发展到最后扩展出几个利益方、生长出多少额外诉求，究其根本，均可理解为伴随以单位制变迁为基底的社会转型而产生的利益纠纷。

第一，在国企改制的过程中，单位的福利体系随之发生了变动。在案例1和案例3中，职工的医疗和住房福利是单位时期非常重要且牢固的福利保障内容，但伴随后单位社会的到来，原先单位"承包式"的福利的覆盖范围和保障力度均大幅缩减，单位福利正在转换成为社会福利，但这个过程还处在构建阶段，社会福利所覆盖的范围与提供的力度还很不足。单位福利的变化，对企业职工生活造成了直接影响，原先单位制度承认的福利供给伴随单位制的变迁而失效，这意味着单位福利体系在一定程度上发生断裂。长久以来，单位为职工提供的"从摇篮到坟墓"的全面包揽性福利内化为一种单位成员的惯习意识，即个人的事就是单位的事，个人无法解决的问题，单位就必须予以解决。然而单位制的变迁使得一系列社会事务逐步从单位中剥离出去，单位不再是承担这些福利供给的主体，而质变为一个单纯的经济生产实体，由此便产生了惯习意识与单位质变之间的巨大张力。我们需要注意的是，单位制改革并不意味着单位福利的全面消失，当前单位福利所呈现出的状态是由"显性福利"转换为"隐性福利"，由"均等化福利"转换为"层级化福利"。虽然单位福利依然以变异的形态存在，但是其"隐性"和"层级化"的特点在很大程度上将福利资源集中在单位权力精英手中，单位的普通职工和在改制中丢失单位身份的职工几乎享受不到福利的覆盖。对于非正式就业者和非正式组织成员而言，社会福利的获取渠道并不畅通，他们往往既享受不到单位福利，又鲜有获取社会福利的渠道，这使得案例中的下岗职工、农民工等社会下层群体的生活极为窘迫，这与单位制改革中的利益既得者形成鲜明的对比，极易滋生出矛盾与冲突爆发的事件，影响干群关系、官民关系。

第二，在单位制变迁的过程中，社会成员的身份属性发生了变化。"只有当社会能够给予其个体成员以社会身份和社会功能，并且社会的决定性权力具有合法性时,社会才能够成为社会。前者建立社会生活的基本骨架——社会的宗旨和意义;而后者则为这一骨架丰满血肉——给社会赋形并创造社会制度。如果个人都被剥夺了社会身份和社会功能,那就不会有社会,有的只是一堆杂乱无章的社会原子,在社会空间中毫无目标地飘游浮荡。"[1] 单位时期,单位身份几乎成为人们的安身立命之本,因为拥有了单位身份便拥有了资源获取的渠道,也拥有了与组织连接的通路,易言之,单位身份建构了人们社会生活的保障性和确定性。正如马歇尔给予身份的定义:"身份是一种地位,在那上面附着一系列的权利和责任、特权和义务,法定的特许或禁止,这是为社会所认可并为国家权力规定和推行的。"[2] 案例 2 所呈现出来的就是军队转业人员在落实安置政策过程中遭遇单位改制,身份无法落实的局面。新中国成立初期,中国共产党在城市成立军事管制委员会,接管新解放城市的公共事务,其社会管理带有强烈的军事管制色彩。单位中的管理干部多拥有军事级别,采用军事化管理的方式统筹企业运行。因大量军队转业官兵复员需要安置工作,共产党在接收城市公共机关和国营企业之后,往往将其安置到企业。1955 年国务院全体会议第十次会议通过《国务院关于安置复员建设军人工作的决议》,规定对参加厂矿等企业部门的复员建设军人,其军龄应当算作工龄享受劳保待遇,并且不得无故解雇。可见,在单位制构建初期,军转人员的单位身份就被明确赋予,入伍成为进入体制的一个重要渠道。但伴随单位制变迁的发生,军转安置问题也一度呈现混乱的状态,单位身份的获得面临挑战。并且,即使进了体制内,拥有了单位身份,这种身份也开始面临丢失的风险。1993 年 2 月,《经济日报》刊发一组《破三铁,看徐州》的稿件。"三铁",分别为铁饭碗、铁交椅和铁工资,实指国营企业的劳动用工、分配和人事制度改革,它们被认为是国营企业的传统优越性所在,也是其内部机制僵化累赘

---

[1] [美]彼得·德鲁克:《工业人的未来》,余向华译,机械工业出版社 2006 年版,第 20 页。
[2] [美]华尔德:《共产党社会的新传统主义:中国工业中的工作环境和权力结构》,龚小夏译,牛津大学出版社 1996 年版,第 46 页。

的症结。所谓"破三铁",就意味着企业可以辞退工人,工作岗位将不再"世袭",企业管理人员不再终身制。以此为起点,单位内部员工从终身制逐渐过渡到合同制,曾经被认为是安身立命之本的单位身份价值缩减。在中心诸多涉及国有企业改革的案卷中,笔者发现,其中含有大量由于下岗、被辞退等原因引发的上访案件。

第三,伴随单位制改革,集体认同逐步式微。"集体认同本质上是集体观念,是增强内聚力的价值基础。"[①] "在单位时期,形成了单位依赖国家,单位人依赖单位的依赖结构。国家主流意识形态所强调的价值观念和行为规范,通过这一纵向的控制体系,在单位空间得以贯彻并全面展开。同时,由于单位间基本上处于一种平均主义状态,差异甚小,也自然不会产生相对剥夺感。因此,单位人对单位持有较强的认同感。"[②] 但单位制所构建起来的集体认同具有较大的时空限度。"单位是一种封闭式、同质化较强的次级群体。这就使得单位只有在特定的时代背景下才能起到强制整合和联结国家与个人的作用。而面临着社会生态的变迁,单位所承载的集体认同同样面临着巨大的历史变迁。"[③] 质言之,单位的集体认同是在小公共性的框架内展开的,而在后单位社会,大公共性的社会认同的展开面临严峻的挑战。在上述案例中我们可以发现,伴随个人利益与单位利益之间由"一致"走向"分立",历经数十年建立起来的单位集体认同瞬间崩解,个人主义和物质主义抬头,任何与个人物质利益发生冲突的元素,均被视为利益实现的障碍,原子化的社会空间中飘荡着冷漠并充斥着争夺。曾经极具温情的单位组织,也在这个过程中转换为抗争的众矢之的。而在应对策略的选择上,单位受发展主义和物质主义的影响,往往选择逃避、对抗、打击等形式予以回应。如在案例1中,L矿业(集团)有限责任公司向中心发函,不予参加中心召开的信访听证会。由此可见,单位时

[①] Tafel H, Turner J C, The social identity theory of intergroup behavior. In: Worchel S, Austin W (eds), *Psychology of Intergroup Relations*, Chicago: Nelson Hall, 1986, p. 24.

[②] 田毅鹏:《单位制度变迁与集体认同的重构》,《江海学刊》2007年第1期。

[③] 陈华:《集体认同的变迁与重构——社会管理创新的组织基础研究》,《学术界》2011年第10期。

期那种几乎无条件的包揽式的保障体系崩坏,在改革代价承担者的眼中,单位由温柔的家长转换成冰冷的敌方。"重利益轻道义"的应对策略也加速了人们对单位集体认同的崩解,在人们思想中成为敌对方的单位自然成为抗争行动的对象。

第四,后单位时期新型单位的社会职能弱化。在后单位时期,在具有国有性质的单位之外,崛起了大量的民营经济实体,但它们在属性上几乎都是专门的利益部门,其社会职能与责任无法与传统单位相比拟。"民营实业新单位虽然大量出现,但其'成员位置'和原来的结构有很大差别:其'上级单位'通常不是行政决策机构,其保障'政治稳定'及回应成员需求的责任与国有单位不同,因而协调性和应责性角色不在。单位成员不能再指望这样的单位管自己的所有事情。"[1] 在案例4关于职工死亡的判定上,房地产公司极力推脱责任,将职工的死亡归咎于自身原因,并造成尸体停放三年而未决的局面。可见,面对职工诉求,企业出于自身利益考虑,极力追求"脱身"。在后单位社会新建起来的具有私有性质的企业往往将扩大企业利益视为首要目标,在职工面临困境的时候,这些企业往往不会主动提供有效的救助,即使存在道义上的救助,其力度也无法与单位时期相提并论,这也导致新型企业中职工与企业的融合度较低。

二 矛盾方力量对比悬殊:矛盾激烈的缘由

社会学界用"强度"和"烈度"来描述矛盾和冲突的激烈程度,以此反映矛盾冲突的破坏性和双方的互相排斥性。科塞认为,"当冲突群体之间的力量差异较大时,冲突将会持续,冲突的激烈程度也将上升"[2]。马克思也认为,"在稀缺资源上的分配越不平等,统治者与被统治者的基本利益冲突就越深……统治者与被统治者越是极端化,冲突越有暴力性。"[3] 可见,力量之间的差距大小

---

[1] 张静:《通道变迁:个体与公共组织的关联》,《学海》2015年第1期。
[2] [美]乔纳森·H. 特纳:《社会学理论的结构》(上),邱泽奇译,华夏出版社2001年版,第181页。
[3] [美]乔纳森·H. 特纳:《社会学理论的结构》(上),邱泽奇译,华夏出版社2001年版,第164页。

直接影响双方矛盾展开的激烈程度。由于在矛盾的发展过程中可能会有很多额外力量进场，增加各矛盾方关系的复杂性，为凸显矛盾生发初期的力量对比状态，本小节仅讨论上访者与被访部门（或被访部门的组织精英）之间的力量对比。以上文案例为分析基础，笔者认为，后单位时期的社会矛盾对弈双方力量对比悬殊的原因在于，单位作为正式组织，具有联通国家公共机关的能力，其权力和资源持有量较为丰富。单位制变迁过程中的利益分化几乎塑造了转型期社会阶层的两个极端，第一极在社会分层中占据顶层，他们一般由单位领导构成，一部分依旧在体制内担任要职，并掌握丰富的权力和资源，另一部分依靠单位资本的转换和升级，虽然成为体制外人员，但在以经济分层为首要分层标准的后单位时期，依旧掌握着大量的资本。第二极在社会分层中几乎属于城市底层群体。在单位改制的过程中，他们可能仍然处于单位体制内，但单位的工资差距被无限拉大，福利体系也几乎不能覆盖此底层群体，他们也有可能被彻底抛出单位体制，成为体制外"无依无靠"的个体，长时段简单初级的工作使他们缺乏在社会上重新进入正式组织的技术资本。另外，被抛出的单位人在年龄上几乎都是中老年群体，可塑性较差，难以再次跨入正式组织当中，这也限制了他们获取资源和利益的能力。被正式组织排斥造成了底层群体的碎片化状态，社会的再组织化并未覆盖到此，由此造成的是他们的权力、资源等持有量极其微小，并且缺乏与公共组织连接的通道。这部分底层群体成为后单位时期社会矛盾的最为主要的诉求方，在对抗资源和权力占据压倒性优势的单位和单位领导时，力量对比的悬殊显而易见。

之所以力量对比的悬殊会加剧矛盾强度和烈度，主要是基于以下三个方面的原因：第一，巨大的生活压力使然。上访行为发起的动因可以简要地归纳为"生存伦理"和"权利意识"。虽然"权利意识"逐渐成为民众抗争性行为的主要动因，但对于底层群体而言，他们的生活往往极为困窘，其主张的诉求往往涉及对生存底线的维持。巨大的生存压力使得上访者常采用一些激进的方式表达诉求，寄希望于用激进的手段换取更为有利的收获和结果。正如 Z 律师所说：

"在国企改制中,这些下岗的、被辞退的、残疾的职工,直接就变成了社会底层人了,他们那么大岁数了,还什么也不会,就你当时在单位里干那些活也算不上手艺,在社会上都很难找到饭碗。他们到单位去上访,有的时候也真是没办法了,单位不管他们,他们活都活不成,你说人都快活不成了,啥事干不出来?所以他们到中心以后,我看他们的情绪都非常激动,什么说要自杀的、跟领导同归于尽的有的是。"①

S律师也介绍说:

"我去过一些上访人的家里,是真困难啊,特别是有些有重病的,残疾的,他们哪有钱去打什么官司啊,最多就去企业、政府门口静坐,或者支个帐篷堵领导呗。他们到中心来以后,很多上访费用,包括车费、住宿费、材料费都是中心给拿的钱,他们是真拿不起。他们的需要要是满足不了,真挺危险的,毕竟光脚的不怕穿鞋的,他们真是豁出命了去上访,不这样咋整?矛盾不解决一样活不了。"②

第二,弱势的社会地位使然。正如上文的案例所呈现,在利益争夺的对弈中,企业和政府往往是极强的一方,抗争性的个人或群体是极弱的一方。在这种力量悬殊的博弈过程中,上访者平和的抗争对单位和社会精英均无法构成威胁,往往并不能够引起重视,他们唯有通过激烈的斗争形式来吸引注意,并给对方施加压力,以求达到诉求实现的目的。另外,学界已有研究表明,冲突方的组织化程度与冲突强度直接呈现出高度的负相关关系,即组织化程度越低,冲突的展开往往越激烈。案例中的上访者所处的弱势社会地位、个人资本的缺乏和调动整合资源和社会关系能力的欠缺,使得他们在表达诉求之时的组织化程度处于非常低的水平。由上访者所结成的群访团队仅仅是具有相似诉求的人群集合,几乎不具备组织领袖、规则、制度等要素,因此在"失语"和"散沙"的状态下,他们的上访行动往往以简单粗暴的形式展开。

---

① 资料来源:2017年4月17日在J市信访法律事务服务中心对Z律师的访谈。
② 资料来源:2017年4月17日在J市信访法律事务服务中心对S律师的访谈。

第三，相对剥夺的社会心态使然。马克思认为，"当统治者对被统治者的剥夺从绝对转向相对，并且他们开始怀疑稀缺资源分配的合法性，那么他们就有可能针对这一体系的统治者展开冲突，并且加剧冲突强度"①。达伦多夫继承与发展马克思思想，强调人们的剥夺感——也就是说相对剥夺——突然增加会提高暴力冲突的可能性。② 在利益遗失方参照利益获得方回观自身处境之时，他们的遗失感陡增，这种遗失感、不公平感和相对剥夺感加剧了矛盾的剧烈程度。上访者齐大爷说：

"以前在单位里，那领导都可好了，跟工人一样，该干活干活，该加班加班，工资也跟我们都差不了多少。我们当时那是相当拥护我们那些个领导。你再看看现在，有些领导下海了，去挣大钱去了，现在还在各个单位里的领导，好的有没有？也有，但是太少了。现在领导就坐办公室，活都是你工人干，人家领导也不关心你了，以前谁家有个困难领导带头去看看，慰问慰问，现在只要跟我厂子利益没关系，谁管你死活？你再看看收入，人家拿多少钱？咱们拿多少钱？跟以前比啊，差距太大了。所以现在的情况跟以前的情况这么一比，老百姓能平衡吗？对领导和单位能没有恨吗？"③

在西方众多社会矛盾和冲突的研究专家看来，当一个优势社会群体掌握的稀有资源越具有重合性时，冲突的激烈程度越甚。一言以蔽之，如果在各种资源分布的格局中，掌握稀有经济资源的群体同时掌握稀有的政治资源、文化资源等，那么冲突就将越激烈。达伦多夫就曾指出，"权威分布越是与其他资源的分布相关（多元重叠），那些享有特权（权力、财富与声望）者之间的相关程度越高，冲突越是激烈。"④ 持有相似观点的还有特纳、柯林斯等。在

---

① ［美］乔纳森·H. 特纳：《社会学理论的结构》（上），邱泽奇译，华夏出版社2001年版，第164页。
② ［美］乔纳森·H. 特纳：《社会学理论的结构》（上），邱泽奇译，华夏出版社2001年版，第176页。
③ 资料来源：2016年10月18日在J市信访法律事务服务中心对上访人齐大爷的访谈。
④ ［美］乔纳森·H. 特纳：《社会学理论的结构》（上），邱泽奇译，华夏出版社2001年版，第176页。

第四章 中心化解上访案例及其"社会性治理技术"分析 / 163

中国的社会转型期,"代表权力主体的政治精英、代表资本主体的经济精英和代表文化主体的知识精英,在共同'合法'地享受着社会主要经济成果的同时,初步形成了相互间身份转换机制。在领导干部'知识化'的要求下,许多知识精英已成为权力精英;权力精英又可以通过下海经商或官商兼顾等方式成为经济精英。这在很大程度上强化了他们对政权的认同,在共同利益的驱使下,形成了具有相对稳定边界的社会统治集团,实现了所谓的'精英联盟'。"[①]可见,单位制的改革造就了一批集政治权力、经济利益、社会声望于一身的"多元精英",相应的,也同时离析出一批全面缺乏如上资源的底层群体。更进一步,这些"精英"几乎都身处于正式的组织,如国有企业、政府部门、私营公司当中,他们往往拥有丰厚的组织资源,可以通过组织运作得到利益的提升,而下层群体绝大部分均被排斥在正式组织之外,不具有借助组织对接公共部门的渠道,缺乏借助组织串联社会关系的能力。这实际上对话了达伦多夫对冲突激烈程度的一个抽象命题,即"冲突群体之间相互调节达成协议的能力越是不足,冲突越是具有暴力性"[②]。

我们还需要有所注意的是,资源的重叠加剧了阶层边界的"闭锁性"。质言之,健康情况下,阶层之间虽然也有边界,但下层群体仍旧可以在某些方面通过顺畅的社会流动跻身上层。但如果经济、政治、文化等阶层边界是相互重叠的,无疑将加剧阶层的固化。在此种情境下,多重边界筑起了坚固的阶层壁垒,下层群体的上升渠道被切断。资源分布的"重叠性"与集团边界的"锁定性"进一步加剧了冲突展开的强度与烈度。

在本书所列举的案例中,上访者几乎都来源于社会底层,他们被排斥在正式组织之外,各类资源的持有量均极其微小,组织化程度低,没有正式社会身份和话语权,并且缺乏向上层流动的渠道,而他们上访的对象又是具有"体制内背景"的单位、由顶层精英

[①] 于建嵘:《转型中国的社会冲突——对当代工农维权抗争活动的观察》,《理论参考》2006年第5期。

[②] [美]乔纳森·H. 特纳:《社会学理论的结构》(上),邱泽奇译,华夏出版社2001年版,第176页。

控制的企业或者这些组织中的精英个人，双方力量差距巨大。因此，用马克思、达伦多夫等人的理论就可以解释为何双方力量对比悬殊的社会矛盾总是会引发一些波澜。

三 情感卷入中的"气"：矛盾升级的机制

深入研究案例矛盾的发展过程，我们会发现，这些矛盾在后期所呈现出来的样态已经与初始阶段相比具有了根本性的差异，无论是矛盾的展开方式，还是矛盾的诉求，均存在一个"升级"的过程。笔者认为，情感卷入中"气"的产生和提升是矛盾升级的最重要机制。

齐美尔认为，"当冲突的派别投入了大量的情感，并将冲突本身置于个人利益之上，已经涉及基本价值观之时，冲突的暴力水平会上升。如果冲突是工具性的，并被视为实现冲突群体清晰明确目标的手段，冲突的暴力性会下降，反之，如果利益目标已经变得模糊不清，冲突的展开变成了抗争和打击手段而非为实现利益而进行的行动，那么冲突便会具有显著的暴力性"[1]。科塞强调，"当群体在非现实问题上卷入了冲突，情感唤起与卷入的程度更高，这样，冲突更具有非暴力性，特别是当冲突涉及核心价值观并且冲突持续一段时间之后"[2]。科塞还十分关注冲突的持续机制，"当对立双方的冲突目标是扩展性的，共识程度很低，并且冲突各方不能理解其对手胜利与失败象征的意义时，冲突将会延长"[3]。管理学家罗宾斯提出了冲突过程五阶段理论，认为潜在的对立、认知和情感投入、行为意向、行为、结果共同构建起了冲突的完整形态，其中冲突的升级是伴随认知和情感投入而发生的。[4] 可见，在西方社会冲突研究领域中，众多研究者均将社会矛盾展开的主体"感情"带

---

[1] ［美］乔纳森·H. 特纳：《社会学理论的结构》（上），邱泽奇译，华夏出版社2001年版，第169页。

[2] ［美］乔纳森·H. 特纳：《社会学理论的结构》（上），邱泽奇译，华夏出版社2001年版，第180页。

[3] ［美］乔纳森·H. 特纳：《社会学理论的结构》（上），邱泽奇译，华夏出版社2001年版，第181页。

[4] ［美］斯蒂芬·P. 罗宾斯：《组织行为学》，孙健敏等译，中国人民大学出版社1997年版。

第四章　中心化解上访案例及其"社会性治理技术"分析

入分析框架之中。他们并非只关注到矛盾方"理性人"的一面，而是在更为观照人本主义的角度上展开社会矛盾与冲突的研究，这是十分重要的，因为情感的卷入和此过程中"气"的积累，成为矛盾升级的重要机制。

我国学者应星在其著作《"气"与抗争政治：当代中国乡村社会稳定问题研究》中，以"气"为视角，对中国农民的抗争行为作出精彩的讨论与分析，"气"这个中国传统文化中内涵丰富且复杂的概念，"它是一种融会了本能与理性、道义与利益的激情，是中国人在人情社会中摆脱生活困境、追求社会尊严的实现道德人格的社会行动的根本促动力。它从一种需要被克制的激情到一种可以迸发的激情再到一种自我执法的义气，构成了一个充满张力的续谱。"[1] 应星将"气"放置于带有中国本土性的社会冲突研究土壤当中，对其如此界定，"现实性社会冲突与非现实性社会冲突融合在一起的一种状态，是人对最初所遭受到的权利和利益的侵害，而后这种侵害又上升为人格侵害时进行反击的驱动力，是人抗拒蔑视和羞辱、赢得承认和尊严的一种人格价值展开方式。"[2] 以"气"为研究视角，实际上正是在社会矛盾研究领域观照人本主义的中国式尝试。"气"正是介于理性与感性、权利与道义之间的概念，并且此概念更加偏向于感性与道义，更为关注人的复杂性、事件的复杂性，更加有利于在研究中回归冲突本质，梳理冲突发展脉络，做出深入剖析和解读。

应星笔下的"以气抗争"虽然描绘的是中国乡土社会中矛盾发展机制和策略选择，但笔者认为，此概念对于研究后单位时期社会矛盾问题，同样具有显著的解释力。本节欲以具有中国本土性的"气"为理论框架，结合西方社会冲突理论，对上文的上访案例中矛盾的升级机制做集中研讨。本书中案例所呈现出的上访者的"气"正是由于大量情感卷入矛盾过程当中所引发和积累的。上访

---

[1] 应星：《"气"与抗争政治：当代中国乡村社会稳定问题研究》，社会科学文献出版社2011年版，第45页。

[2] 应星：《"气"与抗争政治：当代中国乡村社会稳定问题研究》，社会科学文献出版社2011年版，第16页。

者的组织化程度低、利益表达不畅、矛盾化解的手段缺失和方式不当等导致矛盾长时间持续，伴随时间持续，上访者的诉求无法达成，戾气逐步发酵，并难以排解，矛盾也在这个过程中升级。上文的案例矛盾均持续了数年甚至十余年，长时段的矛盾发酵，使得上访者的情感卷入的程度不断提升，矛盾化解的难度也随之加大。

结合案例的发展轨迹，笔者将上访案例中的"气"划分为两个层次，一是"气"的阻塞与积累，二是"气"的延展与加压。这两个层次共同统摄出上文案例矛盾的持久性、坚决性、扩展性。

（一）"气"的阻塞与积累

矛盾持续过程中"气"的阻塞与积累主要是上访者利益表达不畅的作用结果，这主要由以下三个因素造成：一是缺乏组织化通达渠道。在上访者提请诉求的过程中，我们看到上访者难以通过正式的途径接触到公共机构。因为在后单位社会，大量单位人开始游离于单位体制之外，脱离了正式的组织关系，缺乏正式组织关系实际上就是闭锁了与公共机构展开对话的渠道，弱化了谈判能力。以个人名义和非正式群体的名义展开的信访活动虽然具有信访制度赋予的合法性，但实效性较低。对于社会矛盾案件，法院一般都采取非常谨慎的态度，立案难、胜诉难和执行难，加之高额的诉讼费用、较长的处理周期和复杂的程序，共同构成了诉讼案件通过打官司解决的制约。社会矛盾化解方式的"诉"被阻隔，便都流向了"访"，然而上访行为的合法性又是模糊的，特别是当具有共同利益的人集合起来群访时，其合法性常常由于上访者缺乏正式代表组织而被部分撤销。这样便产生了一个困局，以个人名义发起的上访行动往往由于势单力薄难以引起公共机构的重视，而集合起来发起的群访行动又是《信访条例》中明确禁止的。[①] 信访人缺乏一个具有正式合法性的组织代表其提请诉求。B 主任说：

"现在很多信访案，你去法院立案解决，走法律程序，法院不

[①] 《信访条例》第十八条规定：信访人采用走访形式提出信访事项的，应当到有关机关设立或者指定的接待场所提出。多人采用走访形式提出共同的信访事项的，应当推选代表，代表人数不得超过5人。

给你立案，直接就把门给你关死了，逼着你去要么找政府信访部门，要么去找被访单位，他们的门好进吗？也不好进！门都进不去，矛盾怎么解决？如果有了中心，至少我们可以以中心身份和政府也好，和被访单位也好，跟他们沟通。老百姓现在不就缺这么一个渠道吗？"①

组织化通达渠道的阻塞极大限制了上访人利益的表达，上访的初始阶段即已经开始不断碰壁，此种结构性的渠道断裂直接导致怨气的阻塞与积累。

二是案件空转造成的利益表达不畅。虽然一些上访人的诉求走进了信访程序，但受到制度性制约，程序的流动并未真正带来问题的化解。在第二章的末节中，笔者着重分析了信访制度的三重困境，这三重困境也在案例中清晰地呈现出来。特别是信访案件经常在被访单位、各级政府信访部门之间兜圈子，这与《信访条例》中"属地管理、分级负责，谁主管、谁负责"的原则有关。被访者即使能够与更高级别的政府部门对话，案件依旧会被转回到地方政府的信访部门，而地方政府的信访部门又往往根据信访制度规定，将其划归被访单位负责。这是因为在信访制度中，信访部门仅是一个协调、督办机构，几乎没有解决矛盾的职能和能力。因此上访案件又被转回到上访者和被访单位之间，产生了信访死结的状态。案例1和案例2中，王桂芬和李明伟夫妻多次被国家部门从北京遣送回J市，并且J市政府部门在没有提出明确处理意见的情况下，又将案件转回到被访单位。在案例4中，J市政府信访事项复查复核委员会更是向20户上访者开出了"不予受理告知书"。

不予受理告知书②

王林等人：

你们向J市人民政府信访事项复查复核委员会申请复核的信访

---

① 资料来源：2016年9月15日在J市信访法律事务服务中心对B主任的访谈。
② J市信访法律服务中心内部卷宗2011第138号。

事项经审查，根据《信访条例的规定》："谁主管、谁负责。"你们上访反映的问题应由原单位解决，因此，J市政府信访事项复查复核委员会决定不予受理。

被访单位是利益的直接涉及者，其处理问题的身份、态度和逻辑均难保公正，最终，这种案件空转根本无法解决上访者的诉求，诉求在各个部门间的转移传递中被悬置起来。这个过程的时间成本是十分巨大的，在时间变量的作用下，情感卷入的含量和不满的情绪逐渐堆积。正如中心B主任所言：

"现在的信访制度里，信访部门有权力去裁决这个事吗？到了信访部门去了以后，不管是到北京也好，到省里也好，他顶多在负责任的情况下，听完以后给你填个件，往被访部门一转，让他又去找你去了，被访部门已经接待他多少次了，瞅着他就来气啊。所以他俩之间就像那种冤家对头似的，你说什么人家被访部门都听不进去，根本就解决不了。就这么对着干时间长了，矛盾就激化了。"①

三是上访案件本身的复杂性造成的利益表达不畅。一方面，上访案件的发生往往是基于上访者对已有事实、判决的不满。而改革推进、制度运行、司法裁决、行政处理方案均具有其合理性，这在一定程度上压缩了上访案件的诉求空间，上访者的诉求一定程度上被视为对具有"合理性"和"合法性"现实的无理挑战而被否定。另一方面，上访者的上访事由也常常并非完全合理，而是经常带有一定的，甚至很大程度的不合理性，如在案例1中，L矿务局在该单位制度中已经明确规定了医疗报销的规则；案例2中，J监狱在单位改制的过程中规定了不再接收安置转业军人；案例3中，单纯依据法律条款，房屋的归属权确属N村村委而非20户职工；案例4中，农民工死亡的原因也缺乏界定为工亡的证据。但四个案例的上访人均在此条件下展开了激烈的上访行为。正如中心W律师直言：

"按照法律来说，很多判罚没有毛病，或者说有一点点瑕疵，但是上访人他不理解，他就认为只要是结果对他不利的，就是不公

---

① 资料来源：2016年10月19日在J市信访法律事务服务中心对B主任的访谈。

正的，所以就有很多案件非常难解决。比如，你说人家国企改制都是按照规则走的，但是很多工人他觉得改革结果对他不利了，他没得到利益，就开始闹，人家单位也没法给你补偿，你来一闹，我就给你，明天就有别人来闹，所以人家根本就不管，也没法管。这样上访人这诉求就得不到解决，越解决不了就越闹，最后矛盾就越闹越大。"①

可见，较为模糊的案件性质和复杂的权利关系极大增加了上访案件的化解难度，这也是构成利益表达不畅的重要因素。

科塞基于西方社会背景展开的社会冲突研究，虽然没有明确提出"气"的概念，但他所提炼的"安全阀"理论饱含"气"的韵味，他认识到气的积累将导致冲突的升级，气的排泄将引导冲突走向低暴力性。因此，中国本土性的"气"的概念可以与科塞的"安全阀"理论展开对话。利益表达不畅是"气"积累和升级的重要因素，在矛盾的初始阶段，上访者诉求无法通过有效途径表达并难以得到有效回应，这在一定程度上增加了上访者的不满情绪。

（二）"气"的延展与加压

上文中多次提到，后单位社会最为重要的社会组织结构特征是单位作为中介组织的社会宏观连接链条中断，国家与个人直接碰面。在社会矛盾化解的领域，单位所承担的消弭矛盾的功能无论从覆盖面上，还是从效能上均大幅缩减，政府在这个断裂时期，承接起社会矛盾的化解工作，但这项工作的难度在于，其一，政府的刚性治理逻辑难以与上访者复杂的充满感性的诉求对接。其二，政府缺乏专业的治理技术，难以回应信访案件复杂的法律和伦理关系，并且一些不当的处理方式常常使政府"引火烧身"。其三，呈现在开放的公共场所，寻求政府化解的社会矛盾往往涉及的是边界明确的组织中的利益关系，政府难以全面切入其中。受诸多因素掣肘，政府往往在矛盾化解的场域中处于极其尴尬的地位，并且经常成为矛盾矛头的二次攻击对象，难辞其咎。在这个过程中，上访者的"气"发生了转移与延展，即出现了双重矛头，一个指向被访单

---

① 资料来源：2017年4月23日在J市信访法律事务服务中心对W律师的访谈。

位，另一个指向政府部门，并且后者所引发的矛盾剧烈程度往往远超前者，打击政府甚至成为冲突的终极目标，"无直接利益冲突"在"气"的延展和加压过程中爆发出来。

案例 1 中，由于王桂芬存在越级上访和闹访行为，超越了信访制度的法律边界，因此，2001 年 J 市公安局东山分局对其进行了刑事拘留，2002 年和 2003 年 J 市劳教委对其进行了劳动教养。王桂芬始终认为这几次的拘留和教养是政府对其进行的迫害行为，对政府产生了极大的不信任感，并将其病情归结于上访过程中受政府迫害所致。她在 2005 年直接针对政府对其的非法拘禁行为展开上访，并索要巨额赔偿。在王桂芬拘禁期间，政府将其小女儿送到福利院暂时抚养，但王桂芬坚持认为政府将其小女儿送到福利院的行为对其小女儿造成了严重的心理伤害。2012 年，王桂芬的大女儿女汪玲花在上访材料中明确列出了 8 项上访内容，即（1）王桂芬的工伤待遇问题。（2）王桂芬的医疗费报销问题。（3）王桂芬的今后护理问题。（4）小女儿的学费生活费问题。（5）小女儿与父母为仇问题。（6）回迁房问题。（7）王桂芬和小女儿的身心伤害赔偿问题。（8）汪玉林医疗费用问题。我们仔细分析这份清单可以发现，前 7 项诉求均是在上访过程中伴生的，并且均与政府行为存在直接关系，要求政府解决，而被她列在最后的诉求（从排列上讲，可能代表此诉求已经并非最重要），即汪玉林医疗费用问题，才是其上访的原初诉求。在矛盾持续的过程中，上访的针对对象已经从单位转移到了政府，并且带有明显的"气"。同样，在案例 2 中，周雅丽在上访与政府针锋相对的过程中，被激发起严重的戾气，在访谈中对政府进行了极其激烈的批判：

"我们这个案子就是中国政府的失职，中国司法黑暗的一个点，我现在说起来还是非常的激动。我找谁都不管，国家各个部门，我没有不走到的地方，一拖再拖！司法口他们当面一套背后一套，说无比同情我们，等着真正摆上台面了，就要官腔，踢皮球，互相推诿责任。等到了北京司法部，我就跟他们讲他们犯了什么法，那些政府官员啊，就说你就是个家庭妇女，不要跟我提什么法。他就以为他们高官就能把我压下来，他们后来又用软的，说什么 15 天肯定给你解决,又说 40 天给你解决,我就一直忍着,等到最后了说他退休了,不管了。我连杀他们的心都有,我无比地仇恨他们……我到北京上访的时候,六七个警察看着我,我上厕所的时候他们都看着我。你不用怕,我就得说(此时周雅丽丈夫示意她不要说)。到 J 市政府的时候,警察把我关了一整天,我现在还有伤,这已经 4 年了。我真的是太气愤了,没想到我一个普通妇女的上访之路这么艰难,遭到了政府这样的对待,我真是走投无路了,我就想和他们拼命了!"①

我们姑且不去追究和讨论她所陈述内容的真实性,但有一点是非常明确的,就是上访人在上访的过程中,对政府部门产生了极大的戾气,正是这种戾气加深了她上访的坚决性、激烈性,此时的上访目的和诉求相较于起初发生了重要变化。历经 4 年的上访过程,周雅丽和她丈夫的诉求不断累积,达到近 300 万元,这个赔偿数额中,有大量款项是针对政府行为开出的价码。

通过对上述两个案例的解读,我们发现,政府部门往往并不是在一开始就被卷入到上访案件当中,但伴随上访过程的推进,政府在以调停者的身份介入的过程中,存在一系列引发"二阶冲突"的行为(无论政府这种行为是源于客观制度和机制缺陷还是主观行动偏差)。"二阶冲突"的发生是伴随上访者"气"的转移和延展而产生的。上访者的抗争对象从最初的被访对象进一步扩展到政府部门,而且基于对政府矛盾化解态度、能力、方法等方面的不满,上访行动的激烈程度大幅增加。这是因为在矛盾的初始阶段,上访者对被访者的"气"已经有所积累,并将全部希望投放到政府部门能为其"鸣冤平反"上,但政府的处理方式、过程和结果往往无法实现他们的全部诉求,因此,他们会认为希望被政府所毁灭(无论政府行为是否公正)。在这个过程中,上访人遭受了二次打击,并将这次打击的施力方视为政府,故而对政府产生对抗性更强的"气",爆发了强烈的官民矛盾。在一系列的政府与个人直接

---

① 资料来源:2016 年 9 月 15 日在 J 市信访法律事务服务中心对上访人周女士的访谈。

对话的过程中，政府以冲突对象的角色完全陷入矛盾的展开场域，这一主体的加入，极大增加了上访案件的复杂性。

在政府的治理逻辑中，社会安全稳定是最为关键的治理目标之一，一旦上访行为对这个目标产生了冲击，那么政府便会调动力量将其打压下去，这是具有制度逻辑合理性的。而这种打压，实际上也是将"气"加压的过程。耶林曾经表示："驱使受害人提起诉讼的，不是利益，而是对遭受不公的道德痛楚，对受害人而言，当做的不是单单为了重新获得标的物，而是为了承认其权利……这无关于标的物，而是关乎是非感，其尊严，其人格。"①"基层政府对草根行动者的打击，本来是为了遏制群体抗争行动的势头，没想到正是这种打击使后者再无退路，而成为群体抗争行动的新动员因素，使这种行动得以再生产。"② 因此，在上访行为中，我们所看到的是上访者因"气"所驱的表现，"气"从被访部门延展到政府机构，从初始的阻塞上升到后期的不断加压。在上访行动中，"气"的积累与升级直接导致其加剧上访的激烈性和坚决性。

综上，利益表达不畅所导致的"气"的阻塞与积累，闭锁了矛盾排解的"安全阀"；由政府与个人直接对立冲突而导致的"气"的延展与加压破坏了人们的"常识性正义平衡感"。在"气"无法排解，不断积累并且加压的过程中，官民矛盾剧烈，社会矛盾全面升级。

第三节　弱者的武器：上访的策略选择

斯科特以对马来西亚一个名为"塞达卡"的村庄为期十四个月的田野调查为实证资料，完成了一部人类学、社会学和政治学著作《弱者的武器》。"马太效应"并未引发农民激烈暴力的反抗，

---

① ［德］耶林：《为权利而斗争》，郑永流译，法律出版社2007年版，第12页。
② 应星：《"气"与抗争政治：当代中国乡村社会稳定问题研究》，社会科学文献出版社2011年版，第117页。

第四章　中心化解上访案例及其"社会性治理技术"分析 / 173

而更多是沉默和顺从,这引发了斯科特的反思,《弱者的武器》就是斯科特基于调研和思考,呈现出的农民"未被书写的反抗史"。斯科特认为,农民反抗和农民革命研究存在明显的偏差,学者们对大规模的农民起义给予了不寻常的关注,但这些运动是罕见的,并且总是被轻易镇压,因此农民在历史记录中不是作为历史行动者而出现,而是或多或少地作为征召、税收、劳动力流动、土地所有和粮食生产的统计数字而默默存在的,这样的研究取向实际上将农民反抗的研究重点误置了。农民阶级被构造出一种刻板印象,即作为一个摇摆不定的阶级,他们要么处于长期的可怜卑微、消极被动的状况,要么是短暂的、暴力的,却是徒劳无益的愤怒的爆发。① 换言之,学界普遍认定"真正的反抗被认为是有组织的、系统的与合作的,有原则的或非自利的,具有革命性的后果并且/或将观念或动机具体化为对统治基础的否定。与之相反,象征的、偶然的或附带性的行动则是无组织的、非系统的和个体的,机会主义的、自我放纵的,没有革命性的后果而且/或就其意图或意义而言,含有一种与统治体系的融合,即这种反抗无足轻重和毫无结果。"② 斯科特认为,此种视角遗漏了农民反抗的另一种逻辑,甚至是更为重要的反抗逻辑,即"反抗的日常形式(every day forms of peasant resistance)"。"理解那些我们可以称之为农民反抗的日常形式——平常的却持续不断的农民与从他们那里索取超量的劳动、事物、税收、租金和利益的那些人之间的争斗——要重要得多……无权群体的日常武器包括:行动拖沓,假装糊涂,虚假顺从,小偷小摸,装傻卖呆,诽谤,纵火,破坏等等。"③ 农民依靠这些长期使用,并且最有效的反抗技术,一方面规避了公开的、有组织的极具风险的政治运动,具有防御性效果,另一方面也达到了部分保护自己利益,对抗统治秩序的目的,并且强化了政治参与感。

---

　　① [美]斯科特:《弱者的武器》,郑广怀等译,译林出版社2011年版,第34—44页。
　　② 郭于华:《"弱者的武器"与"隐藏的文本"——研究农民反抗的底层视角》,《读书》2002年第7期。
　　③ [美]斯科特:《弱者的武器》,郑广怀等译,译林出版社2011年版,第35页。

"弱者的武器"理论的提出,虽然源于农民阶级对统治者的反抗,但它统摄了底层抗争政治的技术性逻辑和实践策略。该理论也被广泛应用在研究产业工人、农民工、医患的社会行动及群体性事件等方面,并表现出了极强的解释力。笔者认为,对"弱者的武器"概念的运用需要结合研究领域的特点,而不能奉行简单的"拿来主义",因此,在用此概念研究后单位社会矛盾中上访者的策略选择之时,应对其进行重新界定,即对于上访者而言,所谓的"弱者的武器"是指身处社会底层的上访者在表达诉求和争取利益的过程中,在主观弱势地位和客观正式制度缺位的背景下,所采取的制度外行动策略,包括越级上访、将矛盾公共化、以动乱威胁基层政府、编造谣言、对法条断章取义,等等。与原初理论不同,上访者运用弱者的武器,并没有以将行动隐匿来规避风险的取向,与之相反,他们甚至通过公开化、群体化、政治化的行动直接与对立方展开对抗,以表达诉求,争得利益。通过对本书列举的4个上访案例以及中心处理的数十个上访案例的归纳和分析,笔者整理出以下几种上访策略:

一 公开化与公共化矛盾

上访者在展开上访行动的过程中,由于利益表达不畅,矛盾迟而未决,他们所采取策略便开始逐渐变化,最为突出的表现就是将起初非公开的、私人性的上访行为,逐渐公开化和公共化,上访者一方面结成团体,展开集体行动,在直接对话中营造声势,提高身位,进而提升利益获得的可能性。另一方面"有意无意地暗示事件的严重性,以危及秩序的信号来唤起官员解决问题的诚意。"① 具体的策略有:

其一,展开群访行动,营造声势。案例中上访者在势单力薄的情况下,经常纠集具有相同诉求或相似诉求的人一起表达诉求,构成群体性事件。中共中央办公厅2004年所制定的《关于积极预防和妥善处置群体性事件的工作意见》中将群体性事件定义为"由

---

① 张振华:《"弱者的武器":群体性事件的政治解读》,《中共宁波市委党校学报》2012年第4期。

人民内部矛盾引发、群众认为自身权益受到侵害,通过非法聚集、围堵等方式,向有关机关或单位表达意愿、提出要求等事件及其酝酿、形成过程中的串联、聚集等活动。"这个概念较为靠近社会学界的集体行动理论,即"集体行动是指那些相对自发的、无组织的和不稳定的情况下,因为某种普遍的影响和鼓舞而发生的行动。"① 而激发集团生成并展开集体行动的最主要动因就是扩展诉求表达力量,引发社会关注,将上访事由"问题化",进而引起相关部门的注意并向其施压,以推动矛盾的解决以及诉求的实现。如王桂芬在上访期间集合 J 市的其他上访人员共同到政府请愿,李明伟称将和战友们一起穿军装去北京上访,20 户农民工连续集体到省人大信访办、市人大信访办、市委政法委等部门上访,多次围堵市政府大门。在中心代理的上访案中,还有很多大规模的群访案,比如 2015 年 4 月 12 日 300 多名被某公司骗取中介费的农民集体到市政府门前聚众上访,情绪激动,并与执法人员发生冲突。事实证明,这些群访行动也确实在一定程度上引起了政府的高度重视,并起到了逼迫政府正面做出回应的效果,其效力远超个人行为。

其二,破坏社会秩序稳定,威胁相关部门。上访人常常利用政府对于地域社会稳定的偏好,威胁甚至直接制造破坏社会秩序的行动,给政府施压,引起其重视。他们经常威胁政府,如"不给赔偿,我就点煤气罐","不给解决问题,我就去幼儿园杀孩子泄愤","满足不了要求,我就上大街砍人"。② 这些威胁恰好击中政府在治理中的软肋,迫使政府以"保平安"的逻辑重视上访者诉求,并作出让步,对于上访者所采取的极端上访行为,政府除了对其进行简单的处罚外,并无更好的应对策略,因此,付出一些代价换取上访者的稳定和整个地方社会的稳定,成为地方政府的一种治理策略选择。2017 年 4 月 22 日,中心接到政府信访部门紧急电话,一名上访人宣称已经在赶往北京的路上,将进京上访,信访部

---

① [美] 戴维·波普诺:《社会学》,刘云德译,辽宁人民出版社 1987 年版,第 566 页。
② 根据中心案卷资料中的接访记录整理。

门希望中心出面劝阻和拦截。中心马上派出两名律师赶往上访人家中，发现对方正在家里包饺子。了解后得知，上访人只是希望以进京上访威胁并催促政府尽早解决问题，在这番"较量"中，显然上访人更具优势，政府却极为紧张、被动和无所适从。我们在案例1中也看到，政府各部门领导平日里经常到王桂芬家"送温暖"，试图以小恩小惠的代价换取其稳定的状态，因为这直接影响到地方社会的稳定以及政府政绩评估的好坏。

其三，择日越级上访，给基层政府施压。在科层体制下，地方政府对上级政府负责，中央政府对地方政府具有强大的统辖力，信访带有的一票否决制，常常成为地方政府极为忌惮的政绩制约。上访人充分利用这一点，经常通过越级上访的形式到更高级别政府，甚至进京表达诉求；或者通过非常规手段，如打电话、写信、直接到家，找政府一把手解决问题，如在案例4中，20户访民跨过科层界限，联名给J市F区区长写信，并在信中声称"如果我们动迁时，政府不给回迁房住，我们坚决不迁走，并与我们现在居住的房屋共存亡，逐渐上访至北京。"① 并且在上访信的末尾，印上了20个鲜红的手印。此举将案件直接推到了一个"非解决不可"的位置上，虽然一把手还是将案件的处理权转交回信访部门，但案件来源已经变成了自上而下，自然会引起信访部门的高度重视。

在选择进京上访的时机上，上访人也有其特殊的策略，即挑选全国性重要会议，重要节假日时集中进京上访。"在维稳的高压态势下，压力型体制与信访排名制度给上访老户提供了新的政治机会。"② 特别是在敏感时期，地方政府忌惮中央压力的软肋成为上访人的可乘之机，案例1和案例2的上访人数次进京上访，几乎挑选的时间都是敏感时期，这也构成了上访非常重要的技术策略，正如中心Z律师说：

"上访人进京一方面是想让中央给他解决问题，但这都是次要

---

① J市信访法律服务中心内部卷宗2011第138号。
② 陈慧荣：《信访制度绩效与上访策略升级》，《上海交通大学学报》2014年第3期。

的,他们为什么非挑敏感时期去?就是知道你地方政府害怕中央怪罪你,他们就利用这一点,想在敏感时期上访给地方政府施压,其实还是让地方政府给他解决问题。很多上访人一到节假日就去北京了,我们都跟政府去接回来多少回了,接回来人家再去。"①

笔者发现,上述这三种具体策略不是孤立操作的,通常联合上演,如案例 1 中,王桂芬和汪玲花在北京上访的过程中,会综合采取一系列策略以达到目的,如试图冲击总理车队,把自己绑在天安门广场边的树上申冤,播放半导体扬声器,散发传单,在车站等人群密集地演讲,纠集上访团体抱团上访,与外国媒体联系并接受其采访等,力图把事件闹大,给政府施压。

上访者公开化和公共化矛盾的策略选择旨在使利益表达更为通畅,同时起到引起关注,给政府施压的效果。这种策略在运作中产生了一定影响:第一,催生了基层政府对于社会矛盾"大闹大解决"的治理逻辑;第二,即使在"无理访"的情况下,政府忌惮政绩威胁,也往往采取制度外的手段花钱解决问题,给予上访者一些"好处",但这种政府的行为本身便是对制度的破坏;第三,制度外应对策略的生成,进一步削弱了政府治理社会矛盾的制度化意识和能力;第四,政府针对此策略的回应机制仅仅达成一种刚性稳定状态。

二 钻研法条与主观曲解

笔者在翻阅上访人的申诉材料时发现,诸多上访人的上访材料后附有大量的相关法律条款以支持其诉求,这些上访人自查自学的法律材料上布满了他们勾画的痕迹,可以看出他们做出了十分精细的研读,以此作为上访抗争的合法性依托。如李明伟夫妻的申诉材料后附有关于安置的五个相关文件,分别是《退役士兵安置条例(第五章)》《国务院关于进一步做好城镇退役士兵安置工作的通知(国发〔2005〕23 号)》《退伍义务兵安置条例》《中国人民解放军志愿兵退出现役安置暂行办法(国发〔1983〕16 号)》《国发〔1997〕32 号文件》。周雅丽本人也说:

---

① 资料来源:2017 年 4 月 24 日在 J 市信访法律事务服务中心对 Z 律师的访谈。

"我这些年把我爱人能用到的法都查遍了,根据哪条哪条法律你这么做是不对的,你是犯罪的,根据哪条哪条法律你是必须给我赔钱的,我一清二楚……我最不怕那些司法部门的跟我谈法,我就想跟你们这帮专家谈法。"①

在笔者以研究者身份长期在中心工作期间,遇到了一位笔记本不离手的上访人,他每次到中心都拿着一个破旧的笔记本,在交流中,他向笔者展示了该笔记本,里面的内容是他摘抄的大量法律条文:

"我现在不管去哪上访,都带着这个本,这都是我这些年根据我的情况查的,这些玩意都证明我没毛病,是你单位的毛病,你凭啥在转制的时候把我们工人一脚踢开?你领导得了好处了,老百姓都下岗了,吃饭都成问题。这都是法律不允许的,这我都查到根据了,我遇到人就讲,咱摊开谈呗,我这都是有理有据的,我还怕啥?"②

可见,研究法条成为上访人获得上访合法性的重要途径,在查与学的过程中,上访者增长了一些抵御公共部门对其打压的能力,可以在制度化的法理框架内与公共部门展开对话。

研究法条自然对矛盾化解存有裨益。但事实上,法条在一定程度上又被上访者当作一种抗争工具,策略性地使用。上访人在研究法条的过程中,常常主观性地对其进行曲解和误读,以达到支持自己诉求的目的。当然,误用法条可能产生于知识制约,但很多时候乃是故意为之。例如,案例3中,被征房职工的上访材料中强调他们已经在Y有色金属加工厂工作了十四五年,根据1995年《劳动法》第20条规定,已经成为无固定期限的劳动合同关系,因此,企业转制后对工人安置不管,社会保险费用和再就业安置费不处理的行为是违法的。而事实上,我国1995年颁布的《劳动法》第20条的完整规定是:"劳动合同的期限分为有固定期限、无固定期限

---

① 资料来源:2016年9月15日在J市信访法律事务服务中心对上访人周女士的访谈。

② 资料来源:2017年4月18日在J市信访法律事务服务中心对上访人L大爷的访谈。

和以完成一定的工作为期限。劳动者在同一用人单位连续工作满十年以上,当事人双方同意续延劳动合同的,如果劳动者提出订立无固定期限的劳动合同,应当订立无固定期限的劳动合同。"而20户职工实际上并未提出订立无固定期限的劳动合同,因此企业是具有解聘权的,故他们所强调的对转制后企业不予安置其住房的抗议实际上也是无效的。这是上访者采取断章取义的方式利用法条的一个案例。还有一些上访者使用旧法条中对自己有利的条款为自己辩解,而否认新法条的效力。此外,如我们所知,许多法律法规是配合使用的,然而有一些上访人以不是专业搞法律的为借口,故意主观排除法条适用限制,扩大法条的适用范围,以为自身的利益服务。蓄意误读、断章取义、存旧否新等方式成为上访者使用法条为自己争取利益的武器。正如中心Y副主任所说:

"现在上访人研究他们那点案子,他们对法律条款的熟悉程度甚至超过了我们专业搞法律工作的,而且他们很会利用这些条款,我说的这个利用啊,不是说他熟悉、精通,而是他们通过长时间的研究,总能找到对他们自己有利的东西。无论是什么年代的,哪里颁布的,他们都能给你翻出来,拿着来了就说,你看,按照法律规定你得怎么怎么办,可有气势了。很多法律条款他们确实在没有专业背景的情况下,很容易误解,但是在很多时候,他们都是故意截取对自己有利的部分,去跟单位或者政府去理论。单位和政府跟他解释说,你这么理解是不对的,上访人就是不听,不信。"①

在本身缺乏法律知识的背景下,上访人通常会采取自查自学的方式丰富自己关于上访内容的法律知识储备,运用相关法律法条给自身诉求增添合法性,这一点无可厚非并应当积极鼓励,但他们又会采取一种利己的方式策略地运用法律法规,这当然有我国法制体系在客观上不健全的原因,但上访者的主观能动性同样不可轻视,策略性地使用法律法条,主观拓展诉求的合法性,为自身利益服务,也成为上访者常用的上访技术,或称之为弱者的武器。

---

① 资料来源:2017年4月26日在J市信访法律事务服务中心对Y副主任的访谈。

三 编造谣言并拓展攻击

当上访者无法通过正常渠道表达利益诉求，并且其诉求无法得到满足时，他们有时会采取编造谣言的方式，一方面以更严重的问题引起官方注意，拓展利益诉求，争取额外的好处；另一方面直接打击被访者甚至是政府部门，以达到泄愤的目的。在案例 1 中，王桂芬因为其丈夫医疗报销的上访诉求未得到妥善解决，开始编造谣言，拓展攻击对象。2000 年初，王桂芬上访称，M 分院大剂量用药，导致病情恶化并存在修改病历，定轻伤残级别的行为，由于王桂芬认为报销无法解决存在 M 分院干预的原因，因此她将矛盾指向从 L 矿务局的福利体系转向直接接触的 M 分院。其后，在矛盾持续的过程中，与王桂芬直接接触的最重要领导是 L 矿务局局长，王桂芬认为正是由于作为一把手的局长的阻挠才使得医疗报销无法达成。于是，在 2001 年，她又开始将矛头指向 L 矿务局局长，声称在干部调整过程中，L 矿务局局长任命程序是非法的，并反映他在分矿破产问题上违纪，骗取 1998 年、1999 年安全奖金和隐瞒西安矿爆炸事故真相等问题。除此之外，她还坚称 L 矿务局公安处、J 公安局东山分局、J 市劳教委对其拘留和教养的程序是非法的，并且造成了女儿严重的心理问题，从而进一步将矛头指向政府机关。中心接待部 S 主任说：

"很多上访人来中心的时候，就把自己的问题给严重化，比如政府打他了，单位不管他了，领导威胁他了，但我们后续调查中经常发现这些上访人反映的问题是不存在的，他们为什么这么做呢？我想大概有这么几点原因啊，第一个是他刚来中心，合计如果是个小矛盾，中心能不能管啊？所以他来中心就跟我们讲他怎么遭受迫害了，政府怎么暴力对待他了，他想通过这种方式来引起中心的注意。第二就是纯粹的给无理访找理由，以获得更多的利益。比如在中心代理的一起犯人在监狱心脏病死亡案件中，家属连监控录像都没看过，就坚持说狱警发现了这个死者求救，可就是不管。后来我们费挺大劲，各方面协调，把录像拿到了，人家怎么没管？第一时间就去施救了，只是没有成功。所以跟家属说的情况完全相反。他为什么这么说啊？还不就是想让监狱多赔点钱吗？"①

虽然获得关注和利益是造谣者行动的重要机制，但另一个动机，即对被造谣者的打击同样不可忽略，在某些时候，编造谣言已经超越了简单的经济利益获得层面，甚至成为上访者进行攻击的利器，此时现实矛盾已经升级为非现实矛盾，变得极其复杂和剧烈。我们可以发现，编造谣言，拓展攻击这个策略的产生也与上文中所阐释的"气"的积累和升级存在重要关联。

以上呈现的是仅展开于上访人、被访者、政府之间的谣言，其运作空间和影响力还比较有限，但是当谣言被上访者散布到社会流通场域中，往往会引起巨大的波澜。谣言之所以容易被公众采信主要是因为：其一，政治信息不对称，如果官方舆论出现失语状态，谣言便不可避免地成为"不明真相"② 的群众的替代性选择；其二，谣言所展示的弱者受强者压制，符合受传者的偏好和预期；其三，谣言能够激活本身具有利益受损基础的"无直接利益冲突者"内心压抑的不满；其四，谣言之间通过相互印证，便可能产生三人成虎的效应。J 市综治办 Z 副主任说：

"跟上访人比，我们才是弱势群体，他们现在比我们有话语权。他们今天说政府打人了，明天又去北京说我们地方政府贪污受贿了，骗他们了，不给解决问题了。很多社会上的人就跟着起哄，就像他们真看见了似的。所以他们这么一说，就算没有这个事，对政府造成的影响也不好啊，很难把政府的形象完全扳过来。"③

政府部门虽然可以通过官方平台进行辟谣，但在社会舆论的压力下，也可能做出一些制度外的妥协，防止谣言再起和稳定社会情绪，而政府的妥协一方面造成了制度的破坏，生成了一种亚秩序，另一方面也使部分上访者认定此种策略确实有利可图，这无论对于彻底化解矛盾还是建构法理性社会都是不利的。

---

① 资料来源：2017 年 4 月 24 日在 J 市信访法律事务服务中心对接待部 S 主任的访谈。

② 陈潭、黄金：《群体性事件多种原因的理论阐释》，《政治学研究》2009 年第 6 期。

③ 资料来源：2017 年 4 月 19 日在 J 市信访法律事务服务中心的座谈。

四 作为利器的弱者符号

上诉三种上访策略由上访者在上访实践中发展而来，为的是给上访带来"事半功倍"的成效。实际上，上访者最为直接的"弱者武器"正是其弱者的"身份符号"。米德、布鲁默等人提出了经典的"符号互动理论"，认为人类具有独特的制造符号和运用符号的能力，依靠这种能力，人类从本能反应和生物程序中得到解放。他们将词汇、语言、面部表情、语音语调、体态等理解为互动的符号载体。① 实际上，"身份"也是互动中的重要符号，正如吉登斯所说，"互动必须依赖个体在活动的时空情境中的'定位过程'②；而社会关系则关注个体在符号范畴和纽带所构成的'社会空间'中的'定位过程'。社会定位的有关规则一般是具体规定了某一特定社会身份或从属于某一特定社会范畴的人所拥有的权利和义务。"③ 身份是互动中非常重要的因素，也成为上访者在与"对手"展开互动过程中得以利用的武器。在一些时候，弱者身份是不必操作使用的，其自然便可以直接释放出一定力量；而有些时候，上访者也主动操持利用其弱者身份，为满足诉求增添砝码。

据中心工作人员介绍，本书的 4 个案例以及中心办理的许多上访案例中，上访人获得的利益补偿实际上都是超出制度规范的。调研发现，这些额外利益的获得与他们身为弱者的身份具有显著的关联。案例 1 和案例 2 中王桂芬一家和李明伟夫妇的生活都极其困窘，如果上访诉求丝毫得不到满足，他们的生存底线都存在被击穿的风险。B 主任就曾在与政府部门的联席会中强调："就算法律不支持，我们也一定要给予他们人道上的救助，帮他们渡过生活上的

---

① ［美］乔纳森·H. 特纳：《社会学理论的结构》（下），邱泽奇译，华夏出版社 2001 年版，第 23—25 页。

② 吉登斯认为人类的主体活动的开展需要一个"定位过程"作为前提，他对于定位过程的界定来自于他的著作《社会理论的核心问题》："社会定位过程是某种社会身份，它同时蕴含一系列特定的（无论其范围多么宽泛）特权与责任，被赋予该身份的行动者（或该位置的'在任者'）会充分利用或执行这些东西：他们构成了与此位置相连的角色规定（role-prescription）。"

③ ［美］吉登斯：《社会的构成》，李康等译，中国人民大学出版社 2016 年版，第 83 页。

难关。"① 案例 3 中 20 户职工如果在政府拆迁工程中得不到补偿，将遭遇无家可归的现实，D 省人大常委会信访室给 J 市人大常委会的"来访转办单"中强调，"20 户职工面临拆迁的房屋是其唯一的住房，必须给其合理的安置补偿，请予以重视，督促相关部门查清事实，给其合理的补偿安置，并答复上访人。"② 案例 4 中巨额的尸体保存费对霍海力一家而言可谓是天文数字，是不可能承担起的。考虑此方面因素，B 主任在"关于免收霍海力家属尸体保管及火化费用的协商函"中提到霍海力家里经济条件十分困难，其妻子患有严重的神经类疾病，确实无力承担此笔费用。恳请公安局免除死者家属的尸体保存、火化等费用。此建议也得到了 J 市政法委书记的支持。正是基于这些现实原因，在中心的协调下，政府才灵活运用信访救助金、法律援助金等款项对他们实施了救助，而如果完全按照法律法规办事，这些救助额度将大打折扣，"弱者身份"在中间起到非常重要的作用。"作为武器的弱者身份不满足于以弱者的武器进行抗争，而是公开地、喧闹地、非制度化地以弱者身份进行维权抗争。"③ 董海军通过对数个信访案例的挖掘，精致地分析了"作为武器的弱者身份"何以可能的问题，他认为，其一，同情弱者是人的天性和表现自己品德的手段；其二，弱者蕴含着道德潜力，能够搅动舆论，赢得关注与支持；其三，弱者抗争暗含着反抗不平等，其抗争行为带有伸张正义的味道；其四，弱者能够享受制度性或政策性庇护。④ 举例而言，当一个钉子户阻挡政府的拆迁工程的时候，民众所关注的往往是政府的拆迁造成了钉子户家园的毁灭，而常常忽视钉子户的行为给政府工程造成的阻碍，在公众的眼中，给钉子户解决居住问题被塑造成政府理应为之的工作。

对弱者身份的运用一方面以底层政治的形态展开，另一方面又

---

① J 市信访法律服务中心内部卷宗 2015 第 26 号。
② J 市信访法律服务中心内部卷宗 2011 第 138 号。
③ 董海军：《"作为武器的弱者身份"：农民维权抗争的底层政治》，《社会》2008 年第 4 期。
④ 董海军：《"作为武器的弱者身份"：农民维权抗争的底层政治》，《社会》2008 年第 4 期。

不以斯科特定义的"隐藏的文本"① 方式存在，弱者在对抗强者的争斗中，总是将其"弱者身份"公开运作，以其换取抗争的资源。在运作中，上访者发展出许多实用的策略，比如：（1）"炒作式表达"。上访人向舆论公开甚至夸大境遇的窘迫性，以弱者身份特有的正义色彩和符号权利赢得社会舆论的倾斜，将政府绑架在道德的立柱之上。如王桂芬曾在北京上访时，将自己绑在天安门广场边的大树上，此举正是"夸张"地向人们展示其不幸，以搅动舆论，暗合了许多人同情弱者仇视强者，为弱者伸张正义的情绪。（2）"不知法犯法"。上访者采取越轨行为后，以不懂法为由逃避严厉追责的策略，一位多次进京上访均被遣回的上访者 Q 大爷说：

"我们工人不懂法，你们政府就不能那么对待我，我就上访咋的了，我有冤就得申，我去北京咋不行了？凭啥拦着我？你跟我说不让去北京我就不去啊？我这还算好的，我听说还有去北京给抓起来拘留的，那太不合理了吧。我们去北京是反映问题，你凭啥抓我啊？"②

与上文中专研法条的策略不同，以法律知识不足为由公开示弱，也是一种上访策略，上访者通过建构起一种"不知者无罪"的主观认同，为"不合规"的行为开脱。在这种情况下，政府也很难以违法犯罪行为处理上访人，因为一旦为之，无异于将矛头扳向自己。（3）"以死相逼"。上访人在抗争的过程中以自身的生命为威胁，营造出一个政府不给解决问题就无法生存的状态，如周雅丽多次强调如果不给解决问题，她将带着孩子去北京跳楼，20 户职工上访案中也有人表示，如果房屋被拆迁无家可归了，就"死给政府看"。这种以死相逼在道德层面给予政府极大的压力，如果完全按照规章办事，很多诉求是不合理也不应给予救助的，但考虑到"以人为本"的道德价值，政府还是不得不进行一定程度的妥

---

① 斯科特认为，如果从属者的话语在支配者在场时是一种"公开的文本"，那么"隐藏的文本"则用以说明发生在后台的（offstage）话语，它避开掌权者直接的监视。"隐藏的文本"因而成为由后台的言说、姿态和实践所构成的确定、抵触或改变了"公开的文本"所表现的内容。

② 2016 年 10 月 17 日在 J 市信访法律事务服务中心对上访人 Q 大爷的访谈。

协和让步，因为如果真的发生极端事件，政府面临将是社会基本道德的审判。正如高见泽磨的论述："逼迫他人自杀的人是会受到法律谴责的，在这种正义情感下，对于感到被逼入绝境的人来说，自杀成为最后的攻击性抵抗手段。扬言要自杀，并故意让人看到为自杀而做的准备性工作，仅此而已就可以成为进攻的手段，周围的人必须把这件事当做至关重要的事来对待，这一点足以让法院下达判决时犹豫不决。"①

综上所述，带有弱者身份的上访人超越了被强者压制，听任摆布的局面，弱者身份以一种抗争优势或抗争资源在上访者的上访行为中充当着重要的角色。弱者以弱势的身份符号为武器"打破了本来固有的强者与弱者的结构性力量悬殊，使得双方的力量对比关系发生动态流动，在不断的抗衡过程中建构新的秩序。"② 甚至，在某些特定的场域内，政府与上访者的强者与弱者身份发生了互换。

第四节　中心"社会性治理技术"的运作及功能

伴随 19 世纪下半叶科学技术进步释放的巨大能量，技术治理的逻辑油然而生，以凡勃仑、泰勒、丹尼尔·贝尔为代表的西方学者试图将科学技术引进到社会治理的领域当中。技术治理的逻辑在根源上讲，就是追求"社会运行的理性化，尤其是政治活动的科学化。"③ 尽管人本主义者、自由主义者、马克思主义者、历史主义者从不同角度反对科学技术在社会领域的强制性及其对人的奴役，但不可否认，技术治理已经成为社会治理领域非常重要的一股

---

① ［日］高见泽磨：《现代中国的纠纷与法》，何勤华等译，法律出版社 2003 年版，第 196 页。
② 李晟赟：《弱势当事人博弈策略的微观解读》，《河南科技大学学报》2010 年第 2 期。
③ 刘永谋：《技术治理的逻辑》，《中国人民大学学报》2016 年第 6 期。

力量，并不断推动着社会治理的模式转型与理念创新。

技术治理的实践勾勒出了当下中国社会治理转型的图景轮廓，渠敬东等用总体性支配到技术治理的演变为线索研究中国的社会治理问题，他们认为改革以来中国社会结构的一个重大变化，即不再像前 30 年那样沿循着某种总体性支配的方式，或者通过群众性的规训、动员和运动来调动政治和社会经济诸领域的各种力量，而是为诸领域赋予一定程度的自主权，来释放基层社会的活力。① 中国社会的治理结构转型中呈现出"行政吸纳政治""一事一议的项目发包制""数字治理"等极具技术治理特征的治理模式。目前学界对社会治理的研究有很大一部分是围绕中国国家治理现代化步伐中技术治理的实践及反思展开的，并且这些研究均是以"国家"为中心的。中国的治理技术实践被化约为政治性或行政性治理模式的探索过程，在此治理图景中，社会性要素被视为一个欠缺主动能力的角色，诸多论者认为，即使在社会管理全面走向社会治理的模式转换中，社会性要素仍然高度受到政府部门的摆布，特别是极具公共性和建构性的社会组织始终以技术治理的客体角色存在，政府如何运用政治或行政技术以及如何操持社会力量，成为社会治理模式呈现何种面貌的核心。

但我们必须注意的是，社会治理对社会管理的替代，最为主要的变化就是社会要素被囊括进治理的场域之中，这一变化颠覆了政府一家独大的格局。因此，我们需要思考，我们展开社会治理转型的根本动力为何？笔者认为，其根本动力就是以新的社会治理结构和模式适应新的社会结构，回应社会转型期面临的新问题和新挑战，匡扶政府一元化管理的缺陷与不足，以达至社会良性运行的目标。在这个过程中，"社会性治理技术"的运作十分关键，因为它是真正突破传统治理体制的自下而上生成的技术，这种治理技术生成于以政府部门为中心的技术治理场域之外，在运作中又嵌入其中，受其影响但又不不完全任其摆布。在政治性和行政性技术治理

---

① 渠敬东、周飞舟、应星：《从总体支配到技术治理——基于中国 30 年改革经验的社会学分析》，《中国社会科学》2009 年第 6 期。

第四章　中心化解上访案例及其"社会性治理技术"分析

难以生效甚至被撤销合法性的场域中,社会性治理技术的运作拓展了治理的效能,拆开了治理模式转型进程当中,政府治理行为难以覆盖或者难以破解的死结。

历经数年调研,笔者发现J市信访法律事务服务中心在参与社会矛盾化解的过程中,建构起一套蕴含社会逻辑、社会资本、社会建构性的"社会性治理技术",在政治性和行政性技术治理难以生效的社会矛盾化解场域中,"社会性治理技术"的运作成为问题破解的关键。本书在社会组织参与社会矛盾化解领域所界定的"社会性治理技术"具有以下内涵与特质:(1) 此矛盾化解技术具有极强的社会建构性,是以专业性社会组织为主体,自下而上生成的具有民间性、社会性、专业性的矛盾化解方式和方法,突破了受行政逻辑、市场逻辑所支配的政府化解社会矛盾的传统机制,是以社会元素补足信访制度短板的探索实践。(2) 在社会矛盾化解这类涉及社会秩序稳定的"限制介入型"事务中,此矛盾化解技术无法由社会组织独家操持运作,与行政元素形成耦合协动关系是其生效的必要条件,因而"社会性治理技术"是社会机制对信访制度的有力补充,而非替代。(3) 在社会矛盾化解的政社协动过程中,社会组织凭此技术的发挥,拓展了话语权与自主性,超越了以国家为中心的技术治理逻辑,摆脱了对政府的绝对依附。需要特别澄清的是,"社会性治理技术"并非定位于技术治理机制的反面,而是在技术治理展开过程中,社会性元素自主性与能动性的呈现,其实质是在"社会管理"向"社会治理"转换的治理格局中,作为矛盾化解工作的一方主体:社会组织在与政府部门协同共治中,所提供的顺应社会逻辑、富含社会资本、充满社会智慧的矛盾化解"社会性方案"。

本书以"J市信访法律事务服务中心"参与社会矛盾化解为对象展开实证研究,力图归纳与提炼出J中心在参与社会矛盾化解过程中生成和运作的"社会性治理技术",挖掘其理论内涵,反思其优势、价值、限度,即回答社会组织介入社会矛盾化解的何以可能与何以可为。"社会性治理技术"只是本书提炼的一个宏观概念,此概念必须存在实质性的内容支撑。本部分以J市信访法律事务服务中心化解的信访案件为根基,归纳总结出社会组织几项行之有效的治理技术。

一　强调与访民建立密切"互动关系"

齐美尔的形式社会学强调的是与具有"统治力"的宏观视角背道而驰的人类交往中的形式和类型,其是在社会互动的过程中生成的,社会现象的呈现均是社会互动的直接或引申结果。正如齐美尔所言,"功能理论和一些冲突理论所研究的宏观结构和宏观过程最终只不过是人们之间具体互动的反映"①。他开启了欧洲社会学对社会互动的研究之门。作为经典社会学人本主义的代表人物,韦伯也强调,"隐藏在阶级、国家、制度、民族这样一些社会宏观结构背后的社会现实,是人们之间富于意义的和象征性的互动"②。社会互动论对结构功能主义这种宏大理论提出了挑战,强调微观的互动中也蕴藏着巨大的社会力量,伴随这种社会力量被互动理论勾勒得越发清晰,人与人之间由互动生产出来的情感力量成为互动理论研究的中心环节。

柯林斯将分析的微观单位视为"相遇",即至少两个人彼此面对并进行互动。相遇中的所有交流都是以手段和仪式的交换为中介的,相得益彰、彼此留意、共同关注点、姿态与对话的协调和共鸣节奏、共同情绪和符号化,所有这一切都激发了情感,并进一步和提升人们的这些感觉。这些仪式被柯林斯视为互动的"情感性能源"。③ 柯林斯进一步强调,"情感能量是互动的真正驱动力,并具有高回报性"④。西奥多·肯珀分别讨论了权力和情感、地位和情感之间的关系。他相信,第一,一个人在社会关系中越是体验到地位的提升,其安全感和信心也就越大;相反,一个人在社会关系中

---

① [美]乔纳森·H. 特纳:《社会学理论的结构》(下),邱泽奇译,华夏出版社2001年版,第11页。
② [美]乔纳森·H. 特纳:《社会学理论的结构》(下),邱泽奇译,华夏出版社2001年版,第13页。
③ [美]乔纳森·H. 特纳:《社会学理论的结构》(下),邱泽奇译,华夏出版社2001年版,第105—106页。
④ [美]乔纳森·H. 特纳:《社会学理论的结构》(下),邱泽奇译,华夏出版社2001年版,第107页。

越是感受到地位的丧失，其焦虑和恐惧感也就越强，并导致信心丧失。第二，一个人在社会关系中越是预期到权力的获得而没有实现，其焦虑感和潜在的恐惧感也就越大；相反，一个人在社会关系中越是预期到权力的丧失而又没有发生，其满足感和潜在的信心也就越大。第三，一个人在社会关系中越是体验到地位的提升，其满足感和安全感也就越强，他也就越趋于喜欢那些给他这一地位的人们，并与他们联合起来。如果人们得到了比预期更多的地位，就会得到满足和安宁。第四，如果权力和地位有所损失，将有可能带来愤怒和冲突行为。①

在中心介入之前，社会矛盾调处过程中所呈现的上访者与公共部门之间的接触，并未形成真正意义上的互动，也因此无法根治问题，原因在于：其一，在科层制覆盖的公共部门当中，工作人员是去人格化的，在上访者表达诉求的同时，面对上访人的并不是具有丰富情感存量的"人"，而是一个个几乎剥离了情感的"职位"，上访者情感的输出无法得到相应情感的回应，取而代之的是案件在部门之间空转或诉求被直接退回，缺乏情感互动自然无法建立两者之间的基本信任。其二，在上访者与公共部门的接触中，上访者的权力和地位处于极端弱势的位置，上访人的安全感和信心在公共部门的压制下遭到打击，并在此境况下积累起上文所讲的"气"，难以排解。其三，公共部门对社会矛盾的化解仅仅是在结果上做出评判，并未真正切入到矛盾过程本身，这种跳出矛盾又试图化解矛盾的矛盾治理模式本身就存在逻辑悖论。中心以社会组织的身份介入，与上访者在案件的进展过程中形成了良好的互动关系，并对矛盾的调处起到了关键的推动作用，其成功的要点在于：

（一）深度情感互动

社会组织中与上访者形成互动的是具有全面人格的成员，他们的情感并未被科层体系剔除，在案件的办理过程中，上访者与中心

---

① ［美］乔纳森·H. 特纳：《社会学理论的结构》（下），邱泽奇译，华夏出版社2001年版，第109页。

成员之间展开了深度的情感互动,中心成员给予了上访者积极的回应,这种区别于人与职位、人与部门之间的人与人之间的直接沟通产生了巨大的能量。就具体方法而言,首先,中心在接待上访人时认真聆听并记录,给予他们足够的尊重,让他们认识到在中心,自己的诉求真正可以得到充分表达。其次,中心工作人员给予上访人表达以积极的回应,这种回应以同情上访人家庭状况的窘迫、生活压力的沉重和认同诉求的合理性为主,让他们意识到中心的共鸣,促使其在情感上接受中心,并进一步打开心扉。再次,中心常常采取一些救助方式,获得上访人的信任。比如为上访人提供旅费和住宿费用,请上访人吃饭等。通过这种方式,渐渐消退上访人对中心的防御性,进而建构起信任。正如 B 主任提到:

"我们能够化解政府化解不了的矛盾,用的最关键的方法,你看 Z 上访人这个案子,一个是同情他们,首先谁家都有难处,我们得设身处地地为他们着想,如果这个事解决不了,他们将面临什么,这都是我们需要考虑的。第二就是要跟他交朋友,拉感情,让他信任你,这是最重要的基础。拉感情的时候我俩到饭店差点没喝醉,他就说,老兄,你是全国劳模,你能请我吃顿饭,我们在饭桌吃饭的时候,我们一点别的不讲,就是交朋友。他要寻死的时候,我就跟他讲人生,好死不如赖活着,不能辜负了父母给的生命,然后再一点一点跟他渗透,我们帮他调卷,这么一大摞卷,我来帮他看,他这个冤点在哪,我替他去讲。他在维权的时候,对他有理的这部分,我们从律师的角度,一定要给他提供这种无私的、仗义执言的,敢为他讲话。我跟你讲,现在把我们帮助他的录像给他放,他立刻眼泪就能流出来。"①

(二)赋予平等性互动

在中心代理上访案件的过程中,上访人摆脱了与公共部门接触过程中的极端弱势地位,中心赋予了他们互动关系中的平等性。以社会组织身份呈现的中心天然地与上访者之间不存在级别、地位、阶层之间的鸿沟。在中心律师第一次接触上访人之时,会向上访人

---

① 2016 年 9 月 14 日在 J 市信访法律事务服务中心对 B 主任的访谈。

发放中心编写的"信访人须知",简要内容如下:

信访人须知①
(权利义务告知书)

尊敬的各位信访民众:

您好!

我们是J市信访法律事务服务中心的律师,是每位信访人的知心朋友。本中心是由J市律师协会会长、全国维护职工权益十佳杰出律师、全国法律援助先进个人B主任组织创办的,是以律师义务为信访人提供法律服务,帮助信访民众用法定程序和诉讼方式解决信访问题的民办非企业法人单位。中心主要是对您的诉求经过司法程序终结后,您认为案件处理不公或有错误,和您对发生法律效力的各种法律文书不服而进行上访,以及您为维护自身权益对信访涉及的法律、法规及相关政策规章不知晓而需要法律咨询帮助时,请您到本中心来向律师或法律专家咨询您信访的涉法问题。中心会帮助您依法信访、用法维权,防止和避免您因维权不当可能受到行政或刑事追究,为此特向您告知如下信访人享有的权利和应遵守的法律规定⋯⋯

在中心这段以书面形式与上访人展开的文字对话中,中心对信访人的态度极为恭谦,多使用"您""尊敬""朋友"等词,在与上访人接触的初始阶段,即以平等身份向上访人传达了一种尊敬和重视的情感。上访人C女士说:

"我们去政府上访,就觉得身份上低人家官员一等,人家也很少关注你。我在那说,他们听都不听啊,等我说完了,他们就说,说完了啊,说完了回去吧,我们解决不了。来到这(中心)就不一样了,我来求他们办事,人家还给我倒水,人家就没拿我当个麻烦,真是全心全意给我分析问题,告诉我应该怎么办。这样的中心

---

① 中心内部资料:《信访人须知》。

你说能不是典型吗？"①

案例 2 中周雅丽也在访谈中提到：

"在这（中心）我们这个位置就颠倒过来了，之前我去政府部门，人家都不接待我，我在北京排队，从凌晨 3 点开始排队，排到晚上都接待不到我。"②

由于中心赋予了上访者在与公共部门打交道之时极为欠缺的权利和地位，以一种平等的身份与其展开互动，上访者得到了较强的满足感和获得感，便愿意与中心展开合作，中心通过对上访者"平等权利"和"平等地位"的赋予，使其进一步加深了对中心的信任度。

（三）全程介入性互动

政府信访部门当前所做的工作仅停留在"窗口接待"或"给出法律意见"，这种"表面服务"极大限制了信访工作的效力，信访问题无法得到根本解决。纵观中心化解社会矛盾的工作图景，我们可以清晰地看到，中心从接案开始便全程介入矛盾的化解过程当中，甚至在每一个环节都不曾缺席。以案例 3 为例，中心在矛盾化解的过程中所做的具体工作可以概括为：（1）组织中心法律专家和律师集体接访；（2）在二审中义务出庭代理；（3）在三审中义务出庭代理；（4）与 J 市中级人民法院协调案件；（5）参加信访涉事各部门的联席会；（6）与 20 户职工签订息访救助协议；（7）与 20 户职工签订"附条件息访救助协议"；（8）逐户办理搬迁的相关手续；（9）逐家查看搬迁情况、挨家发放救助款。可见，几乎在矛盾化解的每个细节中，均有中心的介入，具有全程性特征。

政府部门在处理信访案件之时，一个关键性的障碍就是政府本身对上访人表达的信访事项并不了解，仅片面地介入矛盾化解过程，难以断定孰是孰非，因此能做的只有按照法条规定去"生搬硬套"。治理理论强调，治理本身是一个动态过程，而不仅仅是结

---

① 2017 年 4 月 27 日在 J 市信访法律事务服务中心对上访人 C 女士的访谈。
② 2016 年 9 月 15 日在 J 市信访法律事务服务中心对上访人周女士的访谈。

果呈现，因此高效的社会治理应当是治理主体完全"浸入"治理的事项当中。全程介入使得中心更能够厘清信访事件的来龙去脉，能够在与信访人长时间全面的互动中，准确地为其提供所需要的服务，做到服务有针对性，有的放矢。如在一项社会矛盾的化解中，中心律师的工作历经一年之久，同上访人见面沟通达几十次，电话沟通时长累计达几十个小时，互通短信近百条，如此全程性、全面性的服务，从一个侧面提升了矛盾化解的可能。

综上，以"深度情感互动""赋予平等性互动"和"全程介入性互动"为载体，中心与上访人之间形成了有效的互动，在此过程中，上访人的情感输出得到积极回应，对话中的权利和地位得到提升，信访事项的进程得到全程关照，这些要素组成了社会组织极具社会性的"互动式"治理技术，填补了行政性社会治理中"平等社会主体"之间互动的空白，释放出巨大的能量。并且互动的过程也是中心对上访人"解气"的过程，即将上文提到的信访人积累的"戾气"排解出去，以推动问题的解决。

二　将"专家赋权"作为社会资本注入

现代性社会治理的议题纷繁复杂，国家公共部门开始呼唤具有专业知识、素养和能力的专家学者参与决策的制定工作，以保证社会治理的质量。近年来，各级政府开始组织形成专家智库，专家决策委员会等，为社会治理出谋划策。专家学者参与社会治理是技术治理的重要方式，正如刘永谋所言，"技治主义分支变种繁复，歧义纷呈，但均持两个核心立场：原则1：科学管理，即用科学原理和技术方法来治理社会；原则2：专家政治，即由接受了系统的现代自然科学技术教育的专家来掌握政治权力。"① Technocracy 在一些译文中甚至被直接译为"专家政治论"。可见引进专业知识以保证治理的科学和绩效，是现代社会治理领域颇为流行的模式选择。但是在技术治理的框图中，专家学者与掌权者始终是一对纠缠在一起的角色，一方面，专家政治在很大程度上仅是一种政府主导的治理模式手段，专家政治的自主性仅在行政框定的范围内展开。有的

---

① 刘永谋：《技术治理的逻辑》，《中国人民大学学报》2016年第6期。

学者将专家政治视为"政治戴上知识的假面"①，是政府部门和权力精英借助人们对知识的信赖，以吸纳专家为形式，提高权力操纵合法性的手段，实际起到决定性作用的仍然是掌权者，专业知识被吸纳到政治知识体系当中，为其服务。另一方面，当知识精英与权力精英发生共谋时，极易生产出"寡头政治"，专家政治的风险在于极有可能产生出掌握于精英手中的、不受控制的权力，它将服务于特殊价值或利益，而非公共福利。② 但是，与此同时，我们似乎也需要从一个自下而上的角度去讨论专家知识与技术究竟填补了政府治理的那些空缺或短板。回归本书提议，我们试图与政治性相对，跳出技术治理的逻辑，单纯基于社会性层面解读社会组织中具有专业知识的专家在矛盾化解的工作中的技术性及其效果。调研发现，法律专家所具备的专业性知识技能成为 J 中心妥善化解社会矛盾的重要社会资本。

（一）以专业知识将信访收归法理边界

政府信访部门及信访工作人员的一个为人诟病之处在于其社会矛盾化解能力的不足，"政治知识"主导而"专业知识"缺乏是造成这一困境的最重要因素。政府只有能力采用"政治手段"或"经济手段"平息冲突，而这往往造成了矛盾进一步加深。举例说明，在一起上访人儿子被杀的案子中，由于是其儿子主动带刀，并先动手，因此，法院并没有判处杀人者死刑，由此引起了上访人不满，多次要求法院判处以"杀人偿命"的原则判处对方死刑，并采取了非常极端的上访手段。为平息上访人情绪，化解矛盾，政府一方面给予其经济补偿，并在节假日为其送油送米，另一方面又追授其子"见义勇为英雄"称号。但这两个看似有利于化解矛盾的努力却收到了相反的效果。据中心 W 律师介绍：

"他就认为，'你看，你政府承认我儿子是英雄了，我儿子是见义勇为，是大英雄，你把英雄杀了，凭什么不给判死刑。你政府

---

① Torgerson Douglas, Between Knowledge and Politics: Three Faces of Policy Analysis, *Policy Sciences*, Jan 1986, p. 39.
② 张海柱：《知识与政治：公共决策中的专家政治与公众参与》，《浙江社会科学》2013 年第 4 期。

总给我钱什么意思，不也是心虚吗？不就是应该判死刑你没判，自己没法接受自己的错误吗？你来贿赂我来了。我不要钱，我是奔啥来的？我不是奔钱来的，我是奔公平正义。他还挺高大，你再用他的嘴跟别人说，本来政府跟法院没啥过错的事，他这么一说，完了，人家就得说你看现在政府也黑了，司法也不独立了，这不就造成了这种影响吗。"①

可见，政府在化解矛盾的策略选择上，几乎被"政治知识"所支配，而这种逻辑产生的效果往往适得其反。专业律师参与化解和代理信访案件，最为重要的一点便是向信访人输入了专业法律知识，引导其以法理性诉求表达取代越轨性抗争行为。中心在业务推进的过程中，专业律师以其法律工作者的身份介入信访案件的处理过程，为信访人提供了专业支持，依理、依法解决其矛盾纠纷，消弭上访人对政府的极端性抗争行为，也帮助政府在很大程度上维系了社会秩序。中心律师从第一次接待来访开始就以专业知识为主导，劝导上访人以合理合法的形式表达诉求。在上文提到的"信访人须知"中附有《中华人民共和国刑法》《信访条例》《中华人民共和国集会游行示威法》《中华人民共和国治安管理处罚法》和《中华人民共和国刑法》中对信访人权利义务的法律规定，从法理上向来访人说明其权利和义务的边界。另外，上访行为的一个突出特点是，上访人经常将诉求没有原则边界地无限扩大，并在上访持续的过程中将这些"超现实"诉求进一步加强，内化为问题解决的重要条件。中心律师所做的非常重要的一项工作就是从专业的角度对其释法解惑，给上访人框定一个较为合理的诉求范围，律师的专家身份也让上访人容易接受这一范围，回归理性，有利于矛盾的顺利化解。中心接待部 S 主任讲：

"我们接待部在一开始就跟上访人详细地介绍，按照法律，你这个东西应该怎么办，我们不会把问题踢走，你说我能踢给谁？只要上访人来了，我们还有法律知识，就算我们没有能力解决问题，

---

① 资料来源：2016 年 10 月 17 日在 J 市信访法律事务服务中心对 W 律师的访谈。

我们也能从专业的角度给他提点建议。"①

上访人 G 女士说：

"我们不懂，中心这些律师人家懂，人家都是专业搞法律的，我来的时候跟刘律师把情况一讲，人家马上就知道我这事情应该怎么怎么办，依法应该走什么程序，怎么去打官司。告诉我不能去闹，说我本来占理，闹着闹着就违法了。他说得确实对，我就非常信任他。"②

以专业知识将信访收归法理边界不仅呈现在中心对信访人做的工作之上，在协同政府处理信访案件的过程中，中心律师也有能力修正已经生效的处理结果。部分法律法规尚未健全、政府化解工作的介入间接性、信息与技术障碍等可能会导致信访案件的处理结果未能完全公正，而处理结果的认定即意味着上访人丧失了继续表达诉求的合法性权利，信访诉求也不可能再被正式接纳，由此可能引发上访人更为激烈的越轨行动。在这样的情况下，专家的知识介入可以有效修正错判漏判，还案件处理一个更为公正的结果，提升处理结果的合法性，以此促使上访者息诉罢访。

（二）行使专家身份的特有权利

信息的阻塞往往加固和加深了上访人的被动和弱势地位，而他们也并没有权利去要求公共部门公开想要得到的信息。律师的身份带有特殊权利，如阅卷和调查取证权等，中心律师有权到公共部门查阅、收集资料，整理信息，以推动矛盾的化解。在一起看守所犯人发病死亡引发的看守所与犯人家属之间的矛盾中，家属方猜测看守所没有及时将其送医是造成死亡的根本原因，并要求查看看守所的监控录像，这一诉求被看守所断然拒绝，看守所方面屡次将家属拒之门外，导致家属直接认定看守所负主要责任。在中心介入之后，中心律师凭借特有的权利才将监控视频调出。B 主任介绍：

"现在还有最大的一个问题，就是你在信访的时候，信访部门

---

① 资料来源：2017 年 4 月 21 日在 J 市信访法律事务服务中心对接待部 S 主任的访谈。

② 资料来源：2017 年 4 月 23 日在 J 市信访法律事务服务中心对上访人 G 女士的访谈。

管你要证据。那不是开玩笑吗？信访自己怎么去收集证据？他们根本没有渠道。律师法规定了，我们律师在代理案件的时候，就能够有权利去调卷，去收集证据，你政府部门的信息可以不对上访人公开，但是得对我律师公开。"①

在面对立案难的局面时，中心律师有渠道与司法机关协调、沟通，促进一些上访案件成功立案，在中心负责代理的一起"银行存款老少乐"案件中，通过多次努力，终于成功让 J 市法院立案，Z 律师表示：

"他们老少乐这个案子，人家法院不给你立案，你来怎么找都没有用，就是不给你立，你有什么办法？银行通过打擦边球，甚至违法的方式挣钱了，老百姓亏钱了。人家银行和政府、法院那是什么关系？你老百姓又能跟人家有什么关系？这不案子就转到我们中心来了吗？我们也是费了好大的劲，跑了多少回，终于是把案子给立上了，二审虽然是输了，但是咋说呢，有了中心，至少老百姓的诉求能摆上桌面研究了。"②

可以说，中心律师身份所特有权利的行使过程，实际上也是为上访人赋权的过程。赋予了他们获取信息的权利，扩展了成功立案的权利，而这些基础权利正是上访人极其缺乏的，对社会矛盾化解又十分重要的。

（三）以专业知识"柔化"信访案件处理结果

在专家治理的展开过程中，专业知识以柔性的形态，"柔化"了政府刚性治理逻辑和结果。此种"柔化"存在两种形式：一是以专家释法析理，引导信访人接受处理结果。在中心处理的诸多案件中，按照法律规定，许多信访案件已经走完了最后一个流程，其结果已然板上钉钉。但由于对处理结果不满，上访人依旧以非常激烈甚至极端的方式表达诉求，使得在程序上终止的社会矛盾在现实中依旧剧烈呈现。在此种情况下，政府部门开始向中心寻求帮助。如在一起故意杀人案中，死者母亲曾扬言，"如果不判处杀人犯死

---

① 资料来源：2016 年 9 月 15 日在 J 市信访法律事务服务中心对 B 主任的访谈。
② 资料来源：2017 年 4 月 23 日在 J 市信访法律事务服务中心对 Z 律师的访谈。

刑，就要制造震惊全国的事件，要找几个人陪她一起死"。然而 C 市中级人民法院经过审理，按照法律规定，被告人将不被判处死刑，为防止死者母亲的行为可能造成的恶劣后果和影响，C 市中级人民法院向中心发来"关于商请介入信访工作的函"，商请中心律师以专业角度做死者母亲的稳控工作。最终，通过中心专家多次对其释法析理，阐明对方不被判处死刑的法律依据和其儿子行为违法的依据，死者母亲终于认同了这一结果，最后，死者母亲与中心正式签订了"附条件息访息诉救助协议"和"律师息访代理协议"。这表明，专家介入过程中的专业性知识更易于得到人们的信赖，以此得以有效推动信访人接受矛盾的化解结果。二是凭借专业知识的"柔性"运作，将信访案件的结果做制度外的合理延伸。对于一些走完信访处理流程，而上访者对处理结果无法接受进而持续上访的案件，中心律师以专业角度为上访人寻求一些合理的司法救助，作为矛盾化解的重要筹码。中心 Y 副主任就曾介绍：

"很多信访案件，我们对结果也无法改变，因为按照规则就得那么办。但是信访人他不接受啊，就继续闹。这个时候我们就得非常仔细地研究案子，想想能不能从别的角度给他（信访人）整点赔偿，当然都是合理合法的。"①

综上，法律专家的专业知识在社会矛盾的化解格局中起到了尤为关键的作用，它填补了政府"政治知识"之外的空白，将信访的表达、回应、处理收归到法律的边界当中，可见，专业知识并不完全是受掌权者操控，为掌权者发声，专家学者也并非政治家的附庸和仆役。专家学者的专业知识在社会矛盾治理的格局中具有一定程度的自由度和自主性，并释放出巨大的能量。

三 以"组织化运作"拓展矛盾化解效能

调研发现，"组织化运作"是社会组织参与社会治理最有力的武器，我们在此所讲的组织化力量，意指的是社会组织作为一个"组织化"的机体，具有实现个体力量无法触及的目标的优势与能

---

① 资料来源：2016 年 10 月 18 日在 J 市信访法律事务服务中心对 Y 副主任的访谈。

力。我们可以发现,中心生成的社会性逻辑,一方面源于 B 主任立志为上访人免费代理的个人行为,另一方面也发端于 B 主任所认识到的,律师单枪匹马为信访人义务代理所存在很大局限。成立"组织化"的中心,很好地破解了这一困局。中心治理技术中的"组织化运作"对于中心工作的开展运行起到了至关重要的作用,提升了中心化解社会矛盾的效能。

(一)团队协同,破解科层制弊端

科层制一般出现于行政组织和大型企业中,是为维持其管理有效性和生产绩效而创制出的管理模式。[①] 韦伯所描述的科层制特点主要包括:(1)有持续不断受规则所约束的行为与正式经营,这里强调的是确定的规则性和去人格化;(2)组织内部的成员具有专业技术资格,并据此分工以达到更高的绩效;(3)各个职位依照官职层级制的原则以技术性法规或规范节制,有明显范围的权限;(4)行政干部在所有权和经营权分离基础上的对于法理化的遵从。[②] 由于以上特点,科层制也暴露出其弊端,如机械僵化、复杂烦琐、仪式主义、寡头政治等。受当前中国社会组织的运行环境影响,科层制的某些要素虽然也向中心有所渗透,但中心在业务开展层面上还是呈现出与科层制不同的特点,这也成为组织功能得以有效发挥的重要因素。首先,中心的人员架构较为扁平,除了 B 主任作为组织领袖处于最高层之外,其他各部门的主任和中心的执业律师在工作中几乎没有上下级的关系,不存在层层上报、申请、审批的组织结构。其次,与科层制不同,中心各部门之间存在协调的联动关系。在化解社会矛盾的业务开展中,各部门是协同作战的,调解委员会主任可以去接待上访人,诉讼代理部的律师也可以协调办案,组织运行的过程打通了部门之间的界限,组织成员的"职位标签"较弱。再次,中心会经常举行例会,一般为每周一次,如有特殊情况,例会随时召开,组织成员在会上共同讨论研究

[①] 田毅鹏、张帆:《转型期社区组织的科层化及其走向——以 C 市 J 社区为例》,《吉林大学社会科学学报》2014 年第 3 期。

[②] [德]韦伯:《经济与历史:支配的类型》,康乐等译,广西师范大学出版社 2004 年版,第 307—310 页。

案件的处理方法和意见，达到"专家会诊"的效果。最后，科层制的逻辑是向上级部门或上级领导负责，而中心作为社会组织，直接对上访人负责，排除了一些外部干扰因素，直击社会矛盾化解事务的本身。中心Z律师介绍他们的团队工作时如是说：

"我们就一个主任，我们底下这几个副主任、律师啊，没有啥级别，我们都是一起干活。你别看我们分属各个部门，你就觉得就我们几个人跑业务，去调查，完了开庭，他们就在办公室接待、调解，不是这样。我们接到一个案件之后，如果问题比较严重，几乎都是全员出动，我们都是搞法律的，他们也都是退休的法律口的老干部，都懂。你像甄检（检察长）那都跟我们跑了多少回了，刘主任那都亲自上阵啊，老少乐这个案子，他亲自上银行跟人家谈去。所以我想说啥呢，我们接到比较难的案子了，就一起干，开会，大伙拿到会上讨论这个事该怎么解决，我们这么一碰，就总能商量出个方案来。"①

（二）建构工作制度与方法，推进业务开展

迈耶的新制度主义认为，"任何一个组织都必须适应环境而生存，必须从组织和环境的关系中去认识组织现象。"② 可见，制度主义并不十分主张从组织内部的机理展开组织现象研究，而是更为重视"外部制度环境"对组织的形塑作用，并由此提出了"组织趋同理论"。迄今，对社会组织制度的研究也大多以社会宏观制度为背景展开，企图解析组织制度生成和运行的外部性因素。但我们应当清楚的是，组织内部制度对于组织的运行同样起着至关重要的作用。"从管理学的角度看，内部制度是对内部分工进行管理与协调的一种工具。"③ 当深入中心内部挖掘其"社会性治理技术"的逻辑与实践时，我们发现，其"内部制度"的建构和"工作方法"的提炼，对于其化解社会矛盾功能的实现具有非凡的意义，而这是作为个体的律师无法操持的。

---

① 资料来源：2017年4月28日在J市信访法律事务服务中心对Z律师的访谈。
② 周雪光：《组织社会学十讲》，社会科学文献出版社2003年版，第106页。
③ 翟校义：《行政组织的内部制度及其效力外部化问题》，《中国行政管理》2002年第4期。

正如上文介绍，中心建立了《信访法律服务中心办公制度》《咨询接待制度》《协调办案制度》《诉讼代理制度》《中心各部门工作联系制度》等8项规章制度以及咨询告知法、签订停访协议法、义务代理法、联动化解法、听证息访法、救助公证法等6种工作方法。这些内部制度和方法以"组织知识"的形式在矛盾化解工作中发挥关键作用，一方面给中心的工作提供标准化模式，另一方面又提供可考的专业方法。制度的构建和方法的提炼是组织特有的功能，是对个体功能的巨大超越。如中心与上访人签订"附条件息访息诉救助协议"，并由公证机关进行公证。由于中心属于民办非企业法人组织，如上访人违反协议，中心有权利以民事平等主体身份追究上访人的违约责任，以此制约上访人的复访行为，而这种权利和资源是中心作为社会组织所特有的。与此同时，我们需要格外注意的是，在社会性较强的社会组织内部，自生的组织制度是灵活多变的，与政府部门的刚性制度具有本质区别。质言之，具有社会自生性的制度能够灵活地自我放大和缩小，在制度运作对矛盾化解起到正向功能时，制度便成为有力的武器；在制度运作有碍于矛盾化解时，制度便自我收缩，取而代之的是更为灵活合理的非制度性应对。

（三）扩展合法性，连通公共部门

在中国传统的社会管理格局中生成了一种正式组织间的对话机制，公共部门"对组织不对个人"，特别是在单位时期，个人被完全吸纳进单位体系，个人与国家公共机关产生的互动均是以单位组织为载体展开的。并且这种对话惯习也延续到当前的国家与个人互动关系当中，一般而言，与公共部门展开对话的主体只有具有正式组织性质，此对话才会被官方认定正式和有效，并引起重视。因此，组织超越了个人，具有连接公共部门的重要功能。

转型期方兴未艾的社会组织是基于公共性而建构起来的得以容纳个体，并具有合法性表达机制的第三部门。组织化的信访法律事务服务中心实现了许多律师以个体名义无法实现的功能，首先，中心具有化解社会矛盾的合法性身份，中心是经J市民政局注册登记，挂牌成立的民办非营利企业法人单位，这样在与公共部门对话和互动时，便形成了组织之间的制度性联通，而非极其不稳定且被严密防范的个人行为。其次，中心与政府部门沟通以"发函"的形式展开，政府交由中心的案件转办均是开具红头文件：《案件转办函》，并盖有公章。中心也通过向政府发函，征求处理意见，汇报化解结果等。再次，中心与涉事单位之间的沟通通过中心开具介绍信的方式进行，明确中心律师的身份。中心 W 律师介绍：

"我们律师个人去了被访单位，人家都不给开门，你是哪来的？凭啥来调查我？我们中心就想了个招，开个介绍信，表明一下中心的身份，这样我们律师去了，人家一看，你是来解决问题的，并且是政府主管的，不是来胡闹的，这样我们至少能敲开门。"[①]

笔者也发现，中心的介绍信使用率非常高，中心工作人员几乎每次外勤都需要随身携带，介绍信成为中心律师合法性身份的象征。

"组织化"对于后单位时期呈现出"原子化"特征的社会个体而言尤为重要。后单位时期，大量社会成员从正式组织中离析出来，脱离了组织的个人失去了组织身份，成为游离的"社会人"，在此期间，个人失去的更是与公共部门对话的渠道与合法性。因此，我们在这里讨论的并不局限于上访人的利益表达通道阻塞，而是所有以个体身份呈现的社会人在与公共部门对话之时，均面临合法性不足的困境，这主要是因为"组织"与"个人"这两种不同属性的主体之间难以形成嵌入式对接。而在公共部门注册的社会组织是以合法性组织的形态与公共部门互动的，弥合了两类主体之间的张力。正如中心所呈现出来的，律师作为职业个体，在介入信访案件的处理过程中，面临诸多合法性限制；但中心赋予了律师一种制度化的社会角色，律师以社会组织成员的身份介入社会矛盾的调处工作，律师行动便代表组织行为，组织经由政府部门正式注册，其活动展开具有合法性，并且具有更高层次的话语权。

（四）定位中立与公益性质，建构社会信任

中心作为社会组织具有明确的公益性、中立性，这是组织角色

---

① 资料来源：2017 年 4 月 28 日在 J 市信访法律事务服务中心对 W 律师的访谈。

特有的，而个人角色无法表征的。公益性和中立性也成为中心实现化解社会矛盾的关键之匙。中心文字材料就写道，"信访法律服务中心是在信访人与政法机关互相对立、互不信任的情况下产生的，广大信访人之所以信任中心，就在于中心的中立第三方地位。J市信访法律事务服务中心作为专业性的民间法人组织，其性质决定了参与化解和代理工作的独立性和中立性。中心作为中立第三方，能够遵循自愿平等、依法据理、实事求是、公平正义的原则评析、对待涉法涉诉信访案件，不受党政机关和政法机关的左右。其次，中心为信访人提供全程的义务法律服务，体现了中心律师参与化解和代理工作的公益性。信访人与诉讼代理律师建立的有偿服务关系决定了律师在代理案件中会倾向于信访人，有时甚至违心地服从信访人。公益性的最大好处就是切断了有偿律师与信访人之间的利益纠葛，使信访律师能以客观、公正的心态和身份去处理每一起信访案件。同时，这种公益性还为信访人解决了经济上的实际困难，得到了信访群众的普遍欢迎。"①

律师是通过国家司法考试并依法取得律师执业证书，接受委托或者指定，为当事人提供法律服务的执业人员。律师最根本是一项社会职业，然而与一般性的职业不同，律师的职业性质含有更为深广的社会责任。在与委托人的关系中，律师往往被视为委托人利益的代表者，因此，利益第一，公平与正义第二的问题也常引起公众对律师职业伦理的讨论。作为一种社会职业，律师运用专业知识赚取利益的行为无可厚非，这也是律师执业的根本属性。然而其社会责任却在经济利益的掩盖下难以充分发挥。因此，以个人身份呈现的律师几乎与中立性、公益性无缘。与此相反，整合了数位律师和法律工作者成立的中心具有明确的中立与公益性质，因此中心律师自然带有组织赋予的属性特征，律师得以在代理信访案件过程中保持利益无涉和价值中立，充分、纯粹地运用所专业法律技术科学合理地解决信访问题。而这一点也正是赢得社会信任的关键。

---

① 中心内部资料：《发挥专业优势 勇担社会责任：积极探索创新律师参与化解和代理涉法涉诉信访案件工作新途径》。

"像 Y 这个案子，他就是认定杀人偿命、欠债还钱，他不懂法，他就认这个理。僵化，已经形成了一个固定的模式。"只要法院不给判死刑立即执行，法院执法就不是公正的。"但这个时候法院再去给他解释，他不听，他认为法院是护着自己的判决，你省高院也是要护着你 C 市中院的判决。他就认准了，谁跟他说啥没有用。就需要第三方，我们没有利害关系。我们给他这个案子代理也是费了挺大劲，我们经过了挺长时间才取得了他的信任。一开始 B 主任给他打电话，你谁啊？我不需要你。别说你一个律师，我只能找北京，找总书记，找别人谁都不好使。后来经过很多次跟他讲，我们是这样一个组织，我们不是法院，我们在身份上是中立的，另外我也不挣他钱，是义务的，再加上慢慢一点一点真心实意地给他办事，他才真正接纳我们了。"①

四 建构"多元联合机制"协同化解矛盾

治理理论所强调的最重要一点是多元主体的"协动共治"，无论是政府一元治理还是社会主体的一元治理均有悖于治理理论的基本逻辑。因此，治理的场域绝不是简单的单元素堆积，而是多元素组合与配适。基于其社会属性，中心在化解社会矛盾的过程中，自身权力权威不足，化解工作的开展面临制约，单凭中心的力量难以协调多方关系，甚至无法踏过社会矛盾化解工作的门槛。在这种情况下，中心会主动地寻求联合，以扩展其治理权能。

（一）自下而上构建政社联合制度

囿于单纯的社会属性，中心在化解矛盾的过程中经常遇到合法性不足的问题，在这种情况下，中心采取了自下而上寻求构建政社矛盾治理联合制度的方式推进矛盾化解工作的开展。除上文已经提到的《工作联系制度》外，中心还向 J 市政法委提交了《关于协调办理涉法涉诉信访案件的若干意见》（以下简称《意见》）。《意见》指出，"第四条：全市各级公安机关、人民检察院和人民法院对信访服务中心受理的信访案件，应给予支持和协助，应本着全面协作、大力配合、有利息访的原则，确定联系和落实息访适宜的工

---

① 资料来源：2016 年 10 月 17 日在 J 市信访法律事务服务中心对 Z 律师的访谈。

作部门即工作人员，并建立相互交流工作的联系制度，对信访服务中心发送的各类协助函件，应在十个工作日内书面回复。第五条：处理信访案件由市委政法委统一领导和协调，信访服务中心有权向被访部门通过电话、传真等简便方式了解情况，被访部门应予以配合。第六条：信访服务中心受理案件后，有权根据案情到被访部门和相关部门查阅、摘抄、复印相关案件的卷宗材料。信访服务中心律师调卷时，应出示律师证和信访服务中心的调查介绍信，被访和相关部门应积极配合。"① 这一《意见》也是被 J 市委政法委转发至相关部门。中心的全体律师和法律专家还起草了《D 省律师参与涉法信访工作条例》，并于 2016 年 10 月 26 日上报给 D 省人民代表大会，"各被访政府部门和司法机关应当支持、协助信访法律志愿服务中心和参与涉法信访的代理律师的息访工作……有义务向信访法律志愿服务中心提供该信访事项相关的全部证据资料的复印件……对被访单位拒不协助的，造成不能息访后果的，依照党纪、政纪和本条例追究被访单位负责人和直接负责人的责任……信访法律志愿服务中心及其律师代信访人向具有法定管辖权的人民法院、人民检察院和公安机关提交法律规定的起诉状、再审申请书和抗诉申请书等各类司法申诉文书和为息访发出的协调函的，本省各级人民法院、人民检察院和公安机关应当依照法律程序进行审查，并按法定期间书面裁定或者决定是否受理，并将书面答复意见送达涉法信访人和代理申诉的律师。"以上几个文件的起草、拟定及颁布实施，在很大程度上得益于中心主观寻求政府相关部门对中心工作予以官方支持，并给予中心更广泛的权能而做出的努力。中心希望借助政府的"赋权"，破除化解社会矛盾工作中的制度性制约。

在社会治理领域，我们常见的协动模式是政府自上而下作为联合体的发起点，调动各方面力量共同实现治理目标，但这种模式可能演化成一个"行政吸纳政治"的结构，后果往往是各方力量在政府的调配下失去主动性，为政府的政治目标或行政目标服务，而

---

① 中共 J 市委政法委员会文件：《关于转发 J 市信访法律事务服务中心〈关于协调办理涉法涉诉信访案件的若干意见〉的通知》（J 市政法发〔2011〕24 号）。

忽略了社会目标的实现。正如黄晓春指出,"这种社会动员往往是围绕某些具体治理目标而展开的,动员者更注重的是社会动员的规模以及解决问题的效率,但相对而言不太注重此过程中社会主体性的培育和公共性的构建。作为后果,这种社会动员的累积性效应大多有限,可称为'工具主义'的社会动员方式,这也是技术治理的又一表现形式。其实质在于基层政府更注重社会机制之'形',但却较少关注社会主体之'实'。"① 而中心作为社会组织,以其为多元治理发起点所凝结的多元治理主体均向社会力量这一中心靠近,并以实现社会目标为根本动力,这对于突破以国家为中心的治理逻辑和培育社会性、公共性有所裨益。

(二) 通过灵活手段寻求政府部门协助

制度的设置不总能发挥作用,正如中心2015年工作总结中提到:"下一步工作亟需强化与各政法机关的工作联系机制。中心成立初期,市委政法委转发了我中心《关于协调办理涉法涉诉信访案件的若干意见》,我市各政法机关与中心的工作联系制度也相继建立。但有时彼此工作联系不够,双方转办案件不规范,办案随意性较大,有时对中心发出的案件建议函不能及时回复,对案件处理意见有时仅局限于个人层面的沟通,很难在市信访程序上解决问题,上述《意见》已经不适应当下中心的发展。因此,我中心将在下一步工作中建议市委政法委出台更加具体、明确的指导双方工作的意见或办法,为更好发挥中心息访维稳的职能作用提供制度保障。"②

基于正式制度在运行当中面临弹性不足、时间成本高、双方连接不畅等制约,中心在化解矛盾的过程中往往不是通过发函、申报等正式形式请求政府部门的协调和帮助,而是直接通过"电话沟通",更为直接地破解制约,推动工作的开展。刚从公安局调卷而归的中心S律师介绍说:

"我刚去公安局调卷,人家根本就不给你看,他们说你也不是

---

① 黄晓春、嵇欣:《技术治理的极限及其超越》,《社会科学》2016年第11期。
② 中心内部资料:《J市信访法律事务服务中心2015年工作总结》。

政府部门，我凭啥给你看？我就给主任打电话，后来 B 主任跟政法委领导打电话说了这个事，公安局接到政法委电话才让我进去的。"①

J 市综治办的 Z 副主任说：

"他们中心一开始真的是到处碰壁，去人家政府部门或者去被访单位，就说我来给你们化解矛盾吧。你是哪来的啊？凭什么管我们的事儿啊？对方都会这么想，这样很正常，包括我们也怀疑他这个到底能发挥什么样的作用，别再把事儿给我们挑大了。但是通过一点一点地干，法院、检察院，包括政法委是认识到了这个中心确实能发挥很大作用。他们在工作中啊，经常会主动联系我们，一方面跟我们汇报汇报这个化解的进程，让我们放心，另一方面他们在办案的过程中，遇到不配合的单位，他们 B 主任就给我们打电话，说老哥啊，我们工作进展不下去了，有些资料对方不提供啊，总跟我们反映，我们就出面给他们开开绿灯，包括政法委也总帮他们出面，毕竟我们还有一定的权力。现在我跟他们几个老干部还有律师处得都非常好。"②

中心的几位法律专家均是 J 市政法系统的退休干部，他们通过电话沟通的效果不言自明，这种正式制度之外灵活的联合形式，向中心注入了非常实用的权利。以中心为起点的这种积极主动的联合也赢得了政府的信任，笔者调研发现，如今每周都会有司法部门的工作人员主动带着案卷来中心请律师评议，从源头上规避冤假错案。J 市中级人民法院的 W 法官介绍：

"我们一开始是不接受他们介入的，因为我们觉得这个是自己的事，上访人来访我们法院了，我们应该自己解决，而且再说了，他们有什么权利去质疑我们的判决？但是经过一些我们一起化解的案子的经历，我们觉得他们以第三方的身份介入也确实给我们法院办了不少事，很多非常激进的上访人，我们自己没法调解，但是他

---

① 资料来源：2017 年 4 月 22 日在 J 市信访法律事务服务中心对 S 律师的访谈。
② 资料来源：2016 年 10 月 18 日在 J 市信访法律事务服务中心对综治办 Z 副主任的访谈。

们总能有能力帮我们解决问题。我们现在也是非常信任他们，毕竟他们也都是专家，特别是还有我们部门退休的前辈，交给他们我们放心。你看我今天拿来这些案子，都是有点疑问的，我们怕完出现问题，特意拿来让他们给评议评议，也是从源头上避免冤假错案的发生。"①

当信访案件已经三级终结，信访人诉求具有一定合理性，但通过法律途径无法解决，且生活极度困难时，中心往往会采取帮助信访人申请法律援助的形式为信访当事人解决实际困难，实现息诉罢访。中心位于 J 市司法大楼的 8 楼，而 9 楼就是 J 市法律援助中心，并且中心 L 副主任原为 J 市法援中心主任。所以，中心无论在距离上还是在身份上，都可以很方便地与"楼上"沟通，协调法律援助资源，联合化解矛盾。

（三）通过召开"联席会"和"听证会"整合治理资源

中心在运行中发现，其化解能力不足以应对一些重大疑难的社会矛盾问题，因此中心采取召开"联席会"和"听证会"的策略整合各方资源，共同推进矛盾的化解工作。正如上文提到的《D省律师参与涉法信访工作条例》中指出，"对于需要召开由人大代表、政协委员和社会各界参加的信访听证会的，被访部门和有关机关应到场答辩，给予支持和配合，对于重大缠访案件，中心提出书面化解意见，报市委执法监督部门，由市委政法委组织相关部门召开联席会，共同研究化解办法和方案。"在上述案例 2 和案例 3 在化解的过程中，由中心中间协调，分别召开了由 J 市信访局和 J 市中级人民法院主持的联席会，政府部门、涉事单位就信访案件共同协商解决，这种统合多方资源和思路的协商方式，在矛盾化解过程中起到了非常重要的作用。中心 Z 律师介绍：

"联席会呢就是我们遇到疑难的大案子了，自己解决不了，我们就得跟政府部门还有被访单位协调，上访人管政府和单位要钱去了，人家也没答应我们啊，我们说了也不算啊。所以我们就在办案的过程中，把相关部门都找来，开个联席会，大伙坐一起就合计

---

① 资料来源：2017 年 4 月 28 日在 J 市信访法律事务服务中心对 W 法官的访谈。

呗，集思广益，这个案子怎么化解好，怎么办能接受。我们中心会提出一些处理意见，大伙商量呗。"①

另外，中心创立了"听证息访"的矛盾化解方法，即由中心牵头，举办信访听证会，联合省市人大代表、政协委员、各民主党派人士、法律专家、知名律师、老上访户代表等多方主体共同参加。在听证会上，共同对信访案件进行讨论研究，对上访者的诉求予以回应。阿伦特强调，"公共"的概念，"首先意味着，在公共领域中展现的任何东西都可以为人所见、所闻，具有可能最广泛的公共性"②。哈贝马斯也表示，"公共领域最好被描述为一个关于内容、观点也就是意见的交往网络；在那里，交往之流被以一种特定方式加以过滤和综合，从而成为根据特定议题集束而成的公共意见或舆论。"③ 听证会正是搭建了一个在社会公共领域具备公共性的网络。其中需要特别注意的是，中心采取了"搅动存量"的方式，将矛盾成功化解的信访人聘为"人民信访听证员"，他们以利益无涉的同类群体身份向信访人释法明理，得到了信访人的信任。笔者调研期间在中心遇到了前来"串门"的 M 大爷，他说：

"我得感谢这个中心，人家 B 主任是真不错，能帮我把事情解决掉，拿到了政府的赔偿，这人的工作能力不一般。我这都多少年了，没人给我解决，他一管就好使。现在我是中心的听证员了，中心要是再开听证会，他们就给我打电话，我就过来，我就想通过自己的亲身经历告诉那些跟我有一样遭遇的人，信这个中心就对了，别去北京了，别去闹了。这个中心是真给我们办事。我今天是去存点话费，路过这就上来看看，很亲切呀。"④

综上，中心在社会矛盾化解的工作中生成且充分运用了一套自生的，极具社会性的社会矛盾化解技术。通过此治理技术的展开，

---

① 资料来源：2017 年 4 月 28 日在 J 市信访法律事务服务中心对 Z 律师的访谈。
② [美] 汉娜·阿伦特：《人的境况》，王寅丽译，上海世纪出版社 2009 年版，第 38 页。
③ [美] 尤尔根·哈贝马斯：《在事实与规范之间：关于法律和民主法治国的商谈理论》，童世骏译，生活·读书·新知三联书店 2003 年版，第 446 页。
④ 资料来源：2017 年 4 月 24 日在 J 市信访法律事务服务中心对上访人 M 大爷的访谈。

社会的自主性被充分调动，社会资本被搅动和激活。利用社会资源应对社会事务，相较于政治资源和行政资源而言，具有独特的优势，收获了良好的效果。特别是在社会矛盾化解这个特殊的领域，中心的专业性、中立性和公益性优势充分彰显。中心"社会性治理技术"的作用效果回应了社会组织被行政强力吸纳和被技术治理体系强制卷入而丧失自主性的论调。

迄今，学界将过多的精力放在了如何治理社会组织的研讨上，将社会组织视为社会治理的客体，社会组织在一些文章中成为"被治理的治理者"。无论是市民社会模式还是法团主义模式，抑或是本土化的第三条道路，均在讨论社会组织在后单位时期中国社会再组织化的进程中应当被塑造成何种角色，应当被赋予哪些权限。我们必须承认，在国家与社会关系的框架下讨论当前中国社会组织的形态具有极强的理论意义，但这只是社会组织研究的一个维度，另外一个不容忽视的研究维度应当是社会组织在治理特定的社会事务时，其作为社会治理的一元主体，为治理注入了哪些元素，其社会性治理技术的内容是什么，是如何生成的，又产生了哪些影响，即回答从"社会管理"转换为"社会治理"的过程中，社会要素究竟发挥了何种作用。特别是在某一项专业的社会服务领域，社会资源的嵌入及运作对传统单一性国家权力和资源统辖的社会管理体制实现了何种超越。

第五章 政府与社会组织调处社会矛盾的"互嵌性"及其展开

伴随单位制走向消解,广义上的各种类型的社会组织开始承担先前由单位包揽而今被离析出的一系列社会事务。照应萨拉蒙将"占据介于市场和政府之间的社会空间的各种社会组织"视为"结社革命"的主体①,我国于20世纪80年代开始,社会组织逐步发展成为后单位社会结构中的中间环节,起到联结国家与个人的纽带作用。我国社会组织体制的形成及历史演进划分为三个阶段,其一是社会组织兴起最初十年左右,以放任发展和分散管理为特征的管理体制;其二是从20世纪90年代开始的以限制发展和归口管理为特征的双重管理体制;② 其三是从2013年开始逐步拓展社会组织自主性,实行行业协会商会类、科技类、公益慈善类、城乡社区服务类社会组织直接登记体制。由此可见,我国社会组织的历史演进始终在国家与社会关系的框架中运行。学界既有研究认为,国家对社会组织的管控一般以"取缔打击""准入控制""限制竞争"和"分类控制"的方式呈现。正如康晓光和韩恒所说,"国家允许公民享有有限的结社自由,允许某些类型的社会组织存在,但不允许它们完全独立于国家之外,并不允许它们挑战自己的权威。"③ 针对提供社会服务的社会组织而言,王诗宗等也强调"行政机构是否认同服务型社会组织(行政合法性),成了能否在更广阔范围内

---

① [美]萨拉蒙:《全球公民社会:非营利部门国际指数》,陈一梅等译,北京大学出版社2007年版,第5页。
② 王名:《社会组织与社会治理》,社会科学文献出版社2014年版,第5—14页。
③ 康晓光、韩恒:《分类控制——当前大陆国家与社会关系研究》,《社会学研究》2005年第6期。

发展的前提。"① 一言以蔽之，我国市场经济的发展和社会领域的扩张不是"国家空心化"的结果，也不是类似于西方社会与国家分庭抗礼的斗争战利品，而更多是源于政府职能转型过程中，国家对部分权力的主动分放和对社会空间的主动让渡。

基于以上，当我们强调社会组织的"社会性治理技术"的同时，必须认识到社会组织并非孤立而为，而是天然地嵌入于国家治理体系当中，与政府之间发生着频繁且深入的资源和资本交换、互动，并构成了协同共治的逻辑。在两种力量的对接与互动中，任何一方都不仅仅以客体的身份存在，特别是嵌入于国家治理体系中的社会组织，其主观能动性生产出一种反嵌力，自下而上地影响着整个社会治理格局。

质言之，在社会矛盾的治理逻辑与实践中，缠绕着十分紧密的"政社互嵌"。一般而言，行政要素的嵌入被视为社会组织发展的巨大制约。但是，基于中国浓郁的国家本位的政治文化传统和身处改革进程中的过渡性社会结构，"政社互嵌"的治理逻辑实则达到了一种"政社双向增权"的效果，对社会治理产生裨益。政府与社会任何一方断然的退场所引发治理格局的倾斜，均将对治理产生制约。

第一节 "政社互嵌"的机制：从波氏、格氏理论到本土化建构

一 波氏、格氏嵌入理论回顾

亚当·斯密、李嘉图、马尔萨斯等古典经济学家基于"理性经济人假设"，指出经济是不需人为干预的由市场组织的体系，理性算计、自利性和效用最大化追求是行动者经济行为的根本出发点，市场可以凭借"价格机制"平衡需求与供给之间的关系，达

---

① 王诗宗、宋程成、许鹿：《中国社会组织多重特征的机制性分析》，《中国社会科学》2014年第12期。

第五章　政府与社会组织调处社会矛盾的"互嵌性"及其展开 / 213

至市场"出清"的状态，市场的自由发育可以全面实现价格稳定、充分就业和国际收支平衡。基于以上判断，古典经济学家普遍认为市场具有自发的调节功能，社会应当从属于市场，以市场附庸的形式生存。在"理性经济人假设"的强大话语权笼罩下，社会学的研究也常常将"理性经济人假设"作为分析人类行为和社会结构的出发点。

波兰尼在其著作《大转型：我们时代的政治与经济起源》中批判了古典经济学家所倡导的市场自我调节理念，认为纯粹的自律性市场是"彻头彻尾的乌托邦"①。他逐一否定了劳动力、土地和货币的商品属性，将其称为虚拟商品，并认为虚拟商品为社会设定了一个组织原则，即任何干预市场机制的行为都必须被禁止，这一原则也以多种方式影响几乎所有的社会制度。然而只有借助商品（commodity）的概念，市场机制才得以适应（geared to）工业生活的诸多要素，劳动力、土地和货币商品的虚拟性使得这一原则无法维持。② 市场不足以在虚拟商品上发挥它预期的功能，国家权力的运作对于这三种虚拟商品极为重要，国家如果完全抛弃其在管理市场上的角色，市场将面临失衡的危机，因此市场必须嵌入于社会中。并且，他认为19世纪的社会历史是一个双重运动的结果，世界商品市场、世界资本市场以及世界货币市场在金本位制的庇护下为市场机制提供了空前绝后的动力；但是一个深层次的运动已然形成，在自发调节市场体系所固有的威胁面前，社会奋起保护自己——这就是这个时代历史的综合性特征。③ 基于虚拟商品和社会双重运动的影响，波兰尼做出经济"脱嵌"于社会的尝试是不可能成功的判断。

颠覆经济淹没社会的古典经济学思想，波兰尼提出了"嵌入

---

① ［英］波兰尼：《大转型：我们时代的政治与经济起源》，冯钢等译，浙江人民出版社2007年版，第3页。
② ［英］波兰尼：《大转型：我们时代的政治与经济起源》，冯钢等译，浙江人民出版社2007年版，第63页。
③ ［英］波兰尼：《大转型：我们时代的政治与经济起源》，冯钢等译，浙江人民出版社2007年版，第66页。

性"的概念,试图阐释市场和经济全面嵌入社会结构和社会关系中的普遍逻辑。他认为:"经济体系是被吸收在社会体系之中的"①,即社会是一个极其复杂的综合性机体,经济与市场是嵌入在这个机体中的一部分内容,并受其制约。波兰尼较为宏观地论证了经济与社会的嵌入性关系,但对具体的嵌入过程、规则和实践未展开深化研究。因此,波兰尼所谓的"嵌入性"还处于概念提出阶段,"嵌入性"的理论化工作主要在 20 世纪 80 年代,由格兰诺维特完成。

格兰诺维特通过对经济学假设和社会学假设的比较研究,在其著作《镶嵌:社会网与经济行动》中明确提出,在经济学和社会学领域存在两种大相径庭的"社会化意识",古典经济学家强调"低度社会化",试图论证生产、分配和消解行为完全不受社会关系和社会结构的影响。在完全竞争的市场内,没有生产者与消费者能明显地影响总体供给与需求。社会学研究则呈现出"过度社会化"倾向,正如罗恩指出,人完全屈从于共有的价值与规范系统,这种屈从十分自然,人们毫无反抗。② 这种忽略个体行动者的屈从性在帕森斯的结构功能主义中也可见一斑。针对两种社会化取向,格兰诺维特认为:"行动者既不是像独立原子一样运行在社会脉络之外,也不会奴隶般地依附于他/她所属的社会类别赋予他/她的角色。他们具有目的性的行动企图实际上是嵌在真实的、正在运作的社会关系系统之中的。"③ 他进一步指出:"嵌入性认为,行为和制度总是受到正在运行的社会关系的压抑和控制,因此将它们看作是彼此分离的做法是一种令人痛心的误解。"④ 并将嵌入划分为"关

---

① [英]波兰尼:《大转型:我们时代的政治与经济起源》,冯钢等译,浙江人民出版社 2007 年版,第 59 页。
② [美]格兰诺维特:《镶嵌:社会网与经济行动》,罗家德等译,社会科学文献出版社 2015 年版,第 3 页。
③ [美]格兰诺维特:《镶嵌:社会网与经济行动》,罗家德等译,社会科学文献出版社 2015 年版,第 7 页。
④ Granovetter, Economic Action and Social Structure: The Problem of Embeddedness, *American Journal of Sociology*, Nov 1985, pp. 481 – 510.

系性嵌入"和"结构性嵌入"①,他所凝练的"弱关系"概念,实质上也是将人类(经济)行为嵌入到社会关系中的一种理论延展。总而言之,格兰诺维特的嵌入理论认为,经济、市场乃至更为广泛人类行为的展开均与社会系统、社会结构具有紧密的关系。他所发展的嵌入理论与社会化、科层结构、交易成本等理论相连,达到了更高的理论化程度。

二 "政社互嵌性"的提出

伴随嵌入理论引入中国,诸多学者将其视为审视中国国家与社会关系的适当分析工具,其理论内涵延展出本土性特征:其一,在嵌入方向上,由单向嵌入转向为双向嵌入和互相嵌入;其二,在嵌入内容上,经济与社会之间的嵌入被迁移拓展为政府与社会之间的嵌入。

吴义爽等认为,在经济嵌入社会的同时,经济行为对社会结构具有反作用,人的自利性反应为经济理性,社会性反应为社会理性,二重理性具有交互作用,并提出了经济行为和社会结构互嵌的三个命题,即"处于社会结构中的经济行为、经济目标和非经济目标是相互嵌入的;经济行为的实行与不间断的私人关系网络之间是相互强化的;经济制度内生于经济行为与社会建构的交互作用"②。在制度与行动者的关系建构中,张军等在批判制度与行动者二元对立的观点基础之上,提出,"我们进行制度改革、制度创新与制度设计的过程中,应把握住制度与行动者之间的互嵌关系,既要从制度本身出发,又要考虑制度所实施的对象感受与认同。"③王思斌将嵌入性的概念运用到分析社会工作发展中,指出,社会工作是嵌入到原有政府掌管的社会服务领域中的,提出了多维度的嵌入性:制度层面的嵌入、项目层面的嵌入、服务层

---

① 关系性嵌入注重行动者之间的双向关系,分为强连带和弱连带;结构性嵌入注重网络的整体性以及行动者在网络中的功能。

② 吴义爽、汪玲:《论经济行为和社会结构的互嵌性——兼评格兰诺维特的嵌入性理论》,《社会科学战线》2010年第12期。

③ 张军、王邦虎:《从对立到互嵌:制度与行动者关系的新拓展》,《江淮论坛》2010年第3期。

面的嵌入，并区分了嵌入的类型，其中依附性嵌入和自主性嵌入的区分非常关键。依附性嵌入是专业社会工作必须依附在主体社会服务体系上发挥作用的现象；自主性嵌入是专业社会工作力量独立自主地进入社会服务领域并发挥作用，它可以不受或少受主体社会服务系统的支配。社会工作的嵌入性发展是一个政府主导下社会工作主动嵌入的过程，是政府主导和社会工作自主性同时存在的过程。① 在文章论述中虽隐而未发，但他对于社会工作拓展空间和建构性问题的提出也表明了社会工作与政府之间的一种"互嵌性"理念。管兵发现政府购买社会服务的实践中存在"反向嵌入性"，即政府直接成立民间组织承接政府项目，推动国家的力量在社会直接延续，代表着传统国家与社会关系在新领域中的强化。② 纪莺莺提炼社会组织与国家之间"双向嵌入"的命题，即"社会组织在资源、合法性、制度支持方面嵌入于国家，而国家的意志与目标嵌入在社会组织的运作中，在此关系中，国家和社会组织权力均得到了强化"③。

政社关系的"双向嵌入"是中国本土化研究对嵌入理论的延展，是治理理论框架下的政社之间的合作共治实践。在理论命题上，"政社互嵌"希冀构造出一种中国本土性的国家与社会关系，此种关系框架是与托克维尔式的市民社会和斯密特式的法团主义相分野的。后单位时期中国复杂的社会现实也呼唤着能够内生出更加富含本土特质的国家与社会关系模式。在社会学研究的操作化层面上，政府与社会组织之间的动态关系往往被视为国家与社会关系的重要表征形式。迄今，学界基本上采用了结构性视角和能动性视角两种分析工具展开社会组织研究，从社会组织的动力机制、社会功能、与国家和市场关系、组织的内部结构等问题切入，取得了丰富

---

① 王思斌：《中国社会工作的嵌入性发展》，《社会科学战线》2011年第2期；王思斌、阮曾媛琪：《和谐社会建设背景下的中国社会工作发展》，《中国社会科学》2009年第5期。

② 管兵：《竞争性与反向嵌入性：政府购买服务与社会组织发展》，《公共管理学报》2015年第3期。

③ 纪莺莺：《从"双向嵌入"到"双向赋权"：以N市社区社会组织为例——兼论当代中国国家与社会关系的重构》，《浙江学刊》2010年第1期。

的理论成果和实践经验。但是,社会组织研究往往忽略了其提供的具体服务内容,而这一点是十分重要的。以服务内容为起点展开研究,有利于我们从源头上突破国家—社会二元对立的分析框架。中国的国家与社会本身并非对抗的二元主体,而是具有深厚的协同治理历史传统和现实基础。在社会矛盾化解领域,其化解机制的转换正是基于国家与社会关系变革的背景下展开的,此过程可总体上分为两个阶段:单位时期,国家与社会的关系几乎可以视为国家吞没社会,各社会系统并未展开分化,而全部被政治系统笼罩,社会矛盾的化解在仅含单一元素的单位场域内展开;后单位时期,在国家放权和社会发育的双向进程中,社会矛盾的化解机制中纳入了多元要素。通过对后单位时期社会矛盾化解具体策略的分析与讨论,有助于我们把握国家与社会"互嵌共治"这对相对平衡的关系,这既不同于康晓光和韩恒所谓的"分类控制"[1],也并非安子杰所界定的"权宜共生"。[2]

总而言之,嵌入理论认为,经济、市场乃至更为广泛人类行为的展开均与社会系统、社会结构具有紧密关联。回归本书的研究课题,嵌入理论对新时期社会矛盾调处机制的重构过程中,国家与社会关系的研究同样具有很强的解释力。并且,我们认为,在本书案例组织所探索的新时期社会矛盾治理模式中,国家与社会具有双向的"互嵌关系",即国家嵌入社会,社会在同一过程中嵌入国家。在中国转型期社会矛盾的调处领域,我们所提出的"政社互嵌性",具有以下理论意涵:

1. 互嵌关系强调社会组织与国家之间并不是一种静态从属关系,而是一种动态调适的平衡关系。伴随社会结构转型和宏观社会管理体制改革,国家放权与社会自主性发育进程同步推进,在这个过程中,国家主动性地开放社会矛盾调处的治理空间,向社会赋

---

[1] 康晓光、韩恒:《分类控制——当前大陆国家与社会关系研究》,《社会学研究》2005年第6期。
[2] Anthony Spires, Contingent symbiosis and civil society in an authoritarian state: understanding the survival of China's grassroots NGOs, *American Journal of Sociology*, Jul 2011, pp. 1 – 45.

权，吸纳社会元素介入此项原由国家独担的事务当中，推动两方主体的融合。与此同时，社会逐步具备了向国家反嵌的能力，社会组织在社会矛盾调处中的积极作用不断凸显，开始影响政府调处社会矛盾的理念、制度和程序。

2. 互嵌是基于两者均存在"制约性前提"下的一种机制建构。社会矛盾的互嵌性治理展开的重要条件在于：其一，政府在社会矛盾调处中面临现实困境，主观上需要外部元素的嵌入，以弥补其不足。其二，社会组织在社会矛盾调处中的身份合法性、调处权力、运转资源等均需要政府通过嵌入的方式赋予。互嵌性是建立在两者之间存在互补空间基础上的，互嵌的展开并不是互相制约、互相争夺的过程，更多表现为互相赋权的状态，与西方市民社会和法团主义中国家与社会二元对立不同，政社互嵌所探索的是一条"我中有你，你中有我"的国家—社会建构路径。

3. 互嵌性的展开过程中，政府和社会组织向对方嵌入的能力并不均衡，政府向社会组织的嵌入通道较为通畅，政府可以采取多种形式对社会组织进行嵌入，甚至形成了嵌入型监管的社会组织管理模式，而社会组织的反嵌作用相对有限，其向政府进行的嵌入主要受制于政府主动向其开放的可嵌入空间边界，社会组织对边界的拓展能力相对微弱。特别是对于社会矛盾调处这类"限制介入性"事务，政府持有准入机制的设置权，并掌握最终裁定权。

在以上理论意义上展开的"政社互嵌"治理模式也是对"单位化治理"的全面超越。"所谓单位化治理是指把处理经济和社会事务的权力与责任集中到国家以及各级行政组织所管控的'单位'手中的过程。"[①] 并且，治理的格局形成了宏观上国家统辖，微观上以"单位"为基本单元分割的社会治理结构，单位化治理的实质是国家透过单位，对社会的全面调控。"单位化治理"所表征的国家与社会关系可以简要概括为：国家与社会高度一体化，国家通

---

① 王庆明：《单位化治理的转型与变异：重访新传统主义理论》，《社会学科辑刊》2016 年第 2 期。

过对权威和资源的垄断、对社会元素的强制性提取,将社会吸纳进自身体系,社会缺乏行动的主体性和主动性,国家浸没社会,社会从属于国家。因此,社会是嵌入在国家体系之中的从属品,紧密地依附于国家。

相对而言,"政社互嵌"所表征的是后单位时期一种新型社会治理模式。伴随社会转型,单位时期政治、经济、社会、文化等多个系统高度合一的社会体系出现了系统分化,国家、市场、社会分离为三个不同的领域,第三领域的概念也随之而生。第三域所指称的便是界于政治领域和经济领域之外的非营利领域、市民社会或公共领域。① 社会在这个进程中开始具有了主体性和行动力,并可以摆脱国家对其的全面包裹。但这并不意味着它与其他领域呈现出完全分离的状态或不受其影响,系统分化的各领域在社会运行中呈现出一种绞合状态,特别是国家所代表的政治领域和社会所代表的公共领域在社会治理的格局中产生了互动与互嵌。按照卢曼的社会系统理论,此种各领域彼此分离又相互绞合的状态表征出一种更高级别的社会形态。如果将国家与社会视为两个圆,那么单位时期代表社会的圆是嵌套于代表国家的圆之内的,几乎呈现出一种社会被国家包含的关系;而后单位时期代表社会的圆与代表国家的圆仍有交会,但却离析出了属于社会自我而未被吞噬的主体部分,这一部分的正常运行可以免受国家侵入,实现社会领域的自我治理、自我服务和自我增权,社会可以对政府治理难以回应之处拾遗补阙,这是单位时期社会所不具备的能力。两个圆的交会重叠处便是政府与社会组织相互嵌入并协动合作的治理空间。在这个空间中,国家与社会结成了相对平衡的关系,而非国家极其强势,社会极其弱小,国家资源和社会资源得以在此整合放大,携手应对社会问题,维护社会的良性运行。

---

① 谢岳:《"第三域"的兴起与"政府空心化"》,《学术研究》2000 年第 4 期。

第二节　社会矛盾化解过程中"互嵌性"的展开

在社会矛盾调处过程中，J市信访法律事务服务中心与政府相关部门之间，以双向嵌入式合作的模式展开矛盾调处工作，其具体的互嵌内容包括：（1）制度互嵌；（2）资源互嵌；（3）组织成员身份互嵌；（4）治理过程互嵌。多维度的互动与调适，共同搭建起了社会矛盾化解格局中政府与社会组织的沟通桥梁。

一　制度互嵌

诺斯认为，"制度是一个社会的博弈规则，或者更规范地说，它们是一些人为设计的、形塑人们互动关系的约束。"① 在古典社会学家的视野中，制度与个人之间存在着强力的对立关系。"制度体现为一种行动规范，它将行动者的行动模式化，通过中介变量'角色'来规制行动者的行动。"② 涂尔干在其著作《自杀论》将人类的二重性划分为自然属性和社会属性，需要通过道德、制度和文化等规范制约其自然行为。社会行动被社会制度所形塑，行动者归顺和臣服于强大的制度。韦伯虽然是人本主义社会学的宗师，但在他的理论中仍然不乏对制度的敬畏，特别是他的科层制理论将行动者视为制度链条中固定的齿轮，个体的主观能动性在科层制的包裹下微乎其微。帕森斯虽然认识到了在制度建构过程中行动者的主体性，但他的结构功能主义仍将行动者看作"过度社会化"的社会成员，认为人类的理性选择具有巨大的局限性，因此在规范和价值的制约下，行动者只是社会结构和社会制度的附庸。伴随制度决定论的弊端丛生，新制度主义理论家开始转向关注行动者对制度的建构作用。伯格和布莱克曼认为，"尽管制度是一个外在于行动者

---

① ［美］诺斯：《制度、制度变迁与经济绩效》，杭行译，格致出版社2009年版，第3页。
② 张军、王邦虎：《从对立到互嵌：制度与行动者关系的新拓展》，《江淮论坛》2010年第3期。

的实在，但不管制度世界相对于行动者有多庞大，它总是一个人类制造的、建构的客体。"① 吉登斯强调了制度和行动者之间的互构关系，认为"制度是在总体中时空延伸程度最大的那些实践活动。"② 从制度主义到新制度主义的发展脉络中，我们可以清晰地看到，制度的凝固性被融化，行动者的能动性被激活，这也构成了制度变迁何以可能的基础逻辑。

综上，在制度理论的变迁中，学界普遍将制度与行动者视为两方主体，它们之间的关系变迁表征着制度主义和新制度主义的根本分野。当我们超越行动者和制度之间关系的分析框架，会发现，既然制度是一种实践活动，那么它便必然与实践展开的环境发生关联。制度效果的呈现与制度"嵌入"的社会环境关系紧密，若制度能够与其处在的社会环境相耦合，那么制度将真正生效，反之将面临失效的风险。③ 正如单位制度的设置回应了当时中国社会总体性危机，因而单位制度在彼时的社会环境中显得如此生机勃勃，而在市场经济主导的此时日渐苍白。社会环境一般被理解为宏观层面的政治环境、文化环境、经济环境、法制环境等，我们在研究社会组织自生的制度之时，与其关系最为紧密的应当是国家制度环境。刘少杰就曾阐释，不同社会系统在碰撞的过程中，彼此制度之间的矛盾是构成当今社会矛盾的重要部分。国家既有制度与社组织自生制度之间的关系直接影响到社会组织的发展方向。

制度学派认识到，组织是同时置于技术环境和制度环境当中的，并且极为重视制度环境对组织的影响，将组织视为制度化的组织。"组织的制度化过程即组织或个人不断接受和采纳外界公认或赞许的形式、做法或'社会事实'的过程。如果组织或个人的行为有悖于这些社会事实就会出现'合法性'的危机。"④ 通过宏观

---

① Berger, Luckmann, *the social construction of reality*, London: The Penguin Press, 1967, p.78.
② [美]吉登斯：《社会的构成》，李康等译，中国人民大学出版社2016年版，第80页。
③ 李汉林：《中国单位社会：议论、思考与研究》，上海人民出版社2004年版，第110页。
④ 周雪光：《组织社会学十讲》，社会科学文献出版社2003年版，第72—73页。

制度的设置，国家严密规定了社会活动的空间与界限。以信访制度为代表的一系列正式法理制度，为社会矛盾的表达、应责提供了基本制度框架，因此任何形式的社会矛盾调处机制均是嵌入在国家制度体系之中的。中心的内部工作制度设置十分明确地遵循了这一点。在中心《工作规则》第一章总则中即提出，"根据《中华人民共和国律师法》和《信访条例》等有关法规政策，制定本规则。"① 中心各部门工作的展开，也非常重视对《中华人民共和国调解法》《民间纠纷处理办法》等相关制度的贯彻。这种"嵌入"在国家宏观制度中的社会治理模式，有效地规范了社会组织的行为，确保了其参与社会治理过程中的政治方向。

一般而言，国家对社会组织的制度输出具有单向性，社会组织缺乏足够的话语权影响政府的制度设置。然而，中心在嵌入现有矛盾调处制度的过程中，对其产生了重要的反向输出作用。中心B主任作为D省律师协会会长和D省人大代表，针对社会矛盾激化，矛盾调处不力的问题，于2009年开始，在D省人大常委会编辑的《代表之声》杂志中连刊六文，系统地提出解决社会矛盾的建议，见表5-1。

表5-1　　　　B会长所提化解社会矛盾系列建议

系列建议文章	刊发时间
《如何解决国企改制中的群访问题》	2009年10月14日
《如何解决司法不公引发的上访问题》	2009年11月5日
《发挥人大代表在化解社会矛盾中的作用》	2009年12月10日
《人民法院应依法受理对农村土地仲裁不服及仲裁执行案件，防止民间纠纷激化》	2010年6月9日
《关于在全省公安机关推广L市公安局化解重大信访案件先进做法的建议》	2010年7月28日
《关于号召全省律师主动协助党和政府化解社会矛盾的建议》	2010年7月28日

---

① 中心内部资料：《J市信访法律事务服务中心工作规则》。

在提出上述建议的基础之上，B 主任开始酝酿成立中心的想法，力图以中立的身份匡扶政府社会矛盾调处工作的不足。B 主任于 2011 年 1 月 10 日在《代表之声》上刊发《关于成立"信访法律事务评估咨询服务中心"协助党和政府从源头上化解信访问题的建议》，并向 J 市政法委呈报，得到其重视与支持。2011 年 3 月 18 日，J 市政法委向 J 市委提交《关于成立"J 市信访法律事务咨询服务中心"的报告》，报告对中心的性质、人员配备、案件受理范围、经费、工作机制、成立时间等做了明确说明。同年 4 月 19 日，中心正式在市民政局登记注册，投入运行。

但在运行的初始阶段，中心开始面临一系列条件制约，一方面，中心带有社会属性的矛盾化解方式不同于规范化、制度化的行政与司法化解机制，社会组织化解矛盾的根本原则和作用限度尚不明确。另一方面，仅具有社会性的中心在调处社会矛盾的过程中遇到了制度规范不健全、合法性不足、涉事机构不配合等问题。为推进此种调处模式的深入探索，省市政府出台了一系列制度文件，以规范、协调和保障中心的角色、地位和推动其作用的发挥，见表 5-2。

表 5-2　　　　　省市政府颁发的支持中心运行文件

制度文件	颁发部门	颁发时间
《关于协调办理涉法涉诉信访案件的若干意见》	J 市政法委	2011 年 5 月 20 日
《关于律师参与化解涉法涉诉信访案件工作的指导意见》	D 省政法委、高级人民法院、人民检察院、公安厅、司法厅	2014 年 9 月 25 日
《关于共同化解涉诉信访案件的实施办法》	J 市中级人民法院	2014 年 10 月 16 日
《J 市律师参与化解、代理涉法涉诉信访案件工作指引》	J 市司法局	2014 年 12 月 10 日

上述系列文件一方面，对中心工作的开展提出了明确的制度规范，如《关于协调办理涉法涉诉信访案件的若干意见》明确规定：

"1. 中心在市委、市政府的领导下,由市政法委统一协调,司法行政部门管理和指导下开展工作。2. 对市委政法委、人大、政府、政府信访部门转办的信访案件,以书面报告息访处理结果。3. 对敏感的、有影响的个案,司法局指派相关责任人全程参与研究,确保中心的工作不偏离政治方向。"另一方面,这些制度的出台也为中心的身份注入了合法性,为中心律师介入化解、代理信访案件提供了政策依据和制度支持,赋予了律师调卷、调查取证、与涉事部门沟通等权利。如规定了"全市各级公安机关、人民检察院和人民法院对信访服务中心受理的信访案件,应本着全面协作、大力配合、有利息访的原则,建立相互交流工作的联系制度,对信访服务中心发送的各类协调函件,应在十个工作日内书面答复""对简单的信访问题,信访服务中心有权向被访部门通过电话、传真等方式了解情况,被访部门应予配合……对需要召开由人大代表、政协委员即社会各界参加的信访听证会的,被访部门和有关机关应到场答辩,给予支持和配合""信访服务中心受理案件后,有权根据案情需要到被访部门和相关部门查阅、摘抄、复印相关案件的卷宗材料"。

根据上述制度文件的内容,中心也形成了相应的组织制度,如《J市信访法律事务服务中心工作联系制度》中提到:"1. 建立重大案件通报制度,对具有强烈抵制情绪、社会危险的案件,应及时向有关部门通报。2. 每年向市司法行政主管部门或市律协书面报告工作,用全员大会的形式传达和贯彻领导机关的工作精神。3. 每年向市政法部门汇报信访案件处理情况,并制作息访动态简报。"①《J市信访法律事务服务中心工作规则》中提出:"受理的案件发生认识差异,提出质疑,或影响案件审结时,可由有关各方协商解决,重大疑难案件由市政法委统一协调处理。"②

倪志伟和伊格兰批评格兰诺维特只看到了网络(关系)嵌入性,而忽视了制度嵌入性,他们认为人的行为选择受到所嵌入的制

---

① 中心内部资料:《J市信访法律事务服务中心工作联系制度》。
② 中心内部资料:《J市信访法律事务服务中心工作规则》。

度（包括正式制度与非正式制度）的严格约束，这一点比网络（关系）嵌入更为重要。[①] 制度嵌入的约束作用体现在：（1）制度限定了选择范围与边界；（2）制度影响选择方向；（3）制度限制选择行为的理性程度；（4）制度约束会在社会化或再社会化过程中内化到人的心理结构中，并构成人们的习惯性的"行动纲领"，从内部支配人们的行为。[②] 此种观点虽然强调了制度的约束作用，但却仍然将既有制度视为难以改变的客观事实。并且，众多研究者也将官方制度视为社会组织运行的无法逾越的客观边界。[③]

但是，通过中心和政府之间的制度互动，我们发现，中心的内部制度建构和政府官方制度建构，表现出一种绞合在一起，螺旋运行的状态，而不是政府单纯地设置和输出制度，中心一味地接受和臣服制度。以B主任为主要发起人的社会组织在与地方政府共同重构社会矛盾调处机制的过程中，发生了极为紧密的制度互嵌。一方面，宏观的国家信访制度、矛盾调解制度和D省、J市政府所颁发的制度文件为组织的运转提供制度框架，中心业务的开展嵌入在制度框架之中，中心的社会矛盾调处行为得到了整合与规范。另一方面，B主任所提出的社会矛盾化解制度改革建议不断影响政府调处社会矛盾的理念架构，中心成立的起点具有极强的社会性，是通过社会建构嵌入进国家行为的实践过程，在这个过程当中，社会组织不断嵌入政府的社会矛盾调处工作当中，也重塑着社会矛盾的调处制度，甚至对政府官方制度文件的颁布产生了影响。

二 资源互嵌

有研究者将地方政府对社会组织的管理界定为"嵌入型监管"，旨在发掘作为政治环境因素的国家如何利用其特定的机制与策略，营造符合国家政治偏好的组织运营环境，从而达到对社会组

---

① Nee, Ingram, Embeddedness and Beyond: Institutions, Exchange, and Social Structure, in Grinton, Nee (eds.), *The New Institutionalism in Sociology*, Stanford: Stanford University Press, 1998, p. 20.

② 王宁：《消费行为的制度嵌入性——消费社会学的一个研究纲领》，《中山大学学报》2008年第4期。

③ 徐盈艳、黄晓星：《促成与约制：制度嵌入性视角下的社会组织发展》，《新视野》2015年第5期。

织的运行过程和逻辑进行嵌入性干预和调控的目的。① 这里强调的是国家通过为社会组织提供政治机会结构、组织合法性和发展资源，将政府的目标和意志嵌入社会组织的运行过程中，将社会组织吸纳进国家治理体系。在这个过程中，"社会组织也主动地引入国家的象征性符号，以保证其取得合法性及取信外界的标签。"② 同时获得组织成长的必需资源。在对中心的调研过程中，我们发现，国家对社会组织进行资源嵌入呈现出监管的效果之外，更为重要的是为社会组织代理公共事务打开了通路，提供了条件。与此同时，中心的信访事务代理工作在破解许多政府行为难以化解的问题的同时，也将其特有的一系列社会性资源不断向政府输入，改善着传统的社会矛盾调处环境。一言以蔽之，政府与社会组织在资源嵌入层面具有双向互动性。

政府对中心的资源嵌入在三个层面展开，这些资源的注入对中心的运行和发展具有非常重要的作用。第一，提供办公场所。J市将司法大厦8楼共400余平方米空间划拨为中心的办公场所，供其无偿使用。中心的牌匾和市司法局的牌匾并排悬挂在司法大厦正门旁最醒目的位置，这使得中心在空间上获得了合法性，提升了社会认同度。第二，提供经费保障。市政府将中心的工作经费每年30万元（后续增长为150万元）纳入年度财政预算，在给予中心工作人员每个月5000元左右的工资的基础上，政法委通过筹措资金，建立了个案息访奖励基金。③ 这为中心的运行排除了最大的资源障碍，也起到了调动中心工作人员积极性的作用。第三，提供中心提升通道。在中国社会治理条块分离的格局中，中心的发展仅在特定"块状"区域内展开，组织上升的空间十分有限。但地方政府拥有一条连接上级政府的政治渠道，中心通过政府的一套行政性推介、宣传、展示，发展到更高层面，其先进经验受到更高层级政府的高

---

① 刘鹏：《从分类控制走向嵌入型监管：地方政府社会组织管理政策创新》，《中国人民大学学报》2011年第5期。
② 齐久恒：《从"分类控制体系"走向"嵌入性发展"——政府与社会组织之间互动关系及其优化》，《西南大学学报》2015年第2期。
③ D省人民政府办公厅《专报信息（总第1695期）》。

第五章　政府与社会组织调处社会矛盾的"互嵌性"及其展开 / 227

度重视。J 卫视、D 省政府网、《检察日报》、《法制日报》、人民网等各层级的媒体均对中心的化解矛盾维护社会稳定工作进行了报道。D 省文明办授予中心"D 省优秀志愿服务组织标兵"称号，J 市将中心评选为"维护社会稳定先进集体"，同时在个人层面上，中心的多名律师获得国家、省级优秀志愿者等荣誉称号。

在以上三个层面展开的政府向中心的资源嵌入，可以通过引入"政府购买社会服务"的概念进行总体分析。自 20 世纪 70 年代开始，政府购买社会公共服务已成为英美发达国家回应环境变化和社会需求而进行的战略性的重大变革。到 20 世纪 90 年代，政府购买公共服务的模式开始步入发展中国家。[1] 之于中国而言，政府购买服务的发展与我国单位制变迁具有同步性，与单位时期诸多社会事务被单位组织承包不同，后单位时期的社会事务流入到开放的公共领域，应责机制和机构并不健全和明晰。为应对这一困境，政府通过支付财政资金、活动空间、发展通路等资源委托各种类型的社会组织承担社会公共事务，提供公共服务。受基层政府运行过程中的政策导向和任务导向的影响，政府购买社会服务的机构常常带有"公家"性质，即一方面是"事业单位"，另一方面是由政府主动创办的"体制内社会组织"，公与私的互动变成了公对公的关系，因此，在这个意义上的政府购买服务归根结底仍然具有"政府包办"的痕迹。在政府购买"体制外社会组织"所提供的社会服务中，政府的强势主导性凸显，政府购买服务条件下的资源嵌入成为组织运行、发展的最重要元素，自上而下形成了深度的政策控制，自下而上产生了路径依赖。众多学者在对政府购买服务的行为分析中，均强调其背后逻辑是通过政府资源嵌入，加深对社会组织的控制力度和吸纳力度。如吴月认为，"通过购买社会服务，政府实现了控制手段的柔性化和隐性化。在吸纳和控制双重逻辑下，政府购买社会服务具备了契约化合作的形式，实质上却被赋予了行政化供

---

[1] 张汝立等：《外国政府购买社会公共服务研究》，社会科学文献出版社 2014 年版，前言。

给的本质。"① 虞维华认为，政府购买服务对社会组织的运行造成了一定程度的冲击"导致了非营利组织的准政府化、责任失灵、危机、慈善典范转移等方面的变化。"② 可见，研究者对政府购买服务这一社会治理模式持有较为谨慎的态度。

尽管如此，政府购买服务的模式也已经成为一种强劲的趋势，回应着后单位社会公共服务提供所面临的困局。我们必须认识到政府购买服务的积极作用，比如这一策略激活了社会组织的运作脉搏，提高了民间非营利组织承担公共服务的能力，促进了公共服务供给的专业化和水平的提升。③ 并且是培育新型国家与社会关系的重要途径。④ 无论我们怎样认识和理解政府购买服务这一治理模式，我们均须承认这是一种政府向社会组织的资源嵌入形式。资源嵌入对于政府和社会组织的目标实现均产生了正向功能。但是，值得注意的是，单纯在资源自上而下的输入方向上讨论政府和社会组织之间的资源嵌入是不全面的，因为在资源嵌入的领域，社会组织并不是纯粹的接收者，它也是一个资源自下而上输出的能动主体，上一章所提及的内涵丰富的社会性治理技术即中心向政府输入的重要社会性资源。与政府资源向中心嵌入相对应，中心对政府的社会性资源嵌入及其嵌入效果主要体现在：

第一，伴随"单位"的退场，政府大范围直接介入社会、经济事务，使得政府在社会矛盾的结构中，往往成为涉事方，叠加上"迁怒型矛盾"效应，使政府独担的社会矛盾调处工作缺乏社会信任。社会组织在代理信访案件的过程中具有中立性和利益无涉的特点，其第三方中立身份为社会矛盾调处带来公信力。社会信任也成为中心重要的社会资本，建构起上访人和中心之间的信任关系。中心 Z 律师说：

---

① 吴月：《吸纳与控制：政府购买社会服务背后的逻辑》，《学术界》2015 年第 6 期。
② 虞维华：《政府购买公共服务对非营利组织的冲击分析》，《中共南京市委党校学报》2006 年第 4 期。
③ 苏明等：《中国政府购买公共服务研究》，《财政研究》2010 年第 1 期。
④ 赵立波：《完善政府购买服务机制，推进民间组织发展》，《行政论坛》2009 年第 3 期。

"有很多案件就是上访人对法院的判决不服，我认为这个审判不公正，我访的就是你法院，有的甚至极端的就要告审判员，告法官。那我找你法院的信访机构，你还是这个法院的人，我访的都是你们法院的同事，这就不公允。所以上访人的怨气，对你机构的不信任度仍然是存在的。我们中心的律师，跟政府部门、公检法机关都没有关系，我们既有专业特长，又有身份独立的优势，所以就有居中调解、调处、解决的能力，设立这个中心就把这个优势放大了。"①

第二，中心的工作人员为专业律师，他们所提供的化解社会矛盾服务，具有极强的专业性，这种专业性嵌入具有改变政府办事过程、方法，优化治理结果的效果，特别是中心在实践中还探索出律师参与化解和代理信访工作的多种技术方法，十分奏效。在理清事实和法律规定的基础上，中心律师和法律专家对案件进行全面研判，提出专业性问题解决方案，弥补了各级政府信访部门的"非专业"限制。

第三，中心并非简单地作为纽带，将国家与个人连接在一起，进行双向传递，而是起到了"转换器"的作用。中心在向下贯彻国家意志与向上表达利益诉求的过程中，对两者进行折中性协调。政府受制度、意识、精力等因素影响，在治理社会矛盾的工作中往往仅仅根据硬性规定，采取简单表面的处理方法，难以深入地与矛盾方展开对话，难以满足其全部诉求。而社会矛盾的调处是中心的专门业务，中心成员的时间与精力投入更为充足、全面，使得中心化解矛盾工作的展开具有"互动性"和"全程性"，并且中心的化解方式不完全限囿于刚性的制度框架，往往可以扩展出一些"制度之外，情理之中"的处理结果。中心依据法理原则与情理关怀柔化上访民众的怨愤与国家权力的刚性，使两者相互妥协，从而寻求恰当的矛盾化解方案。L 副主任说：

"下岗职工的上访，我们也没有办法说给他一个完善的解决，因为政府就是这么规定的，我们改变不了。有些时候只能去劝。我

---

① 资料来源：2016 年 9 月 15 日在 J 市信访法律事务服务中心对 Z 律师的访谈。

内心对他们抱有更多的同情，他们都有自己的苦衷。我们只能站在他们的角度最大限度地维护他的权利，有的案件已经经过多少次审理了，我们还在以专业的角度，努力看看能不能有所突破，从别的角度给他们申请点司法救助金或者其他的什么。通过咱们中心做工作，很多处理方式他们就能接受了，也就释然了。"①

中心 W 律师讲：

"其实我们的身份很重要，像有的案件吧，政府说给 30 万解决，但是上访的人他们这么多年在上访的过程中对政府已经不信任了，甚至是怨恨了，就说什么都不接受，只管要钱，甚至上千万地要。但是到了中心来呢，以中心的身份把这个 30 万块钱给他，他就能接受，因为他也知道要不了那么多钱，就是跟政府置气呢。同样是 30 万元，放在中心就好使，他看见了中心对他这个案子是怎么付出的，于情于理，他都接受。"②

综上，中心并未单纯接收政府向其输入的行政资源和财政资源，在同一过程中，中心以社会组织的身份也向政府输入了社会信任资源、专业技术资源，并为政府和上访者架设了一个对话的平台，开拓了社会矛盾柔性调和的可能性。布迪厄将资本分为经济资本、文化资本和社会（关系）资本，并认为各类资本之间能够通过跨界沟通和互动，实现转换升级。同样的道理，如果政府的内部资源和社会组织的内部资源仅在各自闭锁的场域内运作，便无法进一步拓展其力量，政府和社会组织的功能也将会因资源的单一性被极大限制。而基于双向的资源互嵌，政府的资源和社会组织的资源在互动中，产生了"1+1>2"的效果。在政府和社会组织共同介入的社会矛盾化解机制中，政府通过行政、司法、财政等资源的提供，嵌入社会组织运行发展；社会组织通过社会性资源的提供，嵌入政府的现有社会矛盾化解体制。通过资源的互嵌，政府与社会组织的资源叠加在一起，产生了一种"化学反应"，一定程度上破解了行政、司法、财政资源和社会资源整合不畅所导致的社会矛盾化

---

① 资料来源：2016 年 9 月 14 日在 J 市信访法律事务服务中心对 L 副主任的访谈。
② 资料来源：2016 年 9 月 15 日在 J 市信访法律事务服务中心对 W 律师的访谈。

解难题。

三　身份互嵌

社会身份实际上表征着一种社会角色，是在社会结构网络中的一个特定位置。韦伯认为，"身份"应当意味着一种根据正面或负面特权得到社会评价的有效要求，它的典型基础是：a. 生活方式；b. 正规教育；c. 继承的或者职业的声望。并且认定，身份并不单决定于阶级地位，阶级地位作用在身份的效果是清晰的或者模糊的。① 可见，身份是一个灵活的社会定位系统，它既有客观的生活方式，教育程度，职业声望为定位基础，又受到主观的社会评价体系左右。更重要的是，身份与阶级不同，不具有唯一性，同一个机体可能含有多种身份。一般而言，在同一机体内部，官方性身份和非官方性身份存在明显的张力，是一对针锋相对，难以共存的矛盾。一旦某机体含有了官方性，那么其非官方的身份属性将被撤销。对于社会组织成员的身份而言，通常的情况是，社会组织人员的身份要么是纯社会性的，要么是具有官方色彩的，由社会组织成员的官方性引发的社会组织官民二重性问题也经常遭到学界的诟病。然而与一般的社会组织不同，中心的工作人员身份非常特殊，他们身份上的官方性和社会性之间并未发生排斥，而是呈现出互嵌的状态，这也成为政府与中心能够在社会矛盾化解这个特殊领域进行深入互嵌的重要条件。

（一）中心领袖 B 主任的身份二重性

社会组织的当家领袖作为组织治理的精英人物，确立了组织的目标和使命，在组织的生成、发展中起到了极其关键的作用，并且，社会组织领袖的身份对组织的运行产生重大影响。中心的领袖 B 主任其身份特质在中心的成立和运转中起到了极其重要的作用。在社会矛盾化解的相关场域内，他具有多重身份，我们将其整合为两类，其一是类官方性，其二是社会民间性。

首先，我们在"类官方性"上讨论中心领袖 B 主任的身份及

---

① ［德］韦伯：《经济与社会》（第一卷），阎克文译，上海人民出版社 2010 年版，第 425 页。

其功能。之所以将B主任的身份定义为类官方性，是因为B主任并未在政府的行政系统内担任正式的官职，但他所拥有的"D省的人大代表""J市人民政府首席法律顾问"和"J市的律师协会会长"身份某种意义上是官方赋予的，并且在一定程度上是被政府吸纳的。以上三个身份共同构成的类官方身份，使得B主任能够步入"信访化解"这个带有官方性和敏感性的领域。B主任具有和政府部门交往的基础，省市各级政府对B主任较为了解，对其具有较高的信任度，认定他是"压事儿"的，不是"挑事儿"的，并且知晓他的专业程度。政府将其纳入社会矛盾化解的工作中，降低了陌生元素介入社会矛盾化解所带来的风险。在中心代理社会矛盾案件的过程中，B主任成为群体领袖，他的类政府背景势必将群体行为引向正轨，政府也正是认识到这一点，选择将社会矛盾化解领域的工作向B主任及其团队开放。另外，对于B主任而言，他凭借这个身份，拥有了一条政治话语通道，他在人大会议上的发言和在《代表之声》杂志发表的意见和建议能够直接上达政府部门，并引起重视，有助于其意见和建议进入到制度决策体系之中。

其次，我们在"社会民间性"上讨论中心领袖B主任的身份及其功能。在这个维度，我们可以将其身份整理为以下三项："利民律师事务所所长""J市信访法律事务服务中心主任""中心律师的亲属长辈"。以上的社会民间性身份对中心的运行同样起到了不可替代的作用。第一，虽然B主任本身带有一定的类官方色彩，但他介入社会矛盾化解工作的身份是非官方性质的，为中心工作的开展注入了中立性、公信力。在中心的各类材料中，重点突出了B主任的民间性特点，特别是在呈现给上访人的介绍材料中，中心强调B主任是"全国维护职工权益十佳杰出律师""全国法律援助先进个人"，并强调中心是由B主任创办的民办非企业单位。[①] 通过这种方式"隐去"其身份的类官方性，放大其民间性，在上访人对政府信任度不足的情况下，民间身份具有促进社会信任网络搭建

---

① 中心内部资料：《信访人须知》。

的作用。正如上访人 H 女生所说：

"我是被政法委给介绍来的，刚来的时候我就合计这政法委给找的地方能不能也是帮他们政府说话，到了这，接触了 B 主任，我才慢慢发现，他不是官儿，这个中心也不是政府部门，因为我对政府是失望了，他们什么事都不给你办。B 主任是真给我们老百姓办事，他就给我讲法，讲理，他讲的就是那么回事儿，我就信。B 主任这个人真的是太正直了，太感谢他了。"①

第二，承担中心业务重要任务的 7 个律师同时都是 B 主任担任所长的利民律师事务所的执业律师。中心不是他们聚合的初始场域，而是一个"集体迁移"的结果，即中心在运行之初，其核心力量就已经具有了很好的整合基础，为组织的运行节省了大量的磨合成本。第三，中心的 X 律师是 B 主任的儿子，Z 律师是 B 主任的妹夫，另外，S 律师和 H 律师的父亲都是 B 主任的老友。B 主任和中心律师的这种长辈与后辈的私人关系更加促进了中心业务开展，S 律师介绍说：

"我是 J 市最年轻的执业律师了，我考下了司法证的时候比较年轻，哈哈哈。但是年轻律师你得面对一个困境，就是因为你年轻，很难接到案子，就算接到了也是一些小案子，所以一开始这生活也没法改善。我爸跟 B 主任关系挺好的，多少年的朋友了，B 主任就让我先到中心来锻炼锻炼……我们这几个律师都特别尊敬主任，他就是神一样的存在……主任交给我们什么任务，我们就必须完成好。"②

我们看到，B 主任既是中心律师的双重领导，又是他们的长辈，这对整合组织成员也产生了重要影响。杂糅着顺从、崇拜、尊敬的复杂情感，使得中心律师自然对 B 主任产生了一种"卡里斯玛"的追随。

（二）中心政府退休老干部的身份二重性

清华大学 NGO 研究所通过对我国社会组织的干部来源研究发

---

① 资料来源：2017 年 4 月 22 日在 J 市信访法律事务服务中心对上访人 H 女士的访谈。

② 资料来源：2017 年 4 月 24 日在 J 市信访法律事务服务中心对 S 律师的访谈。

现,"近三分之二的社会组织的干部直接来源于业务主管部门的派遣,或者由组织负责人提名得到业务主管部门的批准。"[1] 学界普遍认为,通过社会组织干部的派遣和任命,政府实现了对社会组织的深度嵌入,这一政府行为在增强社会组织可控性的同时,极大削弱了其自主性。而与一般意义上的政府工作人员不同,中心干部的来源是返聘的J市政法系统退休老干部,见表5-3。

表5-3　　　　　　　　中心返聘退休老干部信息

姓名、中心职务	原职	社会荣誉
J副主任	原J市人民检察院副检察长	D省人民满意检察官(连续四届)
L副主任	原J市法律援助中心主任	全国十佳法律援助个人提名奖 全国法律援助先进个人 D省优秀律师
Y副主任	原J市中级人民法院常务副院长	优秀共产党员 人民好公仆 J市人民政府个人二等功一次
Z调解委员会主任	原J市人民检察院反贪局侦查处长	D省人民满意检察官
S接待部主任	原J市人民检察院民行处处长	J市优秀公务员 模范共产党员 J市人民检察院个人三等功六次

他们既有政府的工作经历所带来的政治和行政身份资源,又有不受体制约束的社会身份自由,他们的身份二重性在提供专业服务,联结政府部门的过程中发挥了极其关键的作用。用中心W律师的话说就是:

"我们的这几位副主任,都是老检察院院长,法院院长,他们

---

[1] 清华大学公共管理学院NGO研究所:《中国非营利评论》,社会科学文献出版社2010年版,第108页。

在政府部门干了那么多年,经验非常丰富,很多事情政府整不明白的,人家一看就知道怎么办,实在不行就上会,一起研究,处理意见都非常合理,非常专业。特别是在中心刚成立的时候,人家政府还不认中心,但是他们老检察长、老院长在这,他们个人有人脉啊,给说一说,效果就非常好。"①

作为退休老干部的一员,调解委员会 Z 主任也提到:

"我在检察院的工作经历确实也给现在的工作提供了一些方便,有时候需要跟检察院沟通了,我们几个老人跟那边联系,他们都非常客气,这点面子他们还都得给。包括 B 主任,他作为人大代表,在跟这些机构协调的时候,说话也很有分量。"②

另外,这些退休老干部非常清楚政府调处社会矛盾的工作方法和程序,因此,在代表中心与政府共同调处矛盾的过程中,可以节省许多交往成本,实现良好的对接。由此可见,凭借退休政府干部的身份特征,中心得以整合政府资源、司法资源和社会资源,实现了各种资源之间的互动对接与各类资本的转换升级。

综上所述,中心 B 主任和退休机关干部的身份二重性与一般社会组织成员的身份二重性具有明显的不同。具有官民二重性的社会组织成员一般由"泾渭分明"的两部分构成,即政府进驻的行政干部和社会组织中的纯社会成员,二者之间并未发生真正的互嵌,因为政府干部的行动逻辑受嵌入型监管主导,组织成员的行动逻辑更倾向于达到组织目标,二者行动具有不同向性,导致行政干部和草根组织成员在业务开展中缺乏互动,并且两种身份之间存在博弈与争夺。而在 J 市信访法律事务服务中心,组织成员的多种身份的集于同一机体,此种形式的"身份互嵌"达到了合作、融合、平衡的效果。

四 过程互嵌

诸多研究表明,政府在向社会组织购买公共服务的过程中通过

---

① 资料来源:2016 年 9 月 14 日在 J 市信访法律事务服务中心对 W 律师的访谈。
② 资料来源:2017 年 4 月 12 日在 J 市信访法律事务服务中心对调解委员会 Z 主任的访谈。

"关系嵌入、功能嵌入、结构嵌入和目标嵌入"①的方式对社会组织的发展施加影响。并且在购买服务的运作过程中，政府仅在监管的层面发挥作用，对服务内容并不真实参与，在服务的提供上，政府与社会组织是一种委托代理关系，此种政府与社会组织之间的委托代理不同于单位时期政府和单位之间的委托代理关系，因为后者委托和代理的双方几乎属于同一序列，单位与政府之间的关系是深度交合的，目标也具有较高的一致性，而在呼唤"政社分开"的后单位时期，这种关系一旦形成，政府便只管提供资源，社会组织只管提供产品，二者在进行公共服务的过程中缺乏交集和互动，各自的目标虽有同向的部分，但侧重点却不尽相同。但反观本书案例，政府与中心的互嵌性关系强调的是嵌入的双向互动性，并且这种互嵌形式并不仅在制度、资源和人员身份上展开，互嵌也真实地呈现在社会矛盾调处的动态过程当中。

（一）事务转办的互嵌性

在中心成立的第一年中，中心共受理各类社会矛盾化解案件142件，其中包括办理市委政法委、市人大等机关转办上访案10件，协助县区级党委和政府办理群体访和长期缠访案件5件，自访案件127件，转办率为10.6%。而中心运行四年之后，2015年，中心共受理各类社会矛盾化解案件170件，其中，市委政法委交办评查案件10件，市委政法委、各政法机关、有关部门转办案件144件，信访人自访案件16件，转办率达到90.6%。中心处理的案件来源重心已经从自访过渡到由政府机关转办，这是一个中心逐步取得政府信任的过程，也是政府逐步的嵌入过程。中心S律师说：

"我们一开始成立的时候，政府不敢把工作交给我们，都得我们求着说，我帮你管一管吧。毕竟是比较严重的社会矛盾的化解工作，政府也不知道你是点火的还是灭火的，但是经过一段时间，政府一看，效果还挺好，对我们也就放心了，知道我们确实是灭火

---

① 王志华：《论政府向社会组织购买公共服务的体制嵌入》，《求索》2012年第2期。

的，这样一来，政府转过来的案子就多了，让中心通过第三方的角度给协调一下，处理一下。"①

但是政府转办面临这样一个问题，即矛盾纠纷由政府交给中心处理，上访者对中心身份产生了怀疑，认为其仍旧是政府部门，第三方优势也在转办的发生中被消解掉了。为破解此问题，中心和政府采取了一种"迂回策略"。中心 Z 律师向我们介绍：

"我们就得跟上访人解释，迂回一下，比如这个案子访法院，很对立，人家不相信法院，人家就说你法院信访部门肯定护着你们法院。法院就让信访人找中心，但是如果直接让信访人找中心，人家也不信，认为你给我找的地方肯定也是替你说话。法院就让信访人找上级机关，去政法委，政法委再跟上访人说，有我们这样一个法律服务中心，让我们给他看看，由政法委转到中心，这样就好一点。因为有政府介入，调解转办的案件就很麻烦，总之转过来的肯定是没有来中心自访的好处理。"②

这种迂回策略的目的是使政府与中心在形式上"脱嵌"，以向上访人最大限度地展示中心的社会性、自主性和中立性。但实际上，二者并未真正脱嵌，而是十分紧密地嵌入彼此。随着政府转办案件的增加，政府和中心架构起一套规范的转办制度，可简要归纳为：由政府向中心开具正规的转办函，中心也在接到转办案件后，在案件的处理过程中与转办来源部门保持密切沟通，上报处理进程，提请化解意见。政府有权筛选交由中心代理的具体内容和开放程度，政府的调处意见也在案件的转办中，向中心有所渗透。这也并不意味着对于转办案件的办理，中心完全被动，许多经中心代理的案件处理方案并未完全在政府设定的框架之内，而是平衡在上访人能够接受并息访和政府能够接受并承认之间，即由于中心的介入，政府的某些处理界限被打破，但政府也认可用这个代价换取上访人的息诉罢访和社会稳定。而找到这个边界，并软化它，正是中心专业性的、柔性的调处意见对矛盾的调处所起到关键的作用。以

---

① 资料来源：2017 年 4 月 17 日在 J 市信访法律事务服务中心对 S 律师的访谈。
② 资料来源：2017 年 4 月 21 日在 J 市信访法律事务服务中心对 Z 律师的访谈。

此观之，案件转办所带来的是政府与中心之间的相互合作与相互依赖关系。

（二）调处展开的互嵌性

案件转办并不意味着政府将案件交由中心办理之后，仅在监管层面上对中心予以干预，而在调处过程中发生角色抽离。信访案件处理和社会矛盾调处的行政与司法性很强，不具备完全向社会开放的条件，社会组织不可能完全实现服务替代。因此，社会矛盾的调处过程，是政府与中心互相嵌入、互相赋权的过程，政府与社会组织在这个过程中产生了动态的协作与配合。在许多上访案件的处理过程中，政府与中心经常召开通气会，共同制订化解方案，政府指派部门领导跟踪化解全程，并提供协助。许多矛盾都是个人与企业之间的矛盾纠纷，中心作为社会组织，不具备介入企业进行调查的权利，在这种情况下，政府相关部门会通过开具证明赋予中心合法代理身份的方式，为工作开展消除障碍。中心 L 副主任介绍说：

"政府部门都有信访局，像法院、检察院、公安局都有自己的信访机构，他们处理不了的案件，愿意让第三方介入，我们虽然是独立办理，不受他们严格控制，说这个案子非得怎么办，但是需要调卷、协调各涉事单位的时候，中心就可以和政府联络，说白了，政府也是为了把矛盾化解了，所以他们就非常帮助我们，工作中我们其实还是配合着来，中心工作不可能完全脱离它。"①

本书列举的案例 4 中，阻碍矛盾化解的停尸费问题，经过 B 主任的申请和 J 市政法委书记的批准得到妥善解决，在这个过程中，中心为上访者联通了与公共机构沟通的渠道，起到了中介纽带的作用；政府部门免除停尸费，矛盾得到最终化解也是政社互动和协商的成果。在案例 1 中，由中心组织召开的由省市政府相关部门、人大代表、政协委员、各民主党派人士、法律专家、知名律师、老上访户代表等多方共同参加的大型信访听证会，成为矛盾化解的关键。听证制度是行政程序的基本制度，中心组织召开多方参与的听证会本身就是政社互嵌的具体形式。政府的资源种类单一，

---

① 资料来源：2016 年 9 月 14 日在 J 市信访法律事务服务中心对 L 副主任的访谈。

第五章　政府与社会组织调处社会矛盾的"互嵌性"及其展开 / 239

单纯的行政和司法资源在社会矛盾化解中，作用十分有限，而中心的介入，使得政府资源与社会资源共同嵌合到社会矛盾化解的同一个过程当中。为多方主体提供了协商的平台，取代了矛盾冲突的"抗争性表达"和"高压性回应"。

矛盾的最终解决离不开对上访者的经济赔偿和救助。这一部分的资金主要来源是政府的维稳资金、信访救助金和法律援助金。中心整合这些款项，以中心"息访息诉救助金"的形式付给上访人，并与上访人签订"附条件息访息诉救助协议"，为确保协议的履行及强化协议的法律约束力，中心邀请 J 市公证处在签约现场依法公证。政府的这些资金注入为中心化解社会矛盾提供了资金支持，对上访者的经济要求，中心可以通过与政法部门的协商后，给予上访人回应，并以中介者的身份平衡双方诉求。中心 Z 律师说：

"政府花这个钱其实是非常合算的。有一次有个上访人进京不回来，政府没办法了，说中心你们第三方介入一下吧，把人给领回来。我就跟吴哥去了，到那一看，J 市那个街道的，公安的，信访局的，市委的，在北京有个指挥部，能有上百人，就在那看着啊，这些人的吃住行都是信访资金出，效果还不好，解决不了问题。这个钱给我们还是非常合算的，因为我们能把这个钱花到点上，而且有的时候政府花 50 万元能息访的事，我们 10 万元就解决了。我们不告诉他们这个钱的来源是政府，我们说得比较含糊，说这是中心帮他们筹集的，他们可是看着中心一步步给他们解决这个矛盾的啊，他们对中心是相当信任、感激，而且咱们这些律师都很专业，他们也信服，所以就便于他们接受。"①

上述多维度展开的政社互嵌内容为我们揭示了社会矛盾调处的新模式探索过程中政府与社会组织协同治理的运作逻辑。"国家权力与社会的公共权力在对接过程中，'自上而下'的政府权力向度倾向于将其力量尽量向下推进，而'自下而上'向度的社会自治力量则倾向于尽量向上推进，二者频繁互动的结果，形成了国家与社会交汇处的权力'重层结构'，国家力量与社会力量相互吸纳并

---

① 资料来源：2017 年 4 月 21 日在 J 市信访法律事务服务中心对 Z 律师的访谈。

糅合在一起，相互磨合、渗透。"① 重层结构作为国家与社会互动产生的结果，集行政性和自治性特征于一身，为实现国家与社会之间的良性运行与协调互动发挥着重要的作用。社会组织是政府属性与社会属性双方互嵌展开的真实载体，此种互嵌并非政府与社会在有限的空间内争夺权力和资源，将意志强加于对方之上，真实的情况是，"政社互嵌"在探索重构社会矛盾化解机制的过程中，也重塑着稳定和谐的国家与社会关系。

第三节 "互嵌性"的评价与反思

一 "限制介入性事务"的社会组织嵌入限度

长期以来，我国对社会组织采取的是双重管理体制，社会组织的注册和运行需要登记机关和业务主管机关双重负责。2013年《国务院机构改革和职能转变方案》提出，行业协会商会、科技、公益慈善、城乡社区服务四类社会组织将直接登记，不再需要业务主管单位审查同意。这表明，双重管理体制已经有所松动，国家正在探索为社会组织参与社会治理释放更大的空间，但我们也必须注意，并非从事任何领域代理和服务的社会组织均可获得同等的自由度。刘平等曾提出"限制介入性国企"的概念，认为其"是国家从政治安全、经济安全与社会稳定等国家目标出发，对一些关系国民经济命脉、涉及重大战略安全、资源安全的产业或行业实行制度性保护"②。由此可见，后单位社会并不意味着国家治理的空心化。国家对权力的保留，对社会的嵌入仍然是一个真实的命题。一般而言，政府为社会组织释放的运作空间是其精力难以覆盖的非中心部分，政府的边界打开范围几乎不包括政治性、敏感性、社会稳定性等重点位置，这一点从政府购买服务的内容便可知晓。目前，中国

---

① 田毅鹏、薛文龙：《"后单位社会"基层社会治理及运行机制研究》，《学术研究》2015年第2期。

② 刘平、王汉生、张笑会：《变动的单位制与体制内的分化——以限制介入性大型国有企业为例》，《社会学研究》2008年第3期。

政府向社会组织购买公共服务在以下领域展开:"养老助残、社区服务、法律服务、医疗卫生、社会救助、文化服务、教育服务、就业服务、体育服务、基础设施、环境卫生、社会保险、公共交通、人民调解、公共关怀。"[1] 社会矛盾调处工作的行政性、司法性和敏感性很强,特别是信访矛盾不是偶然的、碎片式的矛盾,具有较强的公共性,并具有较强的公共影响。此类社会事务不具备完全委托给社会组织代理的条件,这也是国家在维稳方面的政治需要。

社会矛盾调处工作的"限制介入性"特点,构成了政社互嵌展开的基础前提,为社会组织运作划定了限度:一是组织的合法性来源即为政府,政府为组织释放的合法性强度直接左右了其参与社会治理的能力和组织运作发展的空间。二是我国社会组织的发育仍处于初级阶段,其资源获取渠道较为单一,形成了在资源诉求方面对政府的路径依赖,一旦社会组织与政府部门间建立起依赖关系,其行为就会受到相应制度逻辑的约束。[2] 以此观之,中心的价值中立性面临考验。三是柔性治理虽然可以触及行政、司法力量的盲区,但柔性治理的逻辑常常表现为国家从直接统治向间接统治的转变,通过第三方传递国家意志和规则,这一点从中心代理案件来源与调处社会矛盾的方式、过程和结果均在政府批准的框架内呈现中便可看出端倪。总而言之,社会矛盾调处的限制介入性特点,对社会组织功能的发挥产生了制约。

二 社会组织反嵌能力的条件

如果说后单位社会的到来并没有彻底改变国家权力存量和分布的特点,国家对社会的管控仍旧真实发生,那么在这个过程中,发生根本性变化的就是社会发育出向国家反嵌的能力。"行政吸纳政治"的概念正在被"政社互嵌"的概念所取代,"行政吸纳政治是指一个过程,在这个过程中,政府把社会中精英或精英集团所代表的政治力量,吸收进行政决策结构,因而获致某一层次的'精英

---

[1] 王浦劬、[英]郝秋笛等:《政府向社会力量购买公共服务发展研究》,北京大学出版社2016年版,第121页。

[2] 黄晓春、嵇欣:《非协同治理与策略性应对——社会组织自主性研究的一个理论框架》,《社会学研究》2014年第6期。

整合',此一过程,赋予了统治权力以合法性,从而,一个松弛的,但整合的政治社会得以建立起来。"[①] 可见,行政吸纳政治的概念强调的是政府对社会吸纳与控制,较少关注社会的自主性和对国家产生的反向影响。何艳玲曾提出"嵌入性自治"的概念,以讨论中央和地方的关系,认为,"要达成善治,地方必须具备反嵌能力而不是被动地接受和执行中央指令"[②]。同样的,在社会组织的运行中,其主动嵌入的能力至关重要,其中起到关键作用的是社会组织中蕴含的资源种类、数量、运作效果及其功能领域。作为社会组织的J市信访法律事务服务中心,其"反嵌力"源于诸多条件因素:其一,缺乏社会性资源成为公共部门进行社会矛盾调处工作的重要制约,在这一层面上,中心通过社会性资源,特别是本书第四章所归纳的四种"社会性治理技术"向政府化解社会矛盾工作的嵌入,改变了社会矛盾化解的格局,此为中心具备反嵌能力的重要前提。其二,中心的组织成员并非一般性的社会成员,均是具有丰富法律技能的执业律师和退休的政法部门老干部,他们与政府互动中的话语权、专业性的调处手段和技巧为组织的运作增添了自主性,也为组织影响公共机构的社会矛盾调处决策提供了知识背景。其三,伴随政府购买社会服务模式的推进,"政府购买社会服务已从初期的购买社会服务岗位,到现在向购买社会服务项目转变"[③]。但是,一般社会组织仅能够承接政府授权的"外围性"社会服务发包项目,受"中心—外围"结构影响,其业务的开展无法触及政府的中心工作领域,故而对政府行为施加影响的能力较弱。而中心所提供的社会矛盾化解代理服务,涉及国家安全稳定、社会和谐等核心层面,这也构成了中心具备反嵌能力的关键因素。

三 作为服务对象的政府

政府涉入社会矛盾的过程中,包含两个层面:第一,中国的现

---

① 金耀基:《中国政治与文化》,牛津大学出版社2013年版,第27页。
② 何艳玲:《"嵌入式自治":国家——地方互嵌关系下的地方治理》,《武汉大学学报》2009年第4期。
③ 杨君、徐永祥:《新社会服务体系:经验反思与路径建构——基于沪深两地政府购买服务的比较研究》,《学习与实践》2013年第8期。

代化进程是政府主导型,社会建设速度远落后于经济发展程度,现有的社会结构无法吸纳和消解经济快速发展带来的一系列弊端。城镇化所带来的拆迁问题和国有企业改革所带来的下岗问题等多种社会矛盾均与政府行为具有密切的关联。因此,政府涉入社会矛盾过程中的角色并非仅是协调者,更多时候是直接责任人。第二,"一部分官民纠纷和冲突并非当事官民双方矛盾本身所招致,而是由其他领域、其他方面的多种矛盾转换而来,属于'迁怒型'的社会矛盾问题。"[1] 单位制消解之后,官民之间的缓冲带也随之消失,民众缺乏利益的代表组织和代言人,故将怨愤直接投向政府,政府一旦处理不当,便有极大的可能激发起原始冲突外的"二阶冲突",即在上访者与直接责任人的矛盾没有解决的情况下,又进一步增加了对政府的矛盾和冲突,导致社会矛盾更加剧烈和复杂。通过政府涉入社会矛盾过程的角色分析,我们可以发现,政府对社会矛盾调处工作的展开,其自身并不能够置身于矛盾之外,政府的利益也被牵扯进各种矛盾纠纷当中。因此,政府向社会组织放权调处社会矛盾,其服务对象往往是含有政府自身,这与一般性社会事务,政府仅是服务的提供者或购买者具有本质差异。

承担社会矛盾化解功能的中心实际上是两个方面的代理人,其一是弱势群体的利益表达代理人,其二是政府回应机制中的代理人。此双项的代理人一方面,可以在政府利益与民众利益发生争夺时,充当弱势方的辩护者,将上访人带有激烈冲突性的制度外表达方式转化为法理化柔性表达,"为弱势冲突方提供资源和政治机会、提升其能力和谈判议价权"[2]。另一方面,可以专业合理地厘清矛盾主体双方,将政府从一些本不该被问责的社会矛盾中解放出来,并协助政府破解社会矛盾调处中的难题。在国家与个人之间的公共领域铺设一条缓冲带,促进官民沟通和协商。由此可见,中心所提供的服务在为上访人的利益诉求提供帮助的同时,也为解决政

---

[1] 吴忠民:《治道之要:社会矛盾十二讲》,山东人民出版社2017年版,第96页。

[2] 赵伯艳:《社会组织在公共冲突治理中的角色定位》,《理论探索》2013年第1期。

府所面临的困境提供了支持。中心通过代理社会矛盾案件，触及了政府利益的中心地带。中心提供服务类型和服务对象的特殊性为组织自主性拓展了空间，中心的自主性、话语权和政府对其的依赖，共同搭建起组织意志向政府输入的可能性。

四 互嵌力的不均衡

通过以上的讨论，我们可以得出结论，在我们积极探索的社会矛盾调处新型模式中，发生了政社之间的深度互嵌，在此过程中，政府嵌入社会组织，对组织运作施加影响；社会组织嵌入政府，对政府决策产生影响。但当我们细致地思考这对关系时，便可发现，二者的互嵌力并不均衡，政府依旧处在结构关系中的优势地位。这一点在诸多维度均有体现：（1）组织发展对政府部门的支持产生路径依赖，其一，"政府的支持是社会组织的社会合法性的主要来源之一"①。其二，政府是社会组织资金的最重要来源。其三，政府的层级体系是带动社会组织向更高层次发展的重要渠道。这些垄断式的资源提供，将政府天然地置于高于社会组织的位置之上，这使社会组织对政府产生了较强的依附性，政府对社会组织的嵌入能力也随之扩增。（2）在中心发展取得一定成效后，为推广此种模式，市司法局发布文件，在区县层面建立了多个分中心。然而分中心的建立几乎完全依靠行政力量推进，分中心一般挂靠在县区级司法局，与法律援助中心构成了一套人马两块牌子的杂糅性治理体系。组织人员属性为政府公务人员，特别是自上而下的行政构建逻辑将其自下而上的社会建构实践严重倒置，难以复制具有社会性、中立性的原始模式。以政府文件推动，行政机关承办的分中心建设过程，实际上是一个生动的"行政吸纳社会"的过程，导致分中心社会性丢失，组织活力不足。（3）政府的意志贯穿于中心运作的全部过程中。在中心初建阶段，政府通过制度嵌入，给组织框定了严格的行动边界，组织鲜有讨价还价的权力和能力。目前占据中心工作九成以上的案件均为政府转办，政府通过案件的转办将意志

---

① 王名：《中国社团改革：从政府选择到社会选择》，社会科学文献出版社2001年版，第141页。

向中心输入,框定了中心调处矛盾的结果框架。对中心的意见和建议,政府拥有拒绝权和最终裁判权。B 主任多次向政府提出可以根据《中华人民共和国集会游行示威法》的相关规定,开放空间,允许人们通过游行表达利益诉求,但出于社会秩序和谐稳定的考虑,政府予以多次驳回。中心化解社会矛盾往往离不开向信访人支付一定数额的赔偿金,赔偿金大部分来自于政府的财政支出,因为掌握着赔偿金的支配权,所以政府仍然牢牢握有案件处理的最终决定权。中心的角色在一些时候仅表现为谈判者、斡旋者和协调者,而非裁定者。

上述政府与社会力量在互动过程中的不均衡性使得二者在更广泛的领域展开更为深度的互嵌,必将面临严峻挑战。为此,政府和社会组织都应积极寻找各自资源和资本向对方嵌入的适当限度,并且弥合监管与合作之间的适度张力。伴随单位制的消解路向,"社会领域的变化促成了政府更换传统的知识范式和行动范式的自觉。从一定程度上说,国家的当代合法性需要通过社会予以确认"①。这一转变使得单位时期,国家吞没社会的结构特征一去不返,国家与社会的关系悄然构建为"国家中的社会"和"社会中的国家"。中国的国家与社会之间并不存在相互对立且此消彼长的零和博弈关系,两者之间的互动是搭建在合作基础上的,国家虽然仍旧较为严格地控制社会元素,但根本目标已经开始从"吸纳抑制"向"互嵌合作"转变。社会对国家的依附从单位时期的"全面依附"演变为"有限依附",政府权力的收缩和市场与社会活力的扩展,营造出了社会运作的自主空间。国家与社会的关系突破了单向资源和机会的输出与输入,构建出了一条双向嵌入的通路。虽然 J 市信访法律事务服务中心在与政府共同探索社会矛盾调处新型模式的互动图景中仍然受到政府的制约,反嵌能力与国家嵌入能力相比还显单薄,但此种社会矛盾调处模式的探索过程可谓是国家与社会共同建构新型政社关系模式的一种积极尝试。

---

① 杜玉华、吴越菲:《从"政社合作"到"互嵌式共治":社区治理结构转型的无锡实践及其反思》,《人口与社会》2016 年第 1 期。

第六章　结论与进一步讨论

　　学界一般将单位时期社会秩序的稳定状态理解为由单位体制的"统治"和"控制"功能塑造而成。但实际上，这一判断恰恰忽视了单位体制和组织中非常重要的另一面，即"矛盾分解"的功能。单位时期社会管理之所以效果显著，最重要的原因在于单位拥有一种集"柔性""温情"和"刚性"于一体的"内部调节"功能，而非单纯的强制性"控制"手段。单位对社会矛盾分解具有十分鲜明的结构性特点，单位中全面展开的依赖结构、制度结构、关系结构共同搭建起单位社会矛盾化解功能的基本框架。但此功能又存在一些不可避免的局限性，转型期单位所承载的矛盾分解功能必然伴随单位制的式微而大幅度萎缩。与此同时，伴随社会转型的推进，后单位时期社会矛盾集中呈现，并且发生了深度的样态转换，表现出传统单位体制下社会矛盾所未曾拥有的特征，这也给社会矛盾的官方回应制造了巨大的挑战。为应对后单位社会矛盾的样态特征与化解困局，社会组织介入社会矛盾治理成为一种新型模式探索，并释放出巨大的能量。这种模式何以可能与何以可为，既受到后单位时期国家与社会关系的宏观主导，也与社会组织的能动性密切相关。在社会治理格局中，J市信访法律事务服务中心介入社会矛盾的化解工作，是政府购买社会服务的进一步扩展，是"政社协动"的深度实践。鉴于中国特殊的社会环境和组织提供公共服务内容的核心性、敏感性、特殊性，简单地割离政府要素的嵌入，一味追求社会组织的纯粹社会性，同样面临风险。我们需要做出的努力在于，坚定中国本土化的制度与机制自信，关注在政府与社会组织的互动中权力关系的位移，寻找二者的互嵌平衡点，磨合出多种合作的路径与方式。

第一节　后单位时期社会矛盾样态的复杂性呈现

正如本研究在绪论部分所作出的概念界定，在社会学视野中的后单位时期的社会矛盾所意指的是兼具利益性、公共性、群体性、阶层性、结构性的"社会中层矛盾"① 形态。相对而言，宏观层面的社会矛盾所指代的是"从历史演化和社会发展的基本动力，或是从时代中心主题和症结这样大视角着眼的，几乎全面覆盖了整个社会的经济、政治、文化、社会诸领域的大问题"②。微观层面的社会矛盾所指代的是"具体的社会单元内部或具体社会单元互相间的矛盾，如家庭内部矛盾、街坊邻居之间的矛盾、某社区内居民之间的矛盾、同学师生之间的矛盾等等"③。对于此两种形态的矛盾的研究难以总结社会学学理意义和回应真实的社会问题，因此，社会学对于社会矛盾的研究应当收窄理论视角，将焦点聚焦于中层性社会矛盾。在此视域中，笔者认为，伴随社会转型的推进，后单位时期的社会矛盾呈现出一系列特殊且复杂的样态：

其一，社会矛盾多元化、扩散化和复杂化，并且具有较大的生长空间。在单位时期，基于单位体制对中国社会的极强覆盖性（单位制不仅全面包裹城市，农村的人民公社、生产队也可视为单位制在广袤乡村领域的变体），社会矛盾基本等同于单位矛盾，几

---

① 社会中层矛盾的概念由吴忠民教授提出，他认为，所谓社会中层矛盾，主要是指同一社会共同体（如某个国家）当中不同社会群体或社会阶层之间的矛盾，换言之，是指在某个社会共同体当中，在利益或其他重要方面相互关联的社会群体或社会阶层之间共生互补、相互合作、相互促进、共同发展，同时又相互排斥、对立、争斗及冲突的情形，如劳资矛盾、官民矛盾、官商矛盾、工农矛盾、贫富矛盾、民族矛盾、宗教矛盾，等等。另外，从延展性的角度看，中观层面上的社会矛盾也指围绕着某项重要的利益，相关的多个群体之间的矛盾在某个领域的集中表现，如网络社会中的矛盾问题、征地拆迁问题、历史遗留问题，等等。
② 吴忠民：《治道之要：社会矛盾十二讲》，山东人民出版社2017年版，第2页。
③ 吴忠民：《治道之要：社会矛盾十二讲》，山东人民出版社2017年版，第3—4页。

乎均与单位人在单位生产、生活中的实际利益相关。因此，单位时期的社会矛盾基本上是在单位场域中生成、展开和得到回应的。由于场域范围有限且场域内部网络关系简明，单位矛盾所涉及的主体间权益关系较为简单，不具备大肆生长和升级的空间和条件，因此单位时期的社会矛盾仅是稳定秩序中的插曲，同时也多被单位结构性分解。而在单位退场之后，以单位为结构中心的原始场域随之消散，"单元社会"也转换为"多元社会"，社会矛盾便开始穿透单位围墙，在多元社会的环境中展开，多元的价值观、多元的利益集团、多元的阶层结构与社会矛盾产生了共生逻辑，生成了诸如劳资矛盾、征地拆迁矛盾、流动人口矛盾、国企转制矛盾、医疗纠纷矛盾等多种矛盾类型，"社会矛盾由'点'向'面'扩散，由孤立的单一性问题变成系统的政策性问题"[①]。多元关系、多元利益和多种类型的矛盾交织，极大地增加了社会矛盾的复杂性。另外值得注意的是，网络传播与互动中的匿名性、高速性、非理性、集聚性对社会矛盾起到了助长和扩大的效应，如网络可以使大量具有相似诉求的社会成员迅速聚合到一起展开集体行动，隐藏发声者的身份，降低传播谣言的风险，引发非理性行为，等等。网络的助推进一步使得社会矛盾的规模增大，强度烈度增强，社会燃点降低，生成勒庞在《乌合之众》中所勾勒的"群体效应"，经常导致"小问题"引发"大热点"。

其二，利益矛盾成为社会矛盾核心类型，社会矛盾以利益群体间争夺和博弈的形式展开。在单位时期，中国共产党便将敌我阶级矛盾之外的社会矛盾定性为"人民内部矛盾"，并将其界定为非对抗性的经济利益矛盾。直到今日，"人民内部矛盾"的概念仍具极强的解释力。由计划经济向市场经济急速转向而带来的一个社会问题是社会分化过程中利益结构的失衡，由此造成社会利益群体之间处于紧张的对立关系中，且长期持续。单位时期具有统一性的社会结构急速转换为后单位时期利益分化剧烈的社会结构，人们对此表

---

① 张海波：《当前我国社会矛盾的总体特征、生成逻辑与化解之道》，《学海》2012年第1期。

现出"综合不适症",利益既得者设法保持利益和利益损失者设法夺取利益之间的矛盾构成了社会矛盾的主要形式。在利益争夺的过程中,虽然也牵扯到一些政治问题,出现了政治化倾向,但归根结底将社会矛盾政治化是利益诉求者为实现利益诉求的一种工具性手段,而非矛盾的根本目的。当前我国国家政权稳定,政治权威被普遍承认,意识形态统一,几乎不存在大规模文化冲突和颠覆政权的行动。因此,本书对后单位时期的社会矛盾性质的基本判断是非政治性的人民内部利益矛盾。

其三,官民矛盾凸显,且贯穿于各种形式的社会矛盾当中。"直接利益冲突"和"无直接利益冲突"是后单位时期官民矛盾的两个基本类别。所谓"直接利益冲突"的官民矛盾,是指公共权力部门与民众存在直接的利益纠葛。这类矛盾中,官与民是对立的直接双方,二者在思想观念与利益分割中存在纠纷,冲突具有一定的直接性、持续性与对抗性。① 官与民的直接利益对立产生于:第一,干群阶级出现分化构成了多元社会利益群体中的两股力量,官与民的利益分配结构不均衡,且趋于固化;第二,政府主导的现代化进程与民众愿望、需求之间难以完全弥合;第三,一些地方政府不但没有对民众的基本权益施以足够的保护,反而出现与民争利的行为损害民众切身利益;第四,政府虽然在努力进行职能转变,但在公共服务的提供上仍存有不到位的缺陷;第五,某些干部的贪污腐败、以权谋私、执法不公等失范行为引起公众的不满。所谓"无直接利益冲突"的官民矛盾,是指冲突的双方尽管表面上是政府和民众,但实际上另有其他潜在的相关者,政府等公共权力机关只是承担了其他类型的社会矛盾的"溢出"部分。② 这一点与政府的职能定位不清和制度回应失效密切相关。"无利益冲突"的官民矛盾实际上是利益矛盾发展过程中的副产品,民民矛盾"外溢"为官民矛盾,导致了社会矛盾涉及的主体结构、利益关系、化解机

---

① 李海荣:《当今中国官民矛盾的类型、成因及治理》,《教学与研究》2017 年第 6 期。

② 李海荣:《当今中国官民矛盾的类型、成因及治理》,《教学与研究》2017 年第 6 期。

制更加复杂。

其四,利益诉求的表达方式多样化、策略化、激烈化且向制度外弥散。在传统的单位时期,利益诉求的表达一般为职工向直接领导反应情况,寄希望于单位领导解决问题,其行为目的一般仅是简单的对真实利益的争取和对公平性的追求,且激烈程度十分有限。但当下呈现在我们面前的利益表达方式、特征及其目的均发生了巨大的变化。本书将上访者多渠道、多样化的维权手段诠释为提升自身"议价权"的弱者的武器,弱者的武器的运用时常发生在制度性维权手段之外。正如郑杭生所言,"现在,社会矛盾的互动方式,往往采取激化、尖锐,甚至恶性冲突的方式,具有倾向激化诉诸冲突的趋势。激化的方式很多,如围堵、冲击党政机关、企事业单位或拦截公务车辆等。"[1] 对于维权目的而言,在正当目标之外,甚至出现了"谋利型上访""上访专业户"利用压力型体制、信访一票否决制等特征,专门依靠上访威胁政府部门妥协,以谋求巨大利益,并且具有职业化和产业化的倾向。此种社会矛盾互动样态是对社会秩序的破坏、对基层法制的侵蚀,为社会矛盾的制度回应和化解制造了难题。

总而言之,伴随社会体制和社会结构的转型,社会矛盾的样态出现了相应的变异。社会矛盾的主体、焦点、表达、互动[2]的特点共同组成后单位时期社会矛盾的复杂样态,也令矛盾的调处与化解面临巨大的挑战。

第二节 "政社互嵌"的社会矛盾化解模式何以可能与何以可为

伴随单位制的变迁和治理理论的盛行,中国社会展现出前所未

---

[1] 郑杭生:《当前我国社会矛盾的新特点及其正确处理》,《中国特色社会主义研究》2006年第4期。

[2] 郑杭生:《当前我国社会矛盾的新特点及其正确处理》,《中国特色社会主义研究》2006年第4期。

有的活力，在本书视角锁定的领域，社会组织参与社会矛盾调处的"政社互嵌"模式释放出巨大的能量。此种模式的生成和运作逻辑、性质和特点、限度和走向均值得我们进一步反思和讨论。

一 从"单位分解"到"政社互嵌"：社会矛盾化解模式新探

对于本书社会矛盾样态和化解模式的研究而言，"单位对社会矛盾的结构性分解"串联起单位时期社会矛盾的样态特征、单位化解矛盾的原理与机制以及此种功能的局限和影响，回应了单位研究的一项未尽之处。伴随改革进程中单位制的变迁，后单位社会矛盾呈现出不可同日而语的样态，单位的矛盾分解功能的作用场域也发生了根本性变动，以至于单位吸纳、分解社会矛盾的覆盖面和能力效度发生了极大的萎缩。为应对后单位社会矛盾问题所引发的社会秩序波动，国家与社会正在积极探索一条崭新的矛盾化解路径。基于对 J 市信访法律事务服务中心的调研，笔者将政府与社会组织在化解社会矛盾领域不断互动中磨合而生的关系模式界定为"政社互嵌"。"政社互嵌"何以在后单位社会矛盾化解领域展开值得关注。

第一，在单位时期，国家与社会是高度一体化的，即呈现出"国家吞没社会"的状态，而在后单位时期，依据卢曼的社会系统理论，"现代社会本身各个系统功能的不断分化，导致了社会本身的自我分身，即现代社会从近代形成的大型社会结构迅速分化为多重结构和多种类型的社会系统。政治与经济、国家与社会等社会系统发生分化。"[①] 社会系统的分化为国家与社会互嵌提供了理论前提，因为互嵌是两方主体在相互分离基础上相互绞合的过程。以场域为社会学研究分析单位的布迪厄也认为，场域的多样性是社会自主分化的结果，但社会的自主性分化是有度的。拉什认为，布迪厄的场域自主化揭示了社会发展的三个阶段，即统一的无分化的传统社会现代化社会；场域自主化的分化社会；社会的逆分化和场域分

---

① 杨建华：《马克思·韦伯和卢曼的社会分化研究及启示》，《浙江学刊》2008 年第 5 期。

融的后现代化社会。① 场域之间的互相渗透使得社会各系统之间如同涂尔干所讲的由"机械团结"到"有机团结"那样,通过功能的耦合,生成了一个有机的整体。在单位时期,社会矛盾分解虽然在单位场域内展开,但归根结底还是置于国家单元权威下的行为。而在后单位社会,社会领域在借助国家权威之外,自身生长出化解社会矛盾的能力,可以发展社会权威和调动社会资源(尽管持有量还比较有限),并且更加具有主体性和行动力。因此,社会组织对矛盾的化解工作是区别于国家行为的,社会矛盾化解从国家全面掌控的"单位管理"走向国家部分参与的"社会组织治理"。

第二,我们需要注意"改革"与"革命"的根本区别,即改革是当前社会形态的自我完善过程,推动改革的主体依旧是现有掌权者;革命是颠覆当前社会形态的破坏——重立过程,发动革命的主体是与掌权者相对的集团。中国的单位制变迁是一个社会结构和社会形态的改革过程,在这个过程中,国家仍处于权力中心,并且以改革的"主导者"角色展现,未出现"国家空心化"的状态,社会组织在国家逐步放开的空间内运作,虽然社会组织具有一定的空间拓展能力,但又是相对有限的。也就是说,单位体制不会断然从中国社会结构中抽离,它的消解是一个缓慢复杂的过程。"中国的'单位组织'和'单位体制'被认为是极富中国特色的组织与制度。尽管其典型形态形成于改革开放之前,但'单位制'至今仍然对中国城市社会的基层制度和社会秩序及其变迁具有重要的影响。"② 在本书视域中的社会矛盾相关领域,这种影响同样体现在诸多方面,比如单位矛盾单位内部解决;单位能力不及的、体制外部的、伴随改革而生的新型社会矛盾化解工作需要社会资源的注入,但其介入的门槛仍需国家确认;社会组织在调处社会矛盾工作开展过程中存在对国家权威和资源的依赖;等等。因此,以"改革"的逻辑发动的中国社会管理体制改革不是一个简单粗暴地去

---

① 李全生:《布迪厄场域理论简析》,《烟台大学学报》2002年第2期。
② 李路路、王修晓、苗大雷:《"新传统主义"及其后——"单位制"的视角与分析》,《吉林大学社会科学学报》2009年第6期。

旧换新过程，而是一个吸纳协调的过程，后单位社会的结构不是通过国家与社会的权力争夺，而是通过边界磨合与调适塑造的。在动态的磨合与调适过程中，自上而下和自下而上的力量相互促进，构成了两种力量互相嵌入的关系。

第三，我们虽然强调国家在后单位时期社会治理的重要位置，但也不能忽视社会组织的能动作用。单位制消解的初始阶段，一系列社会公共服务事务均划归由社区管理，单位与国家之间仅剩经济事务的连接，但事实证明，社区的权能无法与单位等量齐观。社会组织作为一股补充性社会力量，开始逐步涉足社会公共服务的提供工作，并迅速占据了社会治理格局中的一席之位。与单位时期的无条件服从不同，当前国家的合法性需要社会予以承认，国家同样面临着"合法性撤销"的风险。因此，国家也在通过简政放权的形式，将政府"擅长的""核心的"事务保留，而将政府"拙于的""边缘的"事务通过购买服务的形式，发包给社会组织承担，一方面保留甚至强化国家权威，另一方面提高社会治理绩效。这种职能转移的力度是前所未有的，具有整体性和系统性。政府吸纳社会组织代理社会服务，对于政府而言，可以减轻政府负担，提高治理效力，增强政府权威；对于社会而言，可以扩展社会组织运作空间并增权，更好地满足公众对社会服务的多元需求。此种发包形式和单位时期政府与单位之间，发生在政治系统内部的委托代理关系不同，它构建的是一种政治系统和社会系统互相嵌入的开放性契约关系。

第四，"政社互嵌"是一个在后单位社会背景中生发的概念，但"政社互嵌"的展开又难以割离单位时期社会体制的影响。社会组织参与社会治理，实际上是后单位时期，作为"替代性中介"的社会组织超越单位组织，重建社会联结的实践。这种超越是以扬弃单位结构为基础的，因此，单位组织与社会组织是展现在不同社会形态下的两种组织样态，但社会组织介入社会治理的理论与实践都必将受到单位时期社会管理体制的惯性影响，二者之间的联系与分野正在塑造着当下中国的社会结构形态。对于中国社会研究而言，单位研究是社会组织研究的渊源，社会组织研究是对单位研究的延伸。

二 社会矛盾调处新模式中的"重层结构"及其超越

综合全书而言，在后单位时期社会矛盾调处领域，J 市信访法律事务服务中心是一个国家与社会力量相互交织的场域，"行政性"与"社会性"共同支撑起这一模式的主体框架。田毅鹏颇有洞见地提出了"重层结构"的概念，"对于当前中国基层社会的运行机制而言，国家与社会的相互交织而使基层社会治理及运行机制带有明显的'重层性'，并对基层社会治理的性质及运作方式产生了重大影响。具体言之，国家与社会力量互动过程中在基层社会中所形成的'重层结构'，并不是指在其中国家与社会如夹层蛋糕一样界限分明，而是指政府与民间自治力量之间不同程度的协作、妥协、合作，使得基层社会的运作兼具行政性与自治性，从而其衍生出一种双重性质及兼容式的运作方式。"[①] 引入"重层结构"的概念有助于我们深入解读此种模式探索的建构逻辑和实践机理。

首先，中心作为中间组织将国家意志向下推进。如前所述，中心的组织框架比较特殊，内嵌着党组织、行政与司法系统，并且在中心业务开展的过程中，政府与社会组织的协同治理也真实地展开，这从源头上确保了中心在参与社会矛盾调处过程中的"正面角色"。中心化解社会矛盾的合法性权限由政府赋予，这使中心的业务开展更具"权威性"，更易被社会广泛认可。相应的，中心在获得权威与合法性的同时，承担着贯彻国家意志并向下推进的责任。贯彻国家意志并非意味着极力地维护国家相关机关的部门利益，而是将违背相关程序、法律或影响社会正常秩序的制度外上访行为收纳入法理范围，按照国家制定的法律，兼顾法理与情理为上访者维权，实现社会公正，保证社会的和谐稳定。国家意志如果直接与社会成员见面，则具有发生摩擦，引发矛盾的可能。但中心作为一个缓冲带，将国家意志通过社会组织向下推进，便柔化了彼此间的紧张关系。在这个层面上，J 市信访法律事务服务中心介入社

---

① 田毅鹏、薛文龙：《"后单位社会"基层社会治理及运行机制研究》，《学术研究》2015 年第 2 期。

会矛盾化解的过程同样也是协助国家政府进行社会治理的过程。

其次，承载利益诉求向上表达。从国家与社会关系角度看，国家意志直接作用于社会，而来自社会的诉求难以向上影响国家，呈现出一种非对称性的力量指向结构。特别是在中间环节断裂，社会原子化状态出现后，导致个人与公共世界的疏离，社会内部松散，组织能力低差，资源分散难以整合，向上表达利益诉求的能力极为弱小，且渠道严重阻塞，而作为"重层结构"的中心依托社会组织的平台，通过法律程序依法为上访者表达诉求，一方面建立起社会成员与国家机关的连接，开通渠道，使得诉求得以通畅地向上传递和表达；另一方面，中心依托律师团体的专业性技能和组织对资源的整合，实现了对社会成员的"增权"，增强了人们表达诉求的能力和影响力，使社会得以反作用于国家，实现两者的双向交流。

最后，中心成为意志与诉求的转换器。如前文所述，政府受法理框架和行政能力等方面的制约，难以完善地回应和化解社会矛盾问题。但政府对信访者的上访行为又无法放之任之，在解决信访案件时，政府表现出的行为带有强制性与不可变通性，而且信访者行为失范，绕过法定程序缠访、闹访、越级访，扰乱了政府系统工作的正常运行，甚至部分信访者诉求大幅超出合理范围，造成政府与信访人之间的冲突与对立，官民矛盾不断积累、升级。化解社会矛盾的关键便在于消解信访者戾气与柔化政府意志。作为"重层结构"的中心并非简单地作为纽带将国家与个人连接在一起，进而双向传递，而是起到了"转换器"的作用，带有折中性。中心在向下贯彻国家意志与向上表达利益诉求的过程中，对两者进行折中性协调，依据法理原则与情理关怀消解、弱化上访民众的怨愤与国家权力的"刚性"，使两者相互妥协，从而寻求恰当的解决方案，这也成为社会矛盾得以最终化解的关键因素。

三 政社互嵌的权威特点：法理型与卡里斯玛型并存

在社会组织研究领域，组织的治理包括决定组织的使命、从事目标规划、确保组织财务健全、内部冲突的协调以及募款、提升公共形象、与政府部门建立良好合作关系等。① 在成熟的组织治理结构中，从理论上讲，这些治理方面应当隶属于分工精细的各个部门，并由法理型权威支配，然而在当前 J 市信访法律事务服务中心的组织治理结构中，B 主任的卡里斯玛权威发挥着极其重要的作用。

"卡里斯玛"是指"某些人因具有这个特质而被认为是超凡的，禀赋着超自然以及超人的，或至少是特殊的力量或品质。它们具有神圣或至少表率的特征。某些人因具有这些特质而被视为'领袖'。"② 卡里斯玛权威的获得不限于外部规范，而生成于领袖自身的禀赋以及追随者对领袖的认同和依赖。B 主任的卡里斯玛权威的来源及运作效果如下：第一，B 主任的性格禀赋超脱常人，本书在第三章将 B 主任的性格归纳为理性、勤奋、克难、追求公平正义、心有大我、心系百姓、具有创业思想、创业能力和号召力。这些性格叠加在一起成就了 B 主任在公益代理信访案件领域的突出业绩。第二，B 主任拥有极为特殊的社会角色，富有动员和组织能力。首先，身为省人大代表、政府首席法律顾问和律协会长，他能够直接接触到上层行政与司法机关，并且有能力与行政司法部门进行沟通协调，整合政府资源、司法资源和社会资源，实现各种资源之间的互动对接与各类资本的转换升级。其次，他具有极强的组织能力，能够联络志同道合的律师成立利民律师事务所，又能够联络 J 市政法系统的老退休干部、优秀律师，组建中心的精英工作团队。第三，韦伯认为卡里斯玛的效力取决于服从权威的人们是否承认，如果对领袖绝对信赖，那么卡里斯玛权威就会被强化并得到保障。③ 在中心，B 主任的卡里斯玛权威被承认和信赖具有私人因素的强化作用，B 主任是几位中心工作人员的带有亲缘性的长辈，由

---

① 官有恒、萧新煌、陆宛苹：《非营利部门：组织与运作》（第二版）巨流图书公司 2009 年版。
② [德] 韦伯：《经济与历史：支配的类型》，康乐等译，广西师范大学出版社 2004 年版，第 353 页。
③ [德] 韦伯：《经济与社会》（第一卷），阎克文译，上海人民出版社 2010 年版，第 352 页。

亲缘私人关系搭建起来的团队，更加认同 B 主任这位长辈的权威。

综上，我们可以得出结论，B 主任的卡里斯玛权威是中心得以成立并快速发展的非常关键的因素。在韦伯的概念图式里，"超凡魅力权威有一个特性，即特别不适合日常的程式结构。直接卷入的社会关系都是以超凡魅力个人品质的效力和应用为基础的不折不扣的个人关系……就其纯粹形式而言，超凡魅力权威可以说仅仅存在于初始阶段中。它不可能保持一成不变，而是要么形成一种传统，要么变得理性化。"① "由于超凡魅力权威总是'超常规'的，因而总是与理性的，尤其是官僚制的权威形成尖锐对立，也与传统型权威完全背道而驰。"② 可见，韦伯并不推崇这种权威模式，认为其与现代性不相符合，并作出其终将被替代的判断。崔月琴等也指出，草根组织依赖领袖的卡里斯玛权威，可能会造成草根组织发展的个人化、初级化和孤立化。③ 但在问题的反面，希尔斯认为，卡里斯玛不能够被简单地理解为"反结构"的权力支配方式，它也并不仅存在于"前现代""非理性"时期，而是一种常态化的交往模式，在现代组织中仍然发挥着重要作用。组织领袖的卡里斯玛权威在组织面临一些特殊问题时，总能够发挥巨大的作用，实现一些正常程序和手段难以达成的目标。④

笔者认同希尔斯的观点，并认为，在民间性较强的社会组织中，此种权威类型可能会呈现出另一种表达方式：卡里斯玛权威与法理权威共置，并互相增权。社会组织的内部结构往往缺乏严密的官僚属性，特别是在组织成立初期，法理性权威甚为欠缺，在这种情况下，卡里斯玛权威支撑起整个组织的权威结构，伴随组织体制机制的不断健全和政府向其进行的合法性输入，组织内部形成了法

---

① [德] 韦伯:《经济与社会》（第一卷），阎克文译，上海人民出版社 2010 年版，第 356—357 页。
② [德] 韦伯:《经济与社会》（第一卷），阎克文译，上海人民出版社 2010 年版，第 354 页。
③ 崔月琴、袁泉、王嘉渊:《社会组织治理结构的转型——基于草根组织卡理斯玛现象的反思》，《学习与探索》2014 年第 7 期。
④ Shils, Charisma, Order, and Status, *American Sociology Review*, Feb 1965, pp. 199–213.

理型权威。但这种后生性的权威难以短时间嵌合到社会组织权力关系当中。与此同时，组织领袖单纯的卡里斯玛权威又面临极强的不稳定性、可变性、不可继承性等问题。当我们尝试超越权威类型的对立观，将二者统合起来，会发现，B 主任的卡里斯玛权威推动着法理权威的落实与提效，法理权威也在同一过程中为卡里斯玛注入了合法性、平衡其稳定性，两种权威呈现出互相强化的状态。

　　观照中心的生成路径，B 主任以其真实的社会生活为起点，将信访作为一种诉求表达方式为其姐姐争取合法权益，结果是在 B 主任自身"私"的诉求得到满足的同时，他关注到与其具有类似遭遇且处于彷徨和无助中的社会成员，并开始观照"公"的权益，"活私开公"地走出了一条由普通公民志愿行动自下而上建构新公共性的道路。在此过程中，B 主任也凭借其开创性及特殊的人格禀赋，自然生成了一种卡里斯玛权威。伴随组织发展进程的推进，组织内部形成了一系列法理性的规章制度，以推进中心业务的有序开展，但在这些制度之外，中心有一项重要的"约定俗成"的主任负责制，即重大案件向主任汇报，疑难案件的处理结果须经主任审批，在法理性之外保留着卡里斯玛运作的空间，而这部分卡里斯玛权威的留存和持续成为中心工作开展的精神灵魂。以科层制为核心的法理性治理结构大同小异，而卡里斯玛权威的治理却具有极强的特殊性，正是由于组织中卡里斯玛权威的作用，使得此模式未能够"放之四海而皆准"，中心模式在复制推广的过程中面临复杂的制约。因此，本书 J 市信访法律事务服务中心介入社会矛盾化解的实践，仅可谓后单位社会矛盾化解的一种模式新探，此种模式将走向何方，还需要持续关注和论证。

第三节　"借壳"还是"协动"：再思社会组织官民二重性

　　西方经典的社会组织概念界定，均强调其非营利性、非政府性以及公民社会自生性，因此，社会组织从诞生之日起就是与国家、市场相分立的第三领域产物。第三领域以个人本位、公民社会、自治性为基础要素，强调政府的有限性、市场的局限性以及社会领域的不可侵犯性。受西方经典理论影响，社会组织是带有"纯净社会性"被引入我国的，但在中国特殊的政治文化传统、社会改革逻辑、转型社会结构的锻造中，社会组织的性质发生了偏转，最为突出的一点便是诸多类型的政府元素介入到社会组织发展的场域之中，无论是自上而下建构的社会组织还是自下而上生成的社会组织中，政府总是"显形"或"隐形"在场。

一方面，由于中国社会组织发展呈现出与经典西方社会组织概念不相匹配的特点，另一方面，政府的过度渗入制约了社会组织的良性运行，因此，社会组织的"官民二重性"问题广受学界批判。如许燕认为，"受官民二重性影响，中国社会组织的能力范围有限，主要体现在：社会组织对政府的补充性强，分权性弱；社会组织对政府的依赖性强，受干预多；社会组织的执行性强，自治性弱"[1]。耿依娜认为，"中国的社会组织因为与政治体制存在密不可分的关系而天然地带有官方性，并且双重管理体制制度化了二重性问题，行政性与官方性之间的张力，使得社会组织严格受制于政府的约束。官民的'利益共谋'谋取了双方各自需求的私利，但却损害了公共利益"[2]。刘威认为，"通过含混、持续、紧密的互动，慈善机构与政府部门、党群组织建立起一种共生关系，使慈善组织自主性的生产嵌入在一个极为复杂的互动链条之中，这隐藏着不可调和的深层悖论，即对行政权威性的依附和对组织自主性的寻求，由此造成了组织边界模糊和职能不清"[3]。韩沛锟指出，"官民二重性问题导致民众将官办性质浓郁的社会组织视为第二政府，而对实力弱小的草根组织往往持怀疑态度，甚至不承认或忽略其在公共治

---

[1] 许燕：《中西方社会组织存在的客观背景比较分析——兼论我国社会组织行政化的历史渊源》，《法制与社会》2013年第2期。

[2] 耿依娜：《"公"与"私"之间：当代中国社会组织属性考辨》，《中共浙江省委党校学报》2017年第3期。

[3] 刘威：《超越官与民：慈善事业转型与组织生态重构》，《中州学刊》2015年第9期。

理中的地位,因而社会组织难以得到深层次的认同"①。基于社会组织官民二重性带来的弊端,研究者们在问题取向上,倡导政社分开,收缩政府权力边界,拓展社会组织运作空间。在政策实践上,政府也努力在形式上与其脱嵌,如"四类社会组织直接注册政策"就是一种制度尝试。

在本书的案例中,官民二重性也较为显著地呈现出来。"官性"主要体现在:第一,中心业务的开展直接接受 J 市司法局指导,中心的党支部书记由 J 市司法局律师工作指导处处长担任,政府通过部门领导亲自下沉中心工作,从意识形态上规范中心的运行方向。在中心代理信访案件的过程中,从案件转办,到矛盾化解过程的政府参与,再到息访动态汇报制度,政府亦全程介入其中。第二,中心的核心工作人员 B 主任和 J 市司法系统的退休老干部具有浓厚的政府背景,虽然他们身份的二重性淡化了这一点,但这却是中心获取合法性、获准运行的重要前提。中心骨干力量的思想意识和行为选择透露出政府的"隐形在场",这一因素所带来的直接影响是社会组织运作逻辑一般为顺应政府,少见挑战政府。第三,中心的运行资金来源、办公场所等均由政府提供。中心业务的开展主要以政府购买服务的形式展开。并且,中心的身份合法性、代理社会矛盾的准入性也由政府提供,路径依赖问题较为显著。第四,为推广中心模式,J 市下发了文件,构建了诸多分中心,但分中心的构建逻辑是政府自上而下推动的,颠覆了中心自下而上生成的社会性。并且分中心甚至以司法局或法律援助中心职能部门的形式存在。政府很大程度上将其吸纳进行政体系,这些分中心也便成了"二政府"。上述在中心运行过程中渗入的"官性"带有浓重的技术治理逻辑。与其相对,"民性"主要体现在:第一,中心的生成路径是自下而上的,是社会领域所孕育的具有公共性的成果,虽然在组织运行中渗入了官方元素,但其社会本性,如中立性、公益性依旧保存。第二,与"行政性技术治理"相分野,中心建构了

---

① 韩沛锟:《政社分开:政府对社会组织管理动态》,《改革与开放》2013 年第 9 期。

"社会性治理技术",填补着政府职能的缺陷,为应对上访人的弱者武器,回应多元诉求,起到至关重要的作用,拆解开政府遭遇的矛盾治理死结。

面对J市信访法律事务服务中心的"官民二重性"问题,如果完全按照西方社会组织的理想构型,极端性地推崇社会组织的社会性,试图将政府完全抽离出社会组织的运作场域,这种做法可能面临极大的风险。因为,在中国当前的社会组织发展中,官方要素是必不可少的,官方的支持、配合与赋权是组织良性运行的基本前提。以社区行政化问题为例,倘若按照一些研究者大声疾呼的,将行政性事务完全从社区中抽离,那么碎片性、琐碎性的事务将可能造成本身活力就不足的社区进一步空心化和边缘化,适度的行政事务下沉是将社区带入基层治理中心的推动性要素。同样,针对社会组织而言,特别是在社会矛盾化解,这种特殊的、敏感的、涉及社会稳定的社会公共服务领域,社会组织运作的官民二重性是存在合理性的。这是因为,第一,单纯依靠社会力量不足以妥善化解结构性的社会矛盾,比如上访人所提出的诉求往往涉及数额较大的赔偿金额,这需要政府财政兜底,中心需要在这个过程中平衡政府和上访人之间的预期。社会组织的化解意见如果得不到政府的承认,也只能成为一纸空谈。第二,社会组织在多大范围内展开活动需要政府释放空间,社会矛盾化解是一个十分敏感的领域,它触及了社会稳定这个社会治理的核心要义。一般而言,此种核心事务,政府不会通过购买服务的形式向社会敞开,但受困于自身化解的内卷化困境,政府也开始试探着引入一些熟悉的、稳定社会要素,以求突破。社会组织参与社会矛盾化解,存在一个固定边界和一个弹性边界,固定边界是政府为社会组织设定的准入门槛、活动范围和方式,是政府严格控制的。如在中心如火如荼开展信访代理业务的同时,2016年8月2日北京锋锐律师事务所成员因组织访民,通过在公共场所非法聚集滋事、攻击国家法律制度、利用舆论挑起不明真相的一些人仇视政府等方式,实施一系列颠覆国家政权的犯罪活动,危害国家安全和社会稳定,被判处颠覆国家政权罪。而弹性边界是可以凭借社会组织运作的良好效果和赢取政府信任而拨动的,伴随中心化解社会矛盾成效的显现，政府开始将更多的重大信访案件转交中心办理，中心也在矛盾化解的格局中提升了话语权。

在官方要素渗入社会组织机体之时，我们需要明确，社会组织在这个过程中并不简单地站在政府的对立面约束自身的行为，完全镶嵌在政府划定的框架之内，只以"躯壳"的形式出现。真实的情况是，中心拥有一定的主体性和自主性，并且通过运作，扩展了组织能力，这主要体现在：第一，中心的运作拓展了政府购买服务的领域，牵引政府购买服务向"限制介入性"领域进入，提升了社会组织的地位和话语权。第二，中心的"社会性治理技术"反向输入政府，对官方制度、化解模式的优化产生了积极影响。第三，中心突破了短暂的"项目式"的政府购买服务模式，与政府建构起相互的信任和依赖关系，构建起一种长时段的政社协动化解矛盾的新型模式。

综上，当我们理解中国社会组织的官民二重性问题之时，首先，应当承认社会组织官民二重性所具有的合理性，官方元素的介入不仅是限制因素，也表现成为一个助推器，推动社会组织的发展。无论社会组织是一叶扁舟还是万吨巨轮，没有政府资源的投入便难以扬帆。其次，应当跳出二元对立的思想禁锢，积极推进两者的互嵌、协动、合作。发挥两个主体的协同作用，整合政治资源、行政资源、司法资源、社会资源，并积极吸纳市场资源共同为实现社会治理目标服务。从政府角度，充分投入和合理配置公共资源，改革和完善社会治理体制，为社会组织的萌生、注册与成长创造优良环境和肥沃土壤。从社会组织角度，发挥组织的社会性优势，匡扶政府不足，不全然排斥也不全然依附于政府。最后，社会组织类型多样，我们在讨论官民二重性的时候，针对不同性质、开展不同业务的社会组织，官方要素应当以促进业务开展的效果和提升社会治理的效能提升为中心，适当输入。在行政性与自治性兼具的重层治理结构中，探索"政社协动"的平衡点和嵌合点，激活二者的协动脉搏，突破政府向社会组织"借壳"独导治理的模式，打破社会面孔，政府内核的两栖性。① 将社会组织参与社会治理作为推进国家治理体系和治理能力现代化的重要路径，实现后单位时期的社会善治。

---

① 贾西津：《官办 NGO 路向何方》，《财经》2011 年第 12 期。

参考文献

一　中文图书

陈华:《吸纳与合作——非政府组织与中国社会管理》,社会科学文献出版社2011年版。

陈向明:《质的研究方法与社会科学研究》,教育科学出版社2000年版。

邓正来、[美]亚历山大:《国家与市民社会:一种社会理论研究路径》,中央编译出版社1999年版。

风笑天:《社会学研究方法》,中国人民大学出版社2004年版。

萧新煌、官有恒、陆宛苹:《非营利部门:组织与运作》,巨流图书出版社2009年版。

湖北省劳动局:《劳动工资文件选编》(上),湖北省劳动局1981年版。

湖北省劳动局:《劳动工资文件选编》(下),湖北省劳动局1981年版。

金耀基:《中国政治与文化》(增订版),牛津大学出版社2013年版。

李春玲:《断裂与碎片:当代中国社会阶层分化实证分析》,社会科学文献出版社2005年版。

李汉林、渠敬东:《中国单位组织变迁过程中的失范效应》,上海人民出版社2005年版。

李汉林:《中国单位社会:议论、思考与研究》,上海人民出版社2014年版。

李路路、李汉林:《中国的单位组织——资源、权力与交换》,浙江人民出版社2000年版。

李培林：《另一只看不见的手：社会结构转型》，社会科学文献出版社 2016 年版。

李友梅：《新时期加强社会组织建设研究》，经济科学出版社 2016 年版。

刘建军：《单位中国：社会调控体系重构中的个人、组织与国家》，天津人民出版社 2000 年版。

刘建明、史献之：《当代中国社会矛盾化解机制研究》，人民出版社 2014 年版。

陆学艺：《当代中国社会阶层研究报告》，社会科学文献出版社 2002 年版。

陆学艺：《当代中国社会流动》，社会科学文献出版社 2004 年版。

毛丹：《一个村落共同体的变迁——关于尖山下村的单位化的考察与阐释》，学林出版社 2000 年版。

钱穆：《湖上闲思录》，生活·读书·新知三联书店 2000 年版。

清华大学公共管理学院 NGO 研究所：《中国非营利评论》，社会科学文献出版社 2010 年版。

宋林飞：《西方社会学理论》，南京大学出版社 1991 年版。

孙立平：《博弈：断裂社会的利益冲突与和谐》，社会科学文献出版社 2006 年版。

孙立平：《现代化与社会转型》，北京大学出版社 2005 年版。

唐亚林等：《社会多元、社会矛盾与公共治理》，上海人民出版社 2015 年版。

田毅鹏、吕方：《"单位共同体"的变迁与城市社区重建》，中央编译出版社 2014 年版。

王汉生、杨善华：《农村基层政权运行》，中国社会科学出版社 2001 年版。

王名：《非营利组织管理概论》，中国人民大学出版社 2002 年版。

王名：《社会组织与社会治理》，社会科学文献出版社 2014 年版。

王名：《中国民间组织 30 年：走向公民社会》，社会科学文献出版社 2008 年版。

王名：《中国社团改革：从政府选择到社会选择》，社会科学文献出版社2001年版。

王浦劬、[英]郝秋笛等：《政府向社会力量购买公共服务发展研究》，北京大学出版社2016年版。

王浦劬、[美]萨拉蒙：《政府向社会组织购买公共服务研究》，北京大学出版社2010年版。

吴忠民：《治道之要：社会矛盾十二讲》，山东人民出版社2017年版。

吴忠民：《中国改革进程中的重大社会矛盾问题》，中共中央党校出版社2011年版。

许宝强、汪晖选编：《发展的幻象》，中央编译出版社2003年版。

杨建华等：《冲突与弥合——社会群体冲突调节机制的实证研究》，社会科学文献出版社2013年版。

杨清涛等：《和谐之道：社会转型期人民内部利益矛盾解析》，人民出版社2009年版。

杨雪冬等：《风险社会与秩序重建》，社会科学文献出版社2006年版。

应星：《"气"与抗争政治：当代中国乡村社会稳定问题研究》，社会科学文献出版社2011年版。

俞可平：《治理与善治》，社会科学文献出版社2000年版。

张汝立等：《外国政府购买社会公共服务研究》，社会科学文献出版社2014年版。

张翼等：《社会组织与社会治理》，经济管理出版社2016年版。

张振华：《社会冲突与制度回应——转型期中国政治整合机制的调适研究》，天津人民出版社2016年版。

周雪光：《组织社会学十讲》，社会科学文献出版社2003年版。

[美]汉娜·阿伦特：《人的境况》，王寅丽译，上海人民出版社2017年版。

[美]艾尔·巴比：《社会研究方法基础》，邱泽奇译，华夏出版社2010年版。

[美]戴维·波普诺：《社会学》，刘云德译，辽宁人民出版社1987年版。

［美］丹尼尔·贝尔：《后工业社会的来临》，高铦等译，新华出版社 1997 年版。

［美］肯尼思·D. 贝利：《现代社会研究方法》，许真译，上海人民出版社 1986 年版。

［英］波兰尼：《大转型：我们时代的政治与经济起源》，冯钢等译，浙江人民出版社 2007 年版。

［美］彼得·德鲁克：《工业人的未来》，余向华译，机械工业出版社 2009 年版。

［英］达伦多夫：《现代社会冲突》，林荣远译，中国社会科学出版社 2003 年版。

［美］格兰诺维特：《镶嵌：社会网与经济行动》，罗家德等译，社会科学文献出版社 2015 年版。

［日］高见泽磨：《现代中国的纠纷与法》，何勤华等译，法律出版社 2003 年版。

［德］尤尔根·哈贝马斯：《公共领域的结构转型》，曹卫东等译，学林出版社 1999 年版。

［德］尤尔根·哈贝马斯：《在事实与规范之间》，童世骏译，生活·读书·新知三联书店 2003 年版。

［美］亨廷顿：《变革社会中的政治秩序》，王冠华等译，上海人民出版社 2008 年版。

［美］华尔德：《共产党社会的新传统主义：中国工业中的工作环境和权力结构》，龚小夏译，牛津大学出版社 1996 年版。

［美］吉登斯：《社会的构成》，李康等译，中国人民大学出版社 2016 年版。

［法］菲利普·柯尔库夫：《新社会学》，钱翰译，社会科学文献出版社 2000 年版。

［美］科塞：《社会冲突的功能》，孙立平等译，华夏出版社 1989 年版。

［美］科斯等：《制度、契约与组织》，刘刚等译，经济科学出版社 2003 年版。

［法］古斯塔夫·勒庞：《乌合之众：大众心理研究》，冯克利译，

中央编译出版社 2005 年版。

［美］斯蒂芬·P. 罗宾斯：《组织行为学》，孙健敏等译，中国人民大学出版社 1997 年版。

［美］詹姆斯·罗西瑙：《没有政府的治理》，张胜军等译，江西人民出版社 2001 年版。

［美］罗伯特·金·默顿：《论理论社会学》，何凡兴译，华夏出版社 1990 年版。

［美］诺斯：《制度、制度变迁与经济绩效》，杭行译，格致出版社 2009 年版。

［匈］玛利亚·乔纳蒂：《转型：透视匈牙利政党——国家体制》，吉林人民出版社 2002 年版。

［美］萨拉蒙：《全球公民社会：非营利部门国际指数》，陈一梅等译，北京大学出版社 2007 年版。

［美］斯科特：《弱者的武器》，郑广怀等译，译林出版社 2011 年版。

［法］涂尔干：《社会分工论》，渠敬东译，生活·读书·新知三联书店 2017 年版。

［美］乔纳森·H. 特纳：《社会学理论的结构》（上），邱泽奇译，华夏出版社 2001 年版。

［美］乔纳森·H. 特纳：《社会学理论的结构》（下），邱泽奇译，华夏出版社 2001 年版。

［美］托克维尔：《论美国的民主》（下卷），董果良译，商务印书馆 1989 年版。

［德］韦伯：《经济与历史：支配的类型》，康乐等译，广西师范大学出版社 2010 年版。

［德］韦伯：《经济与社会》（第一卷），阎克文译，上海人民出版社 2010 年版。

［美］托马斯·沃尔夫：《管理 21 世纪的非营利组织》，胡春艳、董文琪译，商务印书馆 2016 年版。

［德］耶林：《为权利而斗争》，郑永流译，法律出版社 2007 年版。

二 中文期刊

安戈、陈佩华：《中国、组合主义及东亚模式》，《战略与管理》2001年第1期。

蔡文成、徐雯君：《动员与整合：群众路线实践的政治过程》，《甘肃理论学刊》2014年第4期。

常健、韦长伟：《当代中国社会二阶冲突的特点、原因及应对策略》，《河北学刊》2011年第3期。

常健、张春颜：《社会冲突管理中的冲突控制与冲突化解》，《南开学报》2012年第6期。

陈华：《集体认同的变迁与重构——社会管理创新的组织基础研究》，《学术界》2011年第10期。

陈慧荣：《信访制度绩效与上访策略升级》，《上海交通大学学报》2014年第3期。

陈世瑞、曾学龙：《官民矛盾、群体性事件与化解之道》，《晋阳学刊》2015年第1期。

陈潭、黄金：《群体性事件多种原因的理论阐释》，《政治学研究》2009年第6期。

程玥、马庆钰：《关于非政府组织分类方法的分析》，《政治学研究》2008年第3期。

崔月琴、袁泉、王嘉渊：《社会组织治理结构的转型——基于草根组织卡理斯玛现象的反思》，《学习与探索》2014年第7期。

崔月琴：《后单位时代社会管理组织基础的重构——以"中间社会"的构建为视角》，《学习与探索》2010年第4期。

戴桂斌：《第三部门对社会矛盾冲突的调控作用探析》，《江西社会科学》2007年第11期。

邓少君：《论转型期社会矛盾形态与归因》，《暨南学报》2015年第4期。

［英］罗伯特·罗茨：《新治理：没有政府的统治》，杨雪冬译，《政治研究》1996年第4期。

董海军：《"作为武器的弱者身份"：农民维权抗争的底层政治》，《社会》2008年第4期。

董亚炜：《中国信访制度问题探析——基于政治社会学的视角》，《天津行政学院学报》2017 年第 2 期。

杜玉华、吴越菲：《从"政社合作"到"互嵌式共治"：社区治理结构转型的无锡实践及其反思》，《人口与社会》2016 年第 1 期。

范铁中：《社会组织参与社会矛盾化解的作用探析》，《青海社会科学》2013 年第 1 期。

冯仕政：《单位分割与集体抗争》，《社会学研究》2006 年第 3 期。

冯仕政：《社会冲突、国家治理与"群体性事件"概念的演生》，《社会学研究》2015 年第 5 期。

冯仕政：《政权建设与新中国信访制度的形成及演变》，《社会学研究》2012 年第 4 期。

高前善：《国企高管薪酬制度存在的问题及对策》，《经济纵横》2011 年第 7 期。

耿依娜：《"公"与"私"之间：当代中国社会组织属性考辨》，《中共浙江省委党校学报》2017 年第 3 期。

顾绍梅：《我国"无直接利益冲突"成因研究综述》，《兰州学刊》2007 年第 11 期。

顾昕、王旭：《从国家主义到法团主义——中国市场转型过程中国家与专业团体关系的演变》，《社会学研究》2005 年第 2 期。

管兵：《竞争性与反向嵌入性：政府购买服务与社会组织发展》，《公共管理学报》2015 年第 3 期。

郭星华：《城市居民相对剥夺感的实证研究》，《中国人民大学学报》2001 年第 3 期。

郭于华：《"弱者的武器"与"隐藏的文本"——研究农民反抗的底层视角》，《读书》2002 年第 7 期。

韩沛锟：《政社分开：政府对社会组织管理动态》，《改革与开放》2013 年第 9 期。

何艳玲：《"嵌入式自治"：国家——地方互嵌关系下的地方治理》，《武汉大学学报》2009 年第 4 期。

何艳玲：《后单位时期街区集体抗争的产生及其逻辑——对一次街区

集体抗争事件的实证分析》,《公共管理学报》2005 年第 3 期。

胡联合等：《影响社会稳定的社会矛盾变化态势的实证分析》,《社会科学战线》2006 年第 4 期。

胡沫：《和谐社会矛盾化解机制的构建》,《中南民族大学学报》2007 年第 6 期。

黄建军：《官民矛盾、信访制度与社会管理创新》,《理论月刊》2014 年第 6 期。

黄晓春、嵇欣：《非协同治理与策略性应对——社会组织自主性研究的一个理论框架》,《社会学研究》2014 年第 6 期。

黄晓春、嵇欣：《技术治理的极限及其超越》,《社会科学》2016 年第 11 期。

纪莺莺：《从"双向嵌入"到"双向赋权"：以 N 市社区社会组织为例——兼论当代中国国家与社会关系的重构》,《浙江学刊》2010 年第 1 期。

贾西津：《官办 NGO 路向何方》,《财经》2011 年第 12 期。

揭爱花：《单位：一种特殊的生活空间》,《浙江大学学报》（人文社会科学版）2000 年第 5 期。

金伟：《当前我国社会矛盾的性质、特点与调处思路》,《汉江论坛》2011 年第 10 期。

[日] 今田高俊：《拓展新的公共性空间》,《社会科学》2007 年第 7 期。

康晓光、韩恒：《分类控制——当前大陆国家与社会关系研究》,《社会学研究》2005 年第 6 期。

李广庆：《国企改制中的资产流失：形式、原因及对策》,《山东财政学院学报》2005 年第 3 期。

李海荣：《当今中国官民矛盾的类型、成因及治理》,《教学与研究》2017 年第 6 期。

李汉林、渠敬东：《制度规范行为——关于单位的研究与思考》,《社会学研究》2002 年第 5 期。

李汉林、王奋宇、李路路：《中国城市社区的整合机制与单位现象》,《管理世界》1994 年第 2 期。

李汉林、魏钦恭、张彦：《社会变迁过程中的结构紧张》，《中国社会科学》2010年第2期。

李汉林：《中国单位现象与城市社区的整合机制》，《社会学研究》1993年第5期。

李汉林：《转型社会中的整合与控制——关于中国单位制度变迁的思考》，《吉林大学社会科学学报》2007年第4期。

李贺楼、王郅强：《信访制度的现实处境与改革方向：制度传统和现实需求视角下的分析》，《中国行政管理》2017年第1期。

李路路、李汉林、王奋宇：《中国单位现象与体制改革》，《中国社会科学季刊》1993年第1期。

李路路、苗大雷、王修晓：《市场转型与"单位"变迁：再论"单位"研究》，《社会》2009年第4期。

李路路：《"单位制"的变迁与研究》，《吉林大学社会科学学报》2013年第1期。

李培林、徐崇温、李林：《当代西方社会的非营利组织——美国、加拿大非营利组织考察报告》，《河北学刊》2006年第2期。

李强：《"丁字型"社会结构与"结构紧张"》，《社会学研究》2005年第2期。

李强：《改革开放30年来中国社会分层结构的变迁》，《北京社会科学》2008年第5期。

李全生：《布迪厄场域理论简析》，《烟台大学学报》2002年第2期。

李晟赟：《弱势当事人博弈策略的微观解读》，《河南科技大学学报》2010年第2期。

李友梅等：《当代中国社会建设的公共性困境及其超越》，《中国社会科学》2012年第4期。

刘会中：《论预防和化解社会矛盾的重要意义与途径》，《湖南警察学院学报》2011年第3期。

刘鹏：《从分类控制走向嵌入型监管：地方政府社会组织管理政策创新》，《中国人民大学学报》2011年第5期。

刘平、王汉生、张笑会：《变动的单位制与体制内的分化——以限制介入性大型国有企业为例》,《社会学研究》2008年第3期。

刘平:《单位制的演变与信访制度改革——以信访制度改革的S市经验为例》,《人文杂志》2011年第6期。

刘少杰:《社会矛盾的制度协调》,《天津社会科学》2007年第3期。

刘威:《超越官与民:慈善事业转型与组织生态重构》,《中州学刊》2015年第9期。

刘孝云、郝宇青:《论当前我国"无直接利益冲突"现象产生的原因》,《社会科学》2008年第6期。

刘永谋:《技术治理的逻辑》,《中国人民大学学报》2016年第6期。

刘中起、张广利:《新形势下多元化解社会矛盾的新型机制研究》,《学术探索》2009年第4期。

路风:《单位:一种特殊的社会组织形式》,《中国社会科学》1989年第1期。

路风:《中国单位体制的形成和起源》,《中国社会科学季刊》1993年第4期。

吕方、田毅鹏:《"后单位时代"的城市社会治理》,《新视野》2015年第1期。

毛丹:《村落变迁中的单位化——尝试村落研究的一种范式》,《浙江社会科学》2000年第4期。

欧绍华、吴日中:《中国国企高管薪酬制度改革的路径分析——基于制度变迁理论的视角》,《宏观经济研究》2012年第7期。

彭中礼:《论社会矛盾化解的法治方式》,《中南大学学报》2014年第1期。

浦勇超:《国企高管薪酬失控:问题及对策》,《企业经济》2011年第4期。

齐久恒:《从"分类控制体系"走向"嵌入性发展"——政府与社会组织之间互动关系及其优化》,《西南大学学报》2015年第2期。

渠敬东、周飞舟、应星:《从总体支配到技术治理——基于中国30

年改革经验的社会学分析》,《中国社会科学》2009 年第 6 期。

沈扬、汲喆:《转型理论的地方性景观——林南教授谈东亚与中国现代化》,《复旦学报》1995 年第 6 期。

[英]格里·斯托克:《作为理论的治理:五个论点》,《国际社会科学》1999 年第 2 期。

苏明等:《中国政府购买公共服务研究》,《财政研究》2010 年第 1 期。

孙国华、方林:《公平正义是化解社会矛盾的根本原则》,《法学杂志》2012 年第 3 期。

孙立平等:《改革以来中国社会结构的变迁》,《中国社会科学》1994 年第 2 期。

汤兆武:《单位制利益表达模式的嬗变及其社会风险》,《江西社会科学》2014 年第 1 期。

田先红:《群众路线与我国信访制度的形成及演进》,《云南行政学院学报》2016 年第 2 期。

田毅鹏、陈卓:《单位人"住房策略"及其对单位共同体的影响——以 Y 厂为例》,《学习与探索》2014 年第 6 期。

田毅鹏、吕方:《单位社会的终结及其社会风险》,《吉林大学社会科学学报》2009 年第 6 期。

田毅鹏、苗延义:《单位制形成过程中的"苏联元素"——以建国初期国企"一长制"为中心》,《吉林大学社会科学学报》2016 年第 3 期。

田毅鹏、薛文龙:《"后单位社会"基层社会治理及运行机制研究》,《学术研究》2015 年第 2 期。

田毅鹏、余敏:《单位制形成早期国企的劳动纪律问题》,《江海学刊》2015 年第 4 期。

田毅鹏、张帆:《转型期社区组织的科层化及其走向——以 C 市 J 社区为例》,《吉林大学社会科学学报》2014 年第 3 期。

田毅鹏:《"典型单位制"的起源和形成》,《吉林大学社会科学学报》2007 年第 4 期。

田毅鹏:《"活私开公":东亚志愿主义发展的新路径》,《南开学报

2013 年第 3 期。

田毅鹏：《单位制度变迁与集体认同的重构》，《江海学刊》2007 年第 1 期。

田毅鹏：《典型单位制的起源和形成》，《吉林大学社会科学学报》2007 年第 4 期。

田毅鹏：《东亚"新公共性"的构建及其限制——以中日两国为中心》，《吉林大学社会科学学报》2005 年第 6 期。

田毅鹏：《后单位时期社会的原子化动向及其对基层协商的影响》，《南京社会科学》2015 年第 6 期。

田毅鹏：《转型期中国社会原子化动向及其对社会工作的挑战》，《社会科学》2009 年第 7 期。

万高隆、罗志坚：《我国基层政府化解社会矛盾的范式困境与出路》，《陕西行政学院学报》2012 年第 3 期。

汪振江、李静：《国有企业改制中国有资产流失的原因分析及法律对策》，《兰州大学学报》2000 年第 2 期。

王春光：《快速转型时期的利益分化与社会矛盾》，《江苏社会科学》2007 年第 2 期。

王名、乐园：《中国民间组织参与公共服务购买的模式分析》，《中共浙江省委党校学报》2008 年第 4 期。

王名：《走向公民社会——我国社会组织发展的历史及趋势》，《吉林大学社会科学学报》2009 年第 3 期。

王宁：《消费行为的制度嵌入性——消费社会学的一个研究纲领》，《中山大学学报》2008 年第 4 期。

王强：《社会矛盾纠纷多元化解决机制的构建与完善》，《人民论坛》2013 年第 14 期。

王庆明：《单位化治理的转型与变异：重访新传统主义理论》，《社会学科辑刊》2016 年第 2 期。

王诗宗、宋程成、许鹿：《中国社会组织多重特征的机制性分析》，《中国社会科学》2014 年第 12 期。

王思斌、阮曾媛琪：《和谐社会建设背景下的中国社会工作发展》，《中国社会科学》2009 年第 5 期。

王思斌：《中国社会工作的嵌入性发展》，《社会科学战线》2011年第2期。

王向民：《分类治理与体制扩容：当前中国的社会组织治理》，《华东师范大学学报》2014年第5期。

王向民：《中国社会组织的项目制治理》，《经济社会体制比较》2014年第5期。

王小章：《社会分层与社会秩序——对当代中国现实的考察》，《中共宁波市委党校学报》2001年第5期。

王志华：《论政府向社会组织购买公共服务的体制嵌入》，《求索》2012年第2期。

王郅强：《转型期中国社会矛盾的基本形态与性质分析》，《学习与探索》2012年第7期。

文军：《中国社会组织发展的角色困境及其出路》，《江苏行政学院学报》2012年第1期。

吴天昊：《网上信访：技术革新还是制度革新》，《社会观察》2008年第4期。

吴义爽、汪玲：《论经济行为和社会结构的互嵌性——兼评格兰诺维特的嵌入性理论》，《社会科学战线》2010年第12期。

吴月：《吸纳与控制：政府购买社会服务背后的逻辑》，《学术界》2015年第6期。

吴忠民：《当代中国社会"官民矛盾"问题特征分析》，《教学与研究》2012年第3期。

吴忠民：《社会矛盾的主要成因分析》，《教学与研究》2015年第4期。

吴忠民：《中国现阶段社会矛盾特征分析》，《教学与研究》2010年第3期。

吴忠民：《中国现阶段社会矛盾凸显的原因分析》，《马克思主义与现实》2013年第6期。

武中哲：《"单位"资本与社会分层》，《浙江社会科学》2001年第5期。

武中哲：《"单位制"变革与城市社会成员的贫富分化》，《河南社会科学》2004 年第 5 期。

武中哲：《住房保障中的福利政治与政府行为——以"后单位社会"为背景》，《社会科学》2014 年第 10 期。

肖唐镖：《群体性事件中的暴力何以发生——对 1189 起群体性事件的初步分析》，《江苏行政学院学报》2014 年第 1 期。

谢立中：《结构—制度分析，还是过程—事件分析？——从多元话语分析的视角看》，《中国农业大学学报》（社会科学版）2007 年第 4 期。

谢岳：《"第三域"的兴起与"政府空心化"》，《学术研究》2000 年第 4 期。

徐盈艳、黄晓星：《促成与约制：制度嵌入性视角下的社会组织发展》，《新视野》2015 年第 5 期。

许燕：《中西方社会组织存在的客观背景比较分析——兼论我国社会组织行政化的历史渊源》，《法制与社会》2013 年第 2 期。

杨建华：《论社会分化的三个维度》，《浙江学刊》2010 年第 1 期。

杨建华：《马克思·韦伯和卢曼的社会分化研究及启示》，《浙江学刊》2008 年第 5 期。

杨君、徐永祥：《新社会服务体系：经验反思与路径建构——基于沪深两地政府购买服务的比较研究》，《学习与实践》2013 年第 8 期。

杨平：《我国信访制度法治化改革研究——基于十八大以来信访规范性文件的分析》，《哈尔滨工业大学学报》2017 年第 3 期。

杨小军：《信访法治化改革与完善研究》，《中国法学》2013 年第 5 期。

杨心宇：《实行国企高管薪酬的法制化管理》，《探索与争鸣》2009 年第 5 期。

姚亮：《重视构建中国现阶段的社会矛盾吸纳机制》，《教学与研究》2011 年第 10 期。

于建嵘：《从刚性稳定到韧性稳定——关于中国社会秩序的一个分析框架》，《学习与探索》2009 年第 5 期。

于建嵘：《群体性事件症结在于官民矛盾》，《中国报道》2010 年第 1 期。
于建嵘:《转型中国的社会冲突——对当代工农维权抗争活动的观察》,《理论参考》2006 年第 5 期。
虞维华:《政府购买公共服务对非营利组织的冲击分析》,《中共南京市委党校学报》2006 年第 4 期。
翟校义:《行政组织的内部制度及其效力外部化问题》,《中国行政管理》2002 年第 4 期。
张海波:《当前我国社会矛盾的总体特征、生成逻辑与化解之道》,《学海》2012 年第 1 期。
张静:《通道变迁:个体与公共组织的关联》,《学海》2015 年第 1 期。
张军、王邦虎:《从对立到互嵌:制度与行动者关系的新拓展》,《江淮论坛》2010 年第 3 期。
张晓溪:《转型期单位认同的情感化探究》,《社会科学战线》2016 年第 6 期。
张振华:《"弱者的武器":群体性事件的政治解读》,《中共宁波市委党校学报》2012 年第 4 期。
张仲涛、徐韩君:《试论社会中介组织化解社会矛盾的优势与路径》,《苏州大学学报》2013 年第 2 期。
赵伯艳:《社会组织在公共冲突治理中的角色定位》,《理论探索》2013 年第 1 期。
赵立波:《完善政府购买服务机制,推进民间组织发展》,《行政论坛》2009 年第 3 期。
郑功成:《中国社会公平状况分析——价值判断、权益失衡与制度保障》,《中国人民大学学报》2009 年第 2 期。
郑杭生:《当前我国社会矛盾的新特点及其正确处理》,《中国特色社会主义研究》2006 年第 4 期。
郑南:《东北草根组织的发展与地域社会建设——以日本"新公共性理论"为参照》,《学习与探索》2015 年第 9 期。
周雪光:《运动型治理机制:中国国家治理的制度逻辑再思考》,《开放时代》2012 年第 9 期。

朱力、纪军令：《当前我国重大社会矛盾冲突的新型特征》，《中共中央党校学报》2015年第5期。

三 英文图书

Berger, Luckmann, *The Social Construction of Ceality*, London: The Penguin Press, 1967.

Blau, *Inequality and Heterogeneity: A Primitive Theory of Social Structure*, New York: Free Press, 1977.

Dahrendorf Ralf, *Class and Class Conflict in industrial Society*, Stanford: Stanford University Press, 1959.

Grinton, Nee (eds.), *The New Institutionalism in Sociology*, Stanford: Stanford University Press, 1998.

Kooiman, *Modern Governance: New Government—Society Interactions*, London: Sage Publication, 1993.

Parsons, *Societies: Evolutionary and Comparative Perspectives*, Englewood Cliffs, New Jersey: Prentice-Hall, 1966.

Parsons, *The Social System*, New York: Free Press, 1951.

Radcliffe-Brown, *A Natural Science of Society*, New York: Free Press, 1957.

Worchel S, Austin W (eds), *Psychology of Intergroup Relations*, Chicago: Nelson Hall, 1986.

四 英文期刊

Torgerson Douglas, Between Knowledge and Politics: Three Faces of Policy Analysis, *Policy Sciences*, Jan 1986.

Granovetter, Economic Action and Social Structure: The Problem of Embeddedness, *American Journal of Sociology*, Nov 1985.

Kang Xiaoguang and Han Heng: Administrative Absorption of Society: A Further Probe into the State-Society Relationship in Chinese Mainland, *social sciences in china*, Summer 2007.

Merton, Social Structure and Anomie, *American Sociological Review*, Oct 1938.

Nevitt, Christopher E, Private Business Associations in China: Evidence of Civil Society or Local State Power? *The China Journal*, Jul 1996.

Pearson, The Janus Face of Business Associations in China: Socialist Corporatism in Foreign Enterprises, *Australian Journal of Chinese Affairs*, Jan 1994.

Anthony Spires, Contingent symbiosis and civil society in an authoritarian state: understanding the survival of China's grassroots NGOs, *American Journal of Sociology*, Jul 2011.

Lester Salamon, The Rise of the Nonprofit Sector, *Foreign Affairs*, Jul 1994.

Schmitter, Still the Century of Corporatism? *The Review of Politics*, Jan 1974.

Shils, Charisma, Order, and Status, American Sociology Review, Feb 1965.

Gordon White, Prospects for Civil Society in China: A Case Study from Xiaoshan City, *The Australian Journal of Chinese Affairs*, Jan 1993.

Zhou Xueguang, Unorganized Interests and Collective Action in Communist China, *American Sociological Review*, Feb 1993.

后　记

　　2016年中秋节前夕，J市信访法律事务服务中心邀请我的导师田毅鹏教授帮助总结提升他们协助政府部门化解涉法涉诉信访矛盾的经验，田老师便带着我和几个师弟师妹赴约。没想到这一趟求知之旅竟开启了我对社会组织参与社会矛盾化解的学术研究之路。初入J中心，我们先与B主任和中心律师进行了座谈，随后便被领到了一间排满中心案卷的档案室，里面详尽记载着一起起真实信访案件生发、僵持、化解的全过程。多年的社会学学习养成的嗅觉使我立即意识到，这个屋子正是学术研究的宝藏。此刻我便动起了"私心"，想要尝试挖掘这些资料的内蕴，并结合在J中心的实地考察，深入研究此具有创新性的社会矛盾化解机制。因为对社会学研究而言，走向从中国实践出发的社会科学和理论蕴含着极为重要的价值。

　　在协助J中心撰写经验总结材料并顺利结项后，我又多次、持续到J中心进行研究工作，并真正作为J中心成员，参与到信访案件的接访、讨论甚至法庭代理工作之中。近两年的真实体验和档案室里充溢墨香的丰富档案，成为我完成博士学位论文《"后单位时期"社会矛盾样态及其化解模式研究——基于J市信访法律事务服务中心的研究》的重要资源。此论文依托单位制变迁和社会治理模式转型的宏观框架与理论资源，研讨了J中心化解信访矛盾的技术与功能、参与的路径与机制、信访矛盾化解动态过程中的政社互嵌结构。本书是在此篇论文的基础上修改加工完成的，在修订过程中加入了我近三年关于此问题的最新思考，以求进一步对单位制变迁所引发的社会矛盾化解机制再建与创新问题做出理论深化，厘清此问题复杂的运作逻辑。因我学力有限，尚不能够鞭辟入里地透彻分析此问题，因此更希望借此书的出版引起各界对专业性社会组织参与社会矛盾化解创新机制的关注，共同帮助此模式走向成熟，并加以检验。此项工作不仅是对"完善正确处理新形势下人民内部矛盾有效机制"和"推进国家治理体系和治理能力现代化"的积极回应，更有可能真正改变一些上访人的生命轨迹，帮助他们回归真正的生活。

在本书即将付梓之际，我有太多的感谢。

感谢我的恩师田毅鹏教授，硕博5年跟随田老师学习，2018年留校任教依然能够留在田老师身边工作，是我三生有幸的事情。我最初连完整通畅的论文语句都表述不清楚，田老师就把我的论文打印出来逐字逐句地修改，每页纸上几乎没有任何空余。我至今仍精心保存着那些珍贵的手稿，它们激励着我笔耕不辍、精益求精。其实在田老师的指导下学习，除了收获理论提升外，更重要的在于深耕田野，认识中国社会。早在硕士阶段，田老师就带着我代表民政部到成都和厦门做全国社区治理实验区的评估工作，至今，我已经在田老师的带领下走遍了大半个中国，进社区、下乡村、访工厂……可能这对于很多研究生而言是十分奢侈的机会，这些见闻早已成为我从事真正社会学研究的宝贵财富。田老师严谨的治学态度，高尚的德行品质，始终令我高山仰止，心向往之。我将努力将田老师正直为人、精邃为学的精神传承下去，不辜负老师多年的培养。

感谢吉林大学哲学社会学院社会学系的邴正教授、张金荣教授、林兵教授、崔月琴教授、芦恒教授、陈鹏教授、董运生教授、王文彬教授、吴海琳教授，以及其他老师们，他们是我自2009年入学以来的重要引领者，最荣幸的是历经九年本硕博的学习，我博士毕业后成为各位老师的同事，但向各位老师的学习不会随着身份转换而终止，我也有信心与各位老师一道建设好吉林大学的社会学学科。

感谢南京大学的彭华民教授，她在得知我研究此问题后，特意邀请我赴南大参加紫金传媒智库的社会矛盾与社会治理论坛，并给我机会在如此高规格的论坛上发言。会后，彭老师亲自带着我夜逛南大校园,耐心为我介绍各处"景点",并邀请我到她的办公室聊天,让我感受到著名社会学教授的和蔼可亲、平易近人。《非诚勿扰》的嘉宾江苏省委党校黄菡教授也在论坛上对我的文章提出了宝贵的意见,在此一并感谢。

感谢 J 市信访法律事务服务中心的 B 主任和所有成员,一方面,他们所开创的此种社会矛盾化解新模式是我研究的核心问题,他们如此有情怀、有担当的公益行为孕育了本研究成果,也让我能够有幸得此资源顺利博士毕业;另一方面,我在 J 中心调研期间,J 中心特意为我腾出了一个办公位,各位领导、律师面对我的访谈都知无不言,并且允许我随时进入档案室查询资料,甚至每天中午还为我提供免费的午餐,如此优渥的研究条件为我完成此书的写作提供了有力保障。

感谢我最亲爱的同学们和朋友们,感谢吉林大学 2009 级社会工作 3 班的本科同学,他们虽然都离开了吉大校园,但他们始终是我在吉大校园里珍贵回忆的主角。感谢跟我本硕博共同学习 9 年的同窗李珮瑶、李远、吴征阳,我们相互之间的鼓励、帮助成为每个人顺利博士毕业的重要支持。感谢吉林大学研究生院刘雪峰部长、董墨老师,我在研究生会任职期间,他们给了我莫大的帮助,让我至今仍深感研究生院是我在吉大的第二个家。

家人始终是个人生活和成长中最重要的部分。感谢我的妻子康雯嘉博士,在我撰写博士论文期间,正是我们的热恋期,但我却因为需要持续写作而无法陪她看电影、逛街,她毫无怨言,为我做出了巨大的牺牲,默默地支持我完成学业。今年夏天她也顺利社会学博士毕业,将要从事社会学的教学工作,生命中得一志同道合的伴侣,夫复何求?感谢我的父母,我的父母都是教师,因此小时候我便知道书香门第的意涵。小时候家里条件并不好,但父母给了我最深厚爱,也培养了我坚毅的品质。学术是较为清贫的,时至今日,父母依旧不肯退休,顶着并不十分健康的身体工作,希望能够继续帮助我。如果父母依旧承受着劳苦,那么我们的长大还有什么意义?当感恩和亏欠交织在一起,心里还是很难受的。我想唯有在社会学界搞出一些名堂,才得以为报,当然父母可能并不需要这些,他们只需要我健康、快乐，可能最奢侈的就是对他们多些陪伴。我也会努力做到。感谢我的岳父岳母，J市正好是我爱人的家乡，我的岳父岳母在我调研期间为我提供了住所，总是给我送来许多"补给"，让我真正有了在家调研的感觉，他们也对我的调研情况十分关切，总是打电话询问，并想办法帮我解决问题，没有他们的帮助，我的调研和书稿的写作也不会如此顺利。

今天是夏至，对我来说也是非常特殊的日子，我在上午刚刚通过了吉林大学理论经济学博士后流动站的出站评审，正式由师资博士后转为讲师。在这个时点回望自己的求学生涯，表达一些深刻心底的感谢再合适不过。最后，希望我的社会学学术生涯能够像夏至一样热烈奔放，拥有持续的、长久的光明。

张帆

2021年夏至夜于吉林长春和谐家园